幼児教育
知の探究 *16*

領域研究の現在〈人間関係〉

友定啓子 + 青木久子

萌文書林

はしがき

　明治の近代国家建設を目指して学制を敷いた第一の教育改革，第二次世界大戦後の民主国家建設を目指した第二の教育改革は，教育によって国の未来を再建するという国家目的が明確にあったが，1980年以降，紆余曲折しながら模索している第三の教育改革は，今なお混沌とした状況にある。すでに四半世紀が経過しているが，過去の国家に依存してきた教育改革から，民意が改革を推進するだけの活力を有するようになるには，物質的・上昇的な価値から"人間の生"に基本をおいた問いへと価値の転換を図り，人々が志向する文化そのものの本質に光を当てていくことが必要であろう。

　しかし学校が社会から遊離し，子どもたちに合わなくなっていても民意が建設的に動いてこない。また行政が民意と対話し，民意を支えて施策化し，それを推進する機能が働かない。小学校の生活科や総合学習の導入，教育のプロセス・アプローチに対する第三者評価の導入等は，敗戦直後の民主化への教育が目指したものであったはずである。また，幼稚園・保育所・総合施設等の制度的見直しも，戦前からの就学前教育の課題がそのまま積み残されてきた結果といえよう。それは家族の時間やコミュニティの人々のつながり，豊かな地域文化の醸成，そこに生きる人間の本質の発展という方向より，少子化対策，経済の維持といった国の施策が先行するものとなっている。これは，半世紀の間に国家依存，体制依存の体質が招いた混沌であり，今まさに教育理念そのものの問い直しが求められている時が来ているといえよう。

　国による民主化から，民による民主化成熟への道のりには，人間が生きることの意味への問い，生きる価値のおきどころ，世代循環するトポスの文化の見直しが必要である。それは，幼稚園・保育所・小学校といった分断された施設区分から，コミュニティの中での就学前から学童期を経て生涯にわたって展開される学習を構成していく視点でもある。地域の子どもたちの生きる場としての総体を受け止め，地域社会の環境・文化と共生する教育への

転換は，学校化された知の限界を超えて知の在り所や知を構築する関係のありようを転換し，知そのものへの問いを新たにするだろう。

　生の根源にまでさかのぼろうとする本企画は，人間・学び・学校・社会という共同体のトポスに焦点を当てて，従来の就学前教育が子どもたちに当てた光を再考しつつ，あわせて抱えてきた課題も浮き彫りにして，これからの知を構築する視座を掘り起こしたいと思う。

　なお 20 巻にわたる本企画は，次の三つの特長をもっている。一つは，幼児教育界が混沌としている現状を踏まえ，3 歳児から低学年までを見据えた就学前教育に光を当てて"人間の教育"の根源に迫る。二つに，従来の幼児教育に関連した書籍の感覚としては，難しいという批判を浴びることを覚悟の上で，専門性を高めることを願う幼児教育者養成大学やキャリアアップを図る現職者だけでなく，広く一般の人々にも読んでいただけるような知の在り所を考える。三つに，現在の幼稚園教員養成カリキュラムの内容を基本におきつつ，今後の教員養成で必要とされる内容を加える。

　本シリーズ刊行に当たっては，萌文書林の故服部雅生社長の大英断をいただいた。教員・保育士養成課程の教科書内容の重複を避け，教師・保育士の専門性を高めるとともに，就学前教育の意義を再確認するために一石を投じたいという，長年，幼児教育界の出版に携わってきた服部氏だからこその決断だったと思う。その遺志を現社長の服部直人氏が引き継いでくださり，なかなか進まない出版を温かく見守ってくださっていることに深く感謝する。

　進捗の遅い本シリーズの難しさは，知の根源への探究とともに，現代の社会現象を踏まえて不易の内容とは何かを探り，それらを就学前教育に関係する人々の糧としてもらえるよう吟味するところにある。いつになっても，これで完成ということはない。多くの方々から忌憚のない意見を寄せていただき，次の時代への知の橋渡しができることを願っている。

　2013 年 4 月

シリーズ編者　青木久子・磯部裕子

本書まえがき

　「人間関係」は，個人にとって生涯にわたる課題である。人は人生の各時期に変化する人間関係に絶えず直面し，それに応答していかなければならない。たとえ社会から退こうと望んでも，そういう自己との応答までなくしてしまうことはできない。

　人間関係は，すぐれて社会的課題でもある。高齢社会，少子社会，情報社会，機能的分化社会など，すべて人間関係の変質を意味している。高齢社会では，人としての全体性とどう向き合うかが大きな課題となっている。情報社会では利便さや快適さと引き換えに，個人の全体性は後方に追いやられ，個人は一つの端末のように扱われ始めている。人は他者との関係の中で自己を創る。人生のはじまりにおいてその他者が生身の人間であってほしいと願うのは筆者だけではないだろう。

　シリーズ編者の青木久子氏が批判しているように，筆者もまた就学前の「人間関係の教育」に関して，迷いをもっている。教育内容として人間関係を置くということは，その社会において望ましいとみなされる人間関係を伝えることになる。私たちが築いてきた文化や価値を伝えることでもあり，一方で為政者や先の世代が望む人間像が押し付けられる危険性をはらむ。また，その思惑を超えて社会環境の変化で予期せぬことも起きる。人として必要な感性や知性を伝えつつ，なおかつ次世代にも意味のある「人間関係の教育」とは何かという問いがつきまとう。人間関係の内容については普遍的な答えは見つからない。子どもとの関係をつくりながら問い続けることに意味があるのかもしれない。

　その中で筆者は，子どもが自己と社会を創出するための発達資源として，自己や他者および世界への信頼に着目したい。自他不信を抱えながら生きることは個人にとっても社会にとっても困難さを引き起こす。人生のスタート時に基本的な感情が信頼に傾くか不信に傾くかは大きな意味をもつ。人はそ

の自己の基本感情と向き合いながら生きていくことになる。信頼と不信は切り離しがたい。両者の間を揺れ動きつつも，子どもたちに共生的体験につながる場を保障したいと考える。

　第1部第1章では，現代社会の特質と信頼の課題について取り上げ，子どもに現れた信頼と不信の形を二つの絵本作品の中にみた。第2章では保育において信頼を育む経験の場として，「自然」「食」「異年齢」の三つを取り上げた。いずれも生活に基礎づけられた人との共生を体験できる場である。この現代社会において，あえて原初的な人とのつながりを日常的に体験することが，信頼の基盤になると考える。第3章では，信頼と不信がせめぎ合う体験として幼児同士の「トラブル場面」を取り上げ，保育記録を通して，幼児が社会化する姿とそれを支える保育者のかかわりについて省察を加えた。また保育者のかかわりを分析することで，子どもたちに何が伝わっているのかについて考察した。さらに保育者の専門知について考察を加えた。

（友定啓子）

　『領域研究の現在〈人間関係〉』は，このタイトル自体考えさせられるテーマである。シリーズ編者でありながら，就学前教育の教育内容として領域「人間関係」を置く意味に疑念をもっていた。人間関係が教育内容として他の領域と並ぶのか，人間関係が教育内容として布置されることで人間の関係はかくあるべしと教育してしまう危険はないのか，その教育の怖さを思うからである。教育内容が5領域に改訂されて四半世紀経った今日，その危惧は現実のものとなっている。人間関係を育てる言説に縛られた教師・保育士たちは，「入れてと言うのよ」「いいよと返事しなさい」「喧嘩しないで仲良く遊ぼう」「相手の気持ちを考えよう」「子どもに寄り添って」「子どもを受容して」といった，子どもの関係はかくあるべしという呪縛から抜け出せない。しかし，教育課程基準に5領域の一つとして「人間関係」を置いている以上，この巻を省くわけにもいかない，そんな苦肉の巻なのである。

　他者との関係は，家族集団や地域社会集団，あるいは学校集団にみる関係

のありようを子どもたちが無意識のうちに学習する，つまり所属する生活集団の諸々の営み，活動に参画し協働する結果として，受苦や快楽，省察を伴い身についていくものであり，教育内容として人間関係を指導するのはまさに戦時下を思わせる。基本的な生活習慣や社会的な生活習慣は，社会の一員としての習慣・文化の獲得であり，取り巻く社会事象や社会現象を，批判的な眼をもって受容していくことが生活である。当然，そこには対象を共同注視する関係者の意志の働き，言葉による対話がある。人間関係は育てるものではなく，集団での生活において，人々が関係を結びつつ育つものであると同時に関係の崩壊を発生させる現象といえよう。

　第2部第1章は，子どもの社会化の過程は，家族，地域社会，国の文化のありように左右されることに鑑み，自然的家族と政治が生まれる背景から論を始めている。子どもたちはそこにある社会的関係を背負って，集団施設教育に参入してくるからであり，その社会を生きることが子どもの社会化そのものだからである。大人の規範の受容からもう一歩進んで，社会契約の最初に戻る必要性に迫っている。

　第2章は，ゲマインシャフトとゲゼルシャフトの位相や，社会的関係，社会的行為の概念を確認しながら，集団教育施設内の関係構造の変遷を国の教育課程基準から捉えている。そして，社会的行為がなされる共同体の枠組みを，園規模，学年・学級編制に具現化する思想や，学習媒体となるメディアを取り上げるとともに，社会的行為がなされる教育方法にも触れている。取り巻く環境が，集団の中で人間関係が育つ仕組みとしてあるからである。

　2015年度から始まった就学前教育・保育の制度改革によって一元多様化の道が開かれた。教育課程基準もまもなく改訂され，領域研究の方向も変わるかもしれない。しかし，第二次世界大戦後，就学前教育界が抱えてきた保育と教育の課題も，教育内容の在所も，教育方法のセオリーも，いまだ確たる理論を有したわけではない。教員養成機関では，最低基準である5領域を教科として構成し教授しているところも多く，学生は一見，子どもの世界を

学んでいるかのような錯覚に陥るが，それは社会的関係とも社会的行為ともつながらないうえに，生活という就学前教育の舞台と遊離しているために，知への探究心を開発していかない。概念レベルの理解が，現場に立って困難を来しているといっても過言ではなかろう。

　知の探究シリーズの刊行も半分を過ぎたとはいえ，保育界の知を発見するには諸々の判断停止と広い視野が求められている。編集者，服部直人氏には，常に編者・執筆者のあやふやさを論理構築するための勇気と励ましをいただき，なんとか発刊に至るようご尽力くださっている。ここに深く感謝申し上げたい。

（青木久子）

2017年1月3日

友定啓子　青木久子

目次

第1部　人間関係の基礎となる「信頼」

第1章　機能的分化社会における信頼という課題 …… 2
§1　機能的分化社会の不安 …… 2
1．機能的分化社会と教育 …… 2
2．バーチャル社会のつながり …… 5
3．日本人の自己と人間関係 …… 7
　(1) 日本人の自己意識 …… 7
　(2) 日本人ことっての「場」 …… 8
4．「場」の変質と崩壊 …… 11
　(1) 自然かうの遊離 …… 11
　(2) 分散する家族 …… 12
　(3) 個人社会と心理主義 …… 16
　(4) 共感性の低下 …… 17

§2　信頼という課題 …… 19
1．エリクソンの社会心理的発達課題論 …… 19
　(1) 人生の初めの課題 …… 19
　(2) 漸成原理という考え方 …… 20
　(3) 自信と信頼 …… 23
　(4) 危機という捉え方 …… 24
2．絵本作品にみる信頼のかたち …… 25
　(1) 『サリーのこけももつみ』にみる基本的信頼 …… 26
　(2) 『まどのそとのそのまたむこう』にみる信頼と不安 …… 31

第2章　信頼を育む場 …… 36
§1　自然環境と保育 …… 36

    1．保育の場としての自然……………………………………… 36
    2．生命のふるさと……………………………………………… 37
    3．森の幼稚園…………………………………………………… 39
      (1) ドイツの森の幼稚園 …………………………………… 40
      (2) 日本の森の幼稚園 ……………………………………… 42
    4．保育の場としての森………………………………………… 46
      (1) 森と感覚・感情・意欲 ………………………………… 47
      (2) 森と生命・想像・思考 ………………………………… 53
      (3) 森での共生 ……………………………………………… 54
      (4) 森での大人——保育的関係の転換 …………………… 59
      (5) 森的環境・自然環境との応答 ………………………… 60
  §2　共に食べることと人間関係…………………………………… 62
    1．食の意味……………………………………………………… 62
    2．現代の家庭の食生活と幼児………………………………… 64
      (1) 日本の食卓調査 ………………………………………… 64
      (2) フードシステムと食育 ………………………………… 66
      (3) 子どもの貧困——食の支援 …………………………… 69
    3．保育の場における食の活動………………………………… 70
      (1) 食の始まりと人間関係 ………………………………… 72
      (2) 共食という行動 ………………………………………… 74
      (3) 園における共食と人間関係 …………………………… 75
      (4) 共同調理の体験 ………………………………………… 76
      (5) 生命に出合う——栽培・採集・飼育………………… 78
  §3　異年齢の子どもとの生活……………………………………… 82
    1．幼児期のきょうだい関係…………………………………… 82
      (1) 日本の家族の変貌ときょうだい関係………………… 83
      (2) 幼児期のきょうだいの経験 …………………………… 85
    2．幼児教育施設での異年齢集団……………………………… 88

(1) 日本の保育制度における集団編制……………………………… 89
　　　(2) 明治期の異年齢保育の試み ………………………………… 93
　　　(3) 異年齢保育の実態 …………………………………………… 95
　　3．異年齢保育で育つ人間関係……………………………………… 98
　　　(1) 異年齢保育の相互関係 ……………………………………… 98
　　　(2) 愛着的関係の成立から家族的な集団へ …………………… 100
　　　(3) 養護的関係・伝授的関係から伝承へ ……………………… 101
　　　(4) 異質な他者とかかわる力―共感から理解へ ……………… 103
　　　(5) 集団内での立場と役割の体験 ……………………………… 104
　　　(6) 生活の重視と複数の人間関係 ……………………………… 105
　　　(7) 保育者にとっての意味と課題 ……………………………… 106

第3章　対人葛藤における社会化―自己創出を支える ………… 108
　§1　対人葛藤と社会化 ………………………………………………… 108
　　1．幼児期の対人葛藤………………………………………………… 108
　　　(1) 岡本夏木の「しつけ」論 …………………………………… 109
　　　(2) 子ども同士の対人葛藤 ……………………………………… 110
　　　(3) 幼児の対人葛藤の発達 ……………………………………… 111
　　2．トラブル場面と社会化…………………………………………… 114
　　　(1) モノと自己 …………………………………………………… 114
　　　(2) 言葉での交渉 ………………………………………………… 118
　　　(3) 遊びへの周辺的参加 ………………………………………… 120
　　　(4) 拒否されて自己を見つめる ………………………………… 124
　　　(5) 推測と追及 …………………………………………………… 127
　　3．トラブル場面での保育者のかかわりと自己生成……………… 130
　　　(1) トラブル場面への4つの支援 ……………………………… 130
　　　(2) 自己回復を支える …………………………………………… 134
　　　(3) 共生の体験を支える ………………………………………… 138
　　　(4) 問題解決を支える …………………………………………… 140

(5) 価値・規範を伝える ………………………………………… 141
　§2　保育の知を探る ………………………………………………… 145
　　1. 保育の実践知 …………………………………………………… 145
　　　(1) 臨床の知 ……………………………………………………… 146
　　　(2) 暗黙知 ………………………………………………………… 146
　　　(3) 行為と知 ……………………………………………………… 147
　　2. 保育の知の特性 ………………………………………………… 148
　　　(1) 非言語性と間主観性 ………………………………………… 149
　　　(2) 個別性 ………………………………………………………… 149
　　　(3) 過程性 ………………………………………………………… 150
　　　(4) 多面性と総合性 ……………………………………………… 151
　　　(5) 多義性と肯定性 ……………………………………………… 152
　　　(6) 集団性と相互関係性 ………………………………………… 154

第2部　歴史的身体知による人間の関係

第1章　人間関係の根本にあるもの ……………………………… 158
　§1. 自然的家族と政治の関係 ……………………………………… 158
　　1. 関係の崩壊と創造 ……………………………………………… 158
　　　(1) ギリシア・ローマ盛衰物語 ………………………………… 159
　　　(2) 日本の歴史にみる人間の関係 ……………………………… 163
　　　(3) 親子の関係規定の変遷 ……………………………………… 165
　　2. 家族態様の変化と人間関係 …………………………………… 167
　　　(1) 自然的家族 …………………………………………………… 167
　　　(2) 集産主義的協同組合にみる家族 …………………………… 168
　　　(3) 近代家族 ……………………………………………………… 169
　　　(4) 情報化社会の単家族 ………………………………………… 170
　　3. 多様化する家族像と権利をもった子ども …………………… 172

(1) 日本の文化とシングル単位社会 ……………………… 172
　　　(2) 核家族が生み出した心の闇 …………………………… 173
　　　(3) 「人間愛」という紐帯 ………………………………… 175
　　　(4) 関係の構造認知と役割認知 …………………………… 176
　　　(5) 県民性・郷土性をつくるもの ………………………… 178
　　　(6) 発達を左右する社会的集団性 ………………………… 181
　§2　学校・園社会の人間関係 ………………………………… 183
　　1．教師と子どもの関係 ……………………………………… 183
　　　(1) 学びにおける師弟関係の始まり―藩校・家塾，寺子屋 … 184
　　　(2) 国の子どもとして教化される師弟関係―教育勅語 ……… 185
　　　(3) 学び合う対等の関係―教育基本法 …………………… 186
　　2．民主的関係のアポリア …………………………………… 189
　　　(1) 『教育亡国』として現れた歪み ……………………… 189
　　　(2) 小1プロブレムにみる幼児期の人間関係の歪み ……… 192
　　3．情報化社会の関係づくり ………………………………… 195
　　　(1) 個性と創造性の重視 ………………………………… 195
　　　(2) 自然に還る …………………………………………… 200
　　　(3) 結び合わせるパターンの始め ……………………… 204
　　　(4) 自然と自由と秩序 …………………………………… 208
第2章　関係が育つ集団教育の場 ……………………………… 213
　§1　生きるための社会的装置 ………………………………… 213
　　1．共同体の必然性 …………………………………………… 213
　　　(1) 衣食住の営みとしての共同体 ……………………… 214
　　　(2) 共同体の枠組み ……………………………………… 216
　　　(3) 学びの共同体 ………………………………………… 219
　　2．就学前教育の場所(トポス)の法的関係性 ……………… 223
　　　(1) 保育要領―幼児教育の手引き― …………………… 224
　　　(2) 幼稚園教育要領領域「社会」 ……………………… 227

(3) 領域「人間関係」と教科「生活」……………………………… 229
　§2　学び合う共同体の仕組み ………………………………………… 233
　　1．個と集団の相互作用……………………………………………… 233
　　　(1) 関係が育つ教育の仕組み　…………………………………… 234
　　　(2) 〈きょうどう性〉の意味するところ ……………………………… 238
　　2．社会化が促進される集団の枠組み……………………………… 241
　　　(1) 社会化を促進する外的条件　………………………………… 242
　　　(2) 作用し合う集団の構成　……………………………………… 249
　　　(3) 集団のダイナミックス　………………………………………… 257
　　　(4) 教師集団・保護者集団の共同性 …………………………… 264
　　3．関係を結ぶ必然から生まれる教育内容・教育方法…………… 267
　　　(1) 教育学の原理としての教育方法　…………………………… 267
　　　(2) 教育媒体となるメディア・人・物語 …………………………… 272
　　　(3) 生きる技術 ……………………………………………………… 275

　【引用・参考文献】………………………………………………………… 278
　【索引】……………………………………………………………………… 299

第 1 部

人間関係の基礎となる「信頼」

　生まれ落ちた文化や社会の中で経験する人間関係は，個人の感覚や感情の基層に積み重ねられ，その後の人への態度の基本をつくる。
　第1部では，保育の場で経験する具体的な幼児の人間関係に焦点を当てる。第1章では，乳幼児期の発達課題でもあり，また現代社会において特に重要性を増している基本的信頼について取り上げる。第2章では，信頼を育むために，日常的な自然体験，共食の体験，異年齢の体験を取り上げ，幼児期に原初的な人間関係を十分に体験することの意味について考える。第3章では，幼児が初めて自覚的に人間関係に取り組む経験として，トラブル場面を取り上げ，そこでの自己創出と保育者の支援，その背後にある保育の実践知について考える。

第1章

機能的分化社会における信頼という課題

§1　機能的分化社会の不安

1．機能的分化社会と教育

　情報社会の中でメディアから遠ざかっていると，社会から取り残されているような不安を覚える。メディアにつながりさえすれば，どことなく安心である。自分の頭上の空模様を見なくても10分後の天気すらわかる時代だ。誰かが自分の代わりに測定し，発信をしてくれる。端末さえあれば，どこにも行かず誰にも会わずに，必要な情報を瞬時に入手できる。とすれば，ひと手間もふた手間も省けたわけだから，落ち着いてもよさそうなものだが，この便利さの影にどこか欠如感が漂うのはなぜだろうか。

　かつて労働による人間疎外ということが問題にされた。あのチャップリンの名画「モダン・タイムス」（1936年）に象徴されるように，分業によって単純化された労働に人間の全体性が脅かされ，人間の尊厳が失われていくという危機意識が共有されたのは約80年前であった。しかし今，私たちが直

面し巻き込まれている渦は，もっと複雑で強力な人間疎外なのかもしれない。「モダン・タイムス」では，労働者は疎外感を感じることができた。しかし，今巻き込まれているものには，逆の快適感がある。しかしその陰で知らず知らずのうちに，自分の立ち位置を見失い，内面世界が空洞化してしまうかもしれないような危機感を感じる。

　近代以降の社会は，その内部の要素が経済・政治・教育・学術・家族のように機能的に分化している機能的分化社会である[1]。ドイツの社会学者ニクラス・ルーマンは，この機能的分化社会がより進化して，現代では，一人ひとりの人間が社会の機能システムに依存しなければ生きていけないことを指摘した。さらにこのような社会においては，個人はシステム上の関係を生きることになり，心性も変化する。田中智志は「私たちが何かをするときに，相手が，感情をいだく生身の人間ではなく，たんなる機械のような機能システムの一部だと思うなら，私たちのその相手にたいする態度は，大き・く・な・る・」[2]と指摘している。確かに生活の様々な場面でそう感じることが多い。自分は全体性をもった個人であるが，他者はその機能を果たすための無名の存在に見える。たとえば，駅員やコンビニの店員を一人の人間としては見ない。一瞬一瞬の機能的関係を互いに担うだけだ。それは自分もまた同時に相手にとっては無名の存在になりうることを示している。このように人と人との関係が，システムを通してかかわり合うだけの関係になること，それが生活の大部分を占めるようになることが，何を私たちにもたらすのか，その危険性を考えておく必要があるだろう。

　ルーマンは，この関係が経済システムのみではなく，教育というシステムにもいえるという。かつて教育は授けられるものであり，それを担う教師は，国家や社会の委託を受けて，社会的に子どもの上位に位置していた。また教育の場に限らず，ほとんどの場面で子どもは原則的に大人の下位に位置し，さらに言うならば社会の周縁的存在であった。子どもたちは放置され，そこでたくましく大人社会を見聞きしながら社会的に自立していったのであった。

しかし今，子どもは生まれたときから保護されるだけでなく，外部からの強い力で教育される存在である。親や教師は「教育する者」である。大局的にみると，双方がともに教育という社会的機能を実現するためのシステムの担い手である。公的な教育システムに乗り始めた子どもにとって，教師は自分に教育を提供する人，自分はそれを受け止める人である。そのため，ここにサービス関係が生じ，教師が上，子どもが下という位階的関係は弱くなり，システム上の対等性が生じてくる。それを敏感に受け止め社会化した子どもたちは，教師を無前提的に上位のものとは思わない。教師の提供する教育サービスを「評価」するのは子どもとその背後にいる保護者である。相手を機能的存在として扱い，自分は全面的人間としての権利を行使する。子どもあるいは保護者の意に添わない教師は無視されたり，教師の求める秩序も破壊されたりする。教師をシステム上の交換可能な部品とみなすからである。一方で，教師は教育システムの担い手として子どもの選別を行う。教師の差し出すシステムに乗ってこない子どもは，結果的にわきに追いやられる。制度としての公教育の最終目的は職業人としての自立であり，経済システムを支える人間をつくり出すことである。個々の人間はその属性にかかわらず，システム上の機能的役割を果たすことを求められ，人としての全体性や相互性は二次的なものとみなされる。生活することや学ぶこと，そこで他者と関係を結びながら自己実現することが生きる内容そのものであるはずなのに，このように極度にシステム化された社会関係が，人々に多くの疎外と軋轢を生じさせている。制度に効率的に順応することが幸福につながると思い，熱心に育てた子どもが教育の場や社会から離脱してしまう。子どもとの人間的なかかわりを大事にして，良心的・献身的に教育的関係を生きている教師たちが多く存在する一方で，だからこそ，耐えきれずに精神疾患で教育の場を去らざるを得ない教師たちがいる。

2．バーチャル社会のつながり

　機能的分化社会と情報社会は，一体的に進展してきた。今日多くの人々が，便利にはなったが欠如感が漂うと感じるのは，自分は部品などではなく，一個の人間として生きているのだということを確かに感じていたいからである。何かを手に入れる，何かを知るということは自分の身体と心を動かして誰かと出会うことでもある。そしてそこで自分を感じることでもある。しかし実際には，多くの情報を受け取り必要なものを手に入れたにもかかわらず，誰とも出会っておらず，声も交わしていない。自分の身体は確かにここにあるのに，人としての全体性や相互性，関係性を失いつつあることに気づくからである。

　バーチャルな世界では，今ここにいる生身の自分を置き去りにして，仮想の人格を構成することができる。そしてこれまた仮想の人格と交流することもでき，それはそれである種の充実感が伴ったりする。現実のしがらみを排除してバーチャルに構築する関係は，内面的に深く理解し合えると思えることもあるだろう。しかし，それは共に生きていく相手として，信頼に値し支え合うことができるといえるのだろうか。目の前のリアルな人間関係を捨てることにつながってはいかないだろうか。

　「ネトゲ廃人」という言葉がある。ネット上のゲームにはまり込んで，実生活が破たんしてしまっている人のことをいう。もっとも本人がそれに気づいていないことも多い。頭の中がゲームに占領されてしまい，日常生活を無視してしまう状態になる。韓国では多くの若者がこのような状況にあり，社会問題になっている[3]。日本でも，厚生労働省の2013年調査によると「インターネット依存」の中高生は全国で推計51万8千人に上ると報道された[4]。筆者は，かつて子どもたちを夢中にさせるゲームを開発した人々に，子どもの発達や成長を考える視点などみじんもないことに驚きを感じたことがある。一人の大人として，子どもにとっての功罪を考慮しておくのが当然では

ないかという「良心」は，経済活動の前では意味をもたないということを知ったときであった。今も，子どもどころか成人の生活まで破壊させるような強烈な誘引力をもつゲームを開発する人々には，利用者を廃人同様にすることに対する罪悪感はほとんどないだろう。酒造業者がアルコール中毒を考慮しないのと同じである。結果は自己責任ということになるのであろう。

　ウェブ上で匿名性を利用したいじめや仲間外しが行われ，それが現実の生活を破壊してしまう状況が大きな社会問題と化している。対面関係では決して言えないだろうと思われる激しい攻撃的な言葉や歯に衣着せぬ表現が，相手を死に追い込むことさえ起こっている。自らの言葉に挑発されるように感情がむき出しになり，抑制がきかない状態になる。対面的関係から離れた言葉のもつ破壊力は，制御不能でときに犯罪的でさえある。相手が見えないからこそ否定感が妄想的に肥大し，さらに自己不信までも投影され膨張する。そこでは思考力や想像力が歪曲してしまう。ウェブ社会は，今まで見えなかったこの社会の暗部を過激な形で白日の下に曝してしまった。

　もちろんウェブ社会は暗い面ばかりではない。東日本大震災時におけるインターネットによる機動的連帯や空間を超えた支援関係の創出は記憶に新しい。隆盛を極めている個人ブログも，不特定多数に自己の内面を表現し発信し，そこでの相互性を紡ぎ出すことが大きな魅力となっている。困難を抱えた人が，その困難を発信することによって，読む人々に支えられることが起こる。またその困難に向き合う姿に触れると，読む者が励まされるということも起こる。その相互作用を通して，それぞれの人生の重荷を共に担う疑似的な共生関係もできる。ウェブ社会では，何かを知ろうと思えばいつでもどこでも膨大な知識や情報を得ることができ，たとえ断片的であり玉石混交であっても，それはそれで大きな価値がある。何より，政治も経済も生活も，ウェブ社会なしでは存立不可能であり，私たちの足元はもう固められてしまったともいえる。

3．日本人の自己と人間関係

　機能的分化社会の不安は，個人の自己意識の基層が揺さぶられていることに起因すると思われる。これまでわれわれが営々と積み上げてきた人と人との関係の基盤が，それと気づかぬままに崩落しつつあるように思われる。
　バーバラ・ロゴフは「人間は，自らの属するコミュニティの社会文化的活動への参加の仕方の変容を通して発達します。そしてそのコミュニティもまた変化するのです」[5]と人間の発達と社会との関係を相互浸透的に捉えている。ここで，日本人の自己意識について概括し，それが現代社会において，どのような課題を抱えるのかについて考えてみたい。

(1)　日本人の自己意識

　日本人の自己意識を考えるにあたって，現代人の心性についてのユングの捉え方から出発する。ユングは，人の心は意識している部分と無意識の部分で構成されていると捉えた。そしてさらにその無意識の部分を個人的無意識と集合的無意識に分けて考えた。個人的無意識とは忘却や抑圧など，個人によって意識から追いやられ無意識の層に置かれているものである。集合的無意識とは，個人をこえてその文化や民族・人類全体に共通してもっている心性のことである。ユングは，意識は無意識の中から生まれ，この意識を統括するものが〈自我〉egoであるとし，それとは別に意識と無意識を含めた心の中心として〈自己〉selfを考え，この〈自我〉と〈自己〉は相補的な働きをもっているものとした[6]。
　ユングの研究家である河合隼雄は，

　　　西洋人の場合は，意識の中心に自我が存在し，それによって統合性をもつが，それが心の底にある自己とつながりをもつ。これに対して，日本人のほうは，意識と無意識の境界も定かではなく，意識の構造も，む

しろ無意識内に存在する自己を中心として形成されるので，それ自身，中心を持つかどうかも疑わしい[7]。

と述べている。この考察から中村雄二郎は，

　　どうしてしばしば西洋人から《日本人には自我がない》とか，《個が確立していない》と言われるのか―（中略）―，日本人の間でどうして物事を判断するのに際して責任の所在があいまいになるのか，討論することなしに集団的な合意を形づくりうるのか，日本人の場合どうして，〈無我〉とか〈心を虚しくする〉とかいうことが積極的な価値になりうるのか―（中略）―，自然を対象化せずに自然と一体化しやすかったか，〈主客未分〉あるいは〈主客合一〉を価値として受け入れうるのか[8]

について，よりよく理解することができると述べている。

この心性は，日本の代表的な絵本『ぐりとぐら』[9]に，その典型を見ることができる。最終場面のぐりとぐらが森の仲間たちと一緒にカステラを食べるシーンは，子どもたちだけでなく大人にも圧倒的共感を得ているが，これは森にいる動物は誰でもカステラを食べていいという主客合一の関係である。メンバーは当然のごとく，ことわりも礼も言うことなく，食べている。個人の属性や関係も互いに確認することなく，同じ場を共有するというだけで連帯の輪の中に入れるという関係である。このように曖昧な関係でも，何の不都合も感じず，むしろそれこそが好ましい理想の関係として私たちは受け取っているのである。

（2）　日本人にとっての「場」

四季の自然に囲まれて，つい先ごろまで農業を主幹産業として日本人は生きてきた。破壊性をも秘めた自然ではあるが，基本的にはわれわれの生存を支えてくれるものである。その折々の変化を受け止めてきた日本人は，自然

への態度と細やかな感性を育んできた。四季の変化が人としての感性の根底に刷り込まれている。

　日本人は自然を，自身を受け止めてくれるものとして捉え，日々変化しつつも再びめぐってくる季節にその永続性を感じ，それをアイデンティティの基盤にしている。同じ場に繰り返しめぐる同じ時間があるということに気づくと，自然の中で自己は相対化される。自己は自然の一部にすぎないのだという感覚が生まれる。たとえ，社会の中でうまくいかなくても，自然と相対することによって自己は受け止められる。それによって社会もまた相対化される。自然は自己再生機能をもち，社会の中で自暴自棄にならずに，自己を維持することができる。心と自然が一体であるかのような芸術も多彩に発展し，日常の中に織り込まれながら現代まで脈々と受け継がれている。

　日本人にとっては神とは自然である。神道においては，あらゆる自然物に神が宿り，人々は自己の必要に応じて「縁結び」「子孫繁栄」「商売繁盛」などと神々を使い分けてきた。唯一の神を崇め，その神と自己との関係を厳しく問い続ける西洋人に比して，日本人は自らを問うこともなく，あるがままを受け入れてきた。自然の前に人はみな同じであるという平等感も性善説もここに生まれたように思う。

　自己や他者のあり方を突きつめることなしの，他者との緩やかなつかず離れずの関係は，日本的自己の基本であり，支配もしないが支配もされない，自我にすべてを置かず，時や場にゆだねるというスタンスが成立したのではないか。日本語で最も重要なものは述語であるといわれるが，主語によって自我を際立たせて主張することなく，自己の立ち位置は述語に滑り込ませておく。主語がなくてもいっこうに困らず，述語を読めばそれが誰かわかってしまう文体や思考法で日本人は生きてきたのだ。

　このように，曖昧な自我をもつ日本人がつくり出す人間関係はゆるやかなものにならざるを得ない。西洋人の人間関係は個と個の契約に基づく意識的なものであるが，われわれ日本人の場合，個と個の間にはそのようなものはなく，あえて言えば個と場の間に関係が成立する。個の意志の前に場の意志

があり、そこに役割をもって参加することによって同じ場にいる者と関係をむすぶ。場が関係そのもので、いわば個は交換可能なものとみなされている。中根千枝は『タテ社会の人間関係』で日本人の社会構造の特質を、自我をもった個人を基盤とするのではなく、場に応じた役割を果たすためにそこにいる人間によって構成されていることを示した[10]。日本人にとって個人の拠って立つところは「場」である。自己の帰属する場がその個人のアイデンティティをつくる。このアイデンティティを提供する「場」として、自然と地域と家庭があげられる。

　宮崎駿の国民的アニメ映画「となりのトトロ」(1988年)には昭和30年代の農村の生活が描かれているが、そこに出てくる家族や地域の姿に日本人のアイデンティティの典型を見ることができる。この作品は、いわば半世紀前までの日本人の原風景でもある。その中に主人公サツキの同級生カンタの家族の姿がある。大雨の日、カンタがサツキに傘を貸してやり、家に持って帰らなかったときに、カンタの母親は事情を聞くどころか、ゴツンとカンタの頭を叩いた。どうせ振り回して壊しちゃったんだろうと。カンタも舌打ちをしながらもそれに言い返すこともせずわかってもらおうともしなかった。このゲンコツの力の入れ具合で、親は否定も受容も伝えることができた。またサツキの母親の退院が延びてサツキが不安に襲われたときも、カンタのおばあさんが「だいじょうぶだよ」と安心させていた。このおばあさんは、子どもの気持ちを察しながらも、となりの子どもにも自分のところの子どもにも同じ言葉をかけるのではないかと思う。同じ共同体に属するものとしてサツキもそれを受け止め立ち直っていく。個人の内面に入り込んでいくなどということはしなくても、支え合う気持ちがある。サツキもメイもカンタも自分が愛されているかどうかなどとは考えなかったに違いない。それでも日々を生きていくことができた。必要なときには助けてくれる人が周囲にいたからだ。生活の場への信頼があった。個ではなく人としての共生のような、人は人とつながっているという感覚があった。他者との違いを際立たせる必要はなく、個性など問われず、自分が特別でなくても大丈夫だったのだ。家族や

地域や自然は生きていくうえでの共同体としてあり，自己の帰属する場が機能していたといえよう。

4．「場」の変質と崩壊

　日本社会は，この半世紀で大きな変化を遂げた。日本人のアイデンティティの基盤としてきた場への帰属は，今危機に瀕している。都市化の進展や過疎化により，最も重要な自己の帰属する場としての自然が遠ざかりつつある。地域は空洞化し，最後の砦としての家族までが分散し始めた。代わりに，新しい自我の基盤として「個」が浮上してきた。人とのつながりを切った個がどのようにして立っていられるのだろうか。後述するエリクソンのいう西洋人の自我の基本課題である信頼の問題が，改めて日本人の課題として成立してきた時代のように思う。

（1）　自然からの遊離
　都市化の進行は，自然を遠ざける。私たち日本人は自然と対話しながら，自身を見つめ自身を表現し形づくってきた。生命的なものは人間の支配を超える。都市空間の圧倒的部分を占める人工物は，それが機能的であればあるほど人間の支配性を充足させる。自己肥大の温床だ。また都市空間は身体機能を低下させる。快適に暮らすということは，人としての身体能力を使用せずに済むということでもある。遠くに行かなくても話ができる。重いものを運ばなくてもいい。短時間で移動できる。空気まで調整してくれれば，体温調節すらしなくていい。自然と呼応するはずの身体の免疫システムも衰退している。生活のあらゆる行動を外部に依存できるようになった。自身の命を維持するための家事労働すらやらない。それを埋めるかのように住まいの中に物が積み上げられるばかりである。しかし，それが本当に私たちを受け止めてくれるわけではない。都市空間の息苦しさの中で私たちは自然を求め，家庭菜園や野外活動で自己再生を図ろうとする。

（2） 分散する家族

　血縁や地縁から離脱し，寄る辺を失った個人が都会に漂着し，そこで誰にも看取られずに迎える死に「無縁死」という語が与えられ，年間3万人を超えるという[11]。私たちは，半世紀前の人々に比べて，家族や地域社会のしがらみから解放され，より自由に自分の道を描くことができるようになった。しかしそれとともに，家族や地域，自然などの場を媒介とした他者との関係とそれに基づくアイデンティティを放棄したのかもしれない。

　かつては，家が人生の主要な舞台であった。生産や消費が家を母体として行われ，そこを離れては生存が保障されない定住型社会であったからだ。しかし今，日本の家族は大きな変貌を遂げ，家族の内部関係も外部関係も個人にとって意味が変わりつつある。家族は子どもや老人などの生活弱者をその内に抱え込み，生存を支える機能を担ってきた。今，その支え手が揺らいでいる。社会システムに乗りさえすれば個の生存は可能になり，生存のために家族をつくるという必然性が弱まり，その担い手も揺らいでいる。

① 世帯の変化

　1960年代までは，わが国の平均世帯人員は約5人であった。ここでいう世帯とは，「家族」ではなく，同一居住・同一生計で共に暮らす集団という意味である。この50年でそれが2.42人（2010年）になった[12]。2035年の将来推計では2.20人という数字が出ている[13]。図表1-1-1は，1955年と2010年の世帯人員別に見た構成割合である。これを見るとこの半世紀の変化がいかに大きかったかがわ

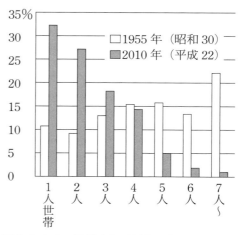

図表1-1-1　世帯人員別割合の変化
2012年人口動態調査をもとに筆者が作成

かる。

　1955年（昭和30年），つまりあのトトロの時代であるが，平均世帯人員は4.97人で，ピークは7人以上の世帯で，4人以上の世帯が全体の6割を占めていた。それが55年後の2010年になると，最も多いのは1人世帯であり，2人世帯を合わせるとそれだけで6割を占める。平均世帯人員は2.42人で，もはや5人世帯以上は少数派である[14]。まさに反転してしまったともいえる。この間に人口も増えているのだが，家族が分散していく速度が人口の増加速度を追い越し，一人暮らしが全世帯の3割を占めるに至った。これ以上小さくなれないくらいの小家族社会が出来上がりつつある。さらに2010年には人口減少という未だ経験したことのない新しい段階に日本社会は入った。家族とは，互いにケアし合う集団でもある。日本社会は，その互いにケアし合う関係から撤退しつつあるように思われる。個人で生きていくことが可能になれば，ケアも外注化でき，家族はオプションになる。それどころか家族や子どもが自分の人生にとってリスクや不利益になることもあると感じる若者もいる。なるべく他者と距離をおいて，できれば深い関係をもたないで生きていくことが，一つのライフスタイルとして消極的ながら認知されるようになってきた。

　② 非婚化

　かつては無類の結婚好きといわれ，生涯未婚率は1%にも満たなかった日

図表1-1-2　年齢階級別未婚率

	男性%	女性%
20～24歳	94.0	89.6
25～29歳	71.8	60.3
30～34歳	47.3	34.5
35～39歳	35.6	23.1
40～44歳	28.6	17.4
45～49歳	22.5	12.6

2010年国勢調査

本社会であるが，晩婚化が進み，2010年の平均初婚年齢は男性30.8歳，女性は29.2歳に到達した[15]。2010年の国勢調査では，30代男性の未婚率は約40％で女性は約30％である（図表1-1-2)[16]。生涯未婚率は男性20％，女性10％になる試算も出ている[17]。

その背景には，今より良くなるのでなければ結婚しないというトレード感覚や，非正規雇用が増加し若者が自立して生活できない，結婚できないという深刻な経済状況もある。それが寿命の延びた親世代と同居するパラサイトシングルという生活形態と絡み合い，さらに非婚化を下支えしている[18) 19)]。一方でパラサイトの不可能な人々が，一人で生活している。自立するための社会的施策も整わないところでの「自己責任論」に追い詰められ，生活者としてのアイデンティティも危うくなっている。老年世代に限らない「無縁死」「孤独死」の背景にもなっている。少子化も止まらず，2014年の合計特殊出生率は1.42で[20]，人口維持水準の2.1には程遠い数字である。

③ 自殺と家族の関係

平成10年以降，不況を背景に日本では自殺死亡者数が3万人を超えた。その後次第に減少しつつあるものの，交通事故で亡くなる数千人とは比較にならない数である。自殺死亡統計をつぶさに見ていくと，家族の姿が透けて見えてくる。2013年の自殺死亡率は人口10万人当たり20.7，男女別にみると圧倒的に男性が多く，男性は34.1，女性は13.8で，男性は女性の2倍強になる。その半分以上を無職者が占めることから経済的要因が大きいことがわかる[21]。

自殺原因の1位は男女とも健康問題で病気の悩みやその影響であるが，そ

図表1-1-3　自殺原因

	男		女	
1位	健康問題	9,181人	健康問題	6,621人
2位	経済・生活問題	6,711	家庭問題	1,643
3位	家庭問題	2,854	経済・生活問題	727

内閣府『平成24年版自殺対策白書』より作成

図表 1-1-4　平成 25 年における配偶関係別の自殺死亡率の状況

男

年齢階級	総数[1]	20 歳代	30 歳代	40 歳代	50 歳代	60 歳以上
総数[2]	34.1	28.1	28.3	38.2	39.2	38.8
有配偶者	23.7	11.5	13.1	22.2	26.0	28.2
未婚	38.9	31.4	42.1	57.2	64.2	86.5
死別	72.8	55.1	136.9	105.8	84.7	71.0
離別	138.7	171.3	149.6	164.6	133.4	121.9

女

年齢階級	総数[1]	20 歳代	30 歳代	40 歳代	50 歳代	60 歳以上
総数[2]	13.8	10.6	11.0	13.9	13.2	17.3
有配偶者	10.5	5.2	6.1	9.4	10.1	14.2
未婚	13.4	11.8	17.9	22.6	22.1	20.0
死別	20.5	47.5	16.8	23.4	18.6	20.5
離別	34.5	49.1	36.5	37.1	31.7	32.4

注：1)　総数には 15 〜 19 歳及び年齢不詳を含む。　　内閣府『平成 27 年版自殺対策白書』
　　2)　総数には配偶者関係不詳を含む。

の 6 割がうつ病関連である。そして男性の 2 位は経済・生活問題を理由とするもので，男性が女性の 9 倍強になる（図表 1-1-3）。夫が職を失えば経済的に困窮するのは妻や子どもも同じなのだが，夫はそこで自分の生きていく意味を失うような打撃を受ける。家族を養っていくことが男性の存在意義という強固な性別役割意識が強いうえに社会的責任もかかってくるであろう。職のない状態で生きていくことや家族に依存して生きることを男性には認めないという感覚が背後にある。

　図表 1-1-4 は配偶関係別自殺死亡率の状況である。あまり表立って報告されていないが，自殺と家族は密接な関係がある。配偶者がいるかどうか，すなわち家族がいるかどうかが自殺死亡に影響を与えているのである。たとえば，図表 1-1-4 において，男性の 30 代から 50 代を見ると「死別」や「離別」の自殺死亡率が「有配偶者」の 4 倍から 10 倍以上になっている。この傾向は男性に顕著である。つまり配偶者が，特に男性に対して自殺防止力をもっ

ていると考えることができる。個を単位とする社会の脆弱さがここにも表れているのではないかと筆者は捉えている。

　多くのシステムの中で家族は異質なシステムだ。持続的で日常的で個人の生命を支え全体性を引き受け合うケア集団だ。日々の生活を通じて，個人の生涯を支え合う機能をもっていた。その家族が分散し，機能低下を引き起こしている。家族は，個人のアイデンティティの基盤となり，社会と個人のクッションの役割を果たしてきた。そのクッションが薄くなり，個人は直接社会に投げ出されるようになった。

(3)　個人社会と心理主義

　個人を単位とする社会においては，人は生活の局面ごとに機能的関係に組み込まれている。いわば自己が分節化されている状態であり，各個人はそれを安定的に統合する必要がある。それは主に自我の役割でもあるが，家族や職場などのような持続的にかかわる場もその機能をもっている。しかし，個人が単位になっている社会では，場が必ずしもその役割を担えず，個人がそれを行うことになる。その結果，自己の心理状態に敏感な心理主義的な傾向が強まっていくと考える。

　家族の中で1人か2人しか生まれない子どもは，生まれたときから特別な存在として大切に育てられる。子どもは，自分が特別に扱われることが当然になってしまう。時として自分の感覚や感情だけが大切で，人は自分のために存在するという感覚にまで肥大する。当然ながら，その逆，すなわち自分が相手を大切にすることなどは考えられず，それどころか自分が他者に大切にされなかったというだけで，相手に敵意を抱いてしまうことになりかねない。自分が快適な状態にあることが重要で，自分をそうさせてくれないと不機嫌になるというのは，依存の最たるものであるが，不快な状況を短絡的に他者に起因させる心性が培われる。

　それを増幅するように，情報社会が過剰に飾り立てる「個」をあおっている。自己充実ではなく自己演出の生である。逆にそこから離脱した者たちの

「ありのまま回帰」の現象もある。これらはみな，システム社会で機能的な役割を要求されることに疲れた現代人の，どこかで全体性を取り戻す必要性に駆られた自己防衛反応なのかもしれない。

一方で他者との関係に悩む人が増えている。都市化によって，人との距離を保ってくれるクッションでもあった自然を失い，再生の場でもあった家族がいない状況では，他者との距離の取り方が一層難しくなってくる。他者を認め，受け入れ，またそれに応答し，しなやかな自己をつくるという新しい課題はそう簡単でない。長い歴史をかけてつくりあげてきた西洋のような強固な自我をもたないままに，他者と折り合い，渡り合わねばならない社会に，適応できず取り残される人々が多数出現してくるのは必然である。

(4) 共感性の低下

動物行動学者のフランス・ドゥ・ヴァールは，その著『共感の時代へ』において，動物は生得的に共感能力をもっていることを示し，人間もまたその延長上にあり共感し合う動物であることを示した[22]。多く挙げられている動物の共感に関する知見は，当然ながら生存や身体レベルのものである。人間もまた，他者との共感は身体レベルのものが基盤になる。ところが前述したように，現代社会は自然から遠ざかり，身体レベルでの共存や共感を体験する機会は日常生活から激減してしまった。地域や家族の中でも，共に生きるものとしての身体的共感はさほど重要なものとはみなされない。いうなれば，他者への関係も知覚や感性ではなく思考や論理でのかかわりが重要視されるようになり，共感の身体的基盤が弱体化しているともいえる。それがバーチャル社会の方法論と結びついている。

システム社会で個人としての安定を保っていくためには，そのシステム上で有能な人間にならなければならない。必然的に個人は競争にさらされる。社会全体が主要なアイデンティティ源として，この競争による差異化を利用していることになる。能力だけでなく容姿や性格まであらゆることが評価や競争の対象になる。ここにおいて自己概念は，他者から与えられた社会的ポ

ジションと同義になる[23]。

　学歴社会の弊害はつとに指摘されてきたところであるが，そのもっとも大きなものは，人と人が競争し合い，互いに排除し合うということだ。特に学童期以降，子どもたちは競争や評価のまなざしから逃れられない。それどころか，与えられる評価を取り込み内面化してしまう。しかし，人間の全体性はそれに包括されえず，そこからはみ出たものが存在証明を必要とする。多くの事件の中に，この存在証明への希求があると感じるのは筆者だけではないだろう。

　競争社会では，一部の「勝者」を除いて，圧倒的多数は敗者になる。いじめや不登校が増えこそすれ一向に減らないのも，この長期間にわたる閉鎖的で競争的な人間関係に，子どもたちが悲鳴を上げ，やり場のない負のエネルギーを互いに向け合っているからではないか。教師の精神疾患がうなぎ上りに増えているのは，教師もまた子どもたちの負のエネルギーの出口のない交錯に疲弊している証拠だ。もう個人や集団の少しばかりの努力ではどうにもならないところまで来ている。わが国の教育制度や環境を根本から見直さないと，学力低下どころではないしっぺ返しが来ると思わざるを得ない。

　幼児教育の場で競争主義をあからさまに導入しているところは少ない。しかし，運動能力や芸術性など特定の能力育成を謳っているところなどが，子どもを動機づけるのに，この競争を用いることは珍しくない。成功すれば評価が上がり自己を強化でき，わかりやすいこともあって，能動的に取り込む子どもが出てくる。塾やおけいこ事は基本的に競争主義である。幼児が競争にとらわれているのを見るのは心が痛む。入園のころ，何でも一番でないと気がすまない子どももよくいる。親や保育者に自分を認めてもらえるだろうとけなげに努力しているのかもしれない。そのようにして，いつの間にか他者が自分より劣っていることを求めるような心性がつくられていく。

　この社会で，幼児を競争的な関係に置くことについては慎重であらねばならない。勝者敗者ともに自己概念に根底的な影響を与えるからである。他者への基本的信頼を得るはずの時期に，自分にだけ価値があるという心性すな

わち他者への不信を育てているということになる。

　日本人は，自我を屹立（きつりつ）するよりも人との関係の中で自己を創ってきた。しかし，その自己の基盤となってきたもののすべてが弱体化し，揺らぎ始めている。現代社会においては，他者と対峙しうる自己が求められる。それを支えるものは，自己を堅持しつつ他者を受け入れる新たな場であると考える。人と人が出会う場の一つとして，保育の場で，自己と他者への共感と信頼を育てていくことの意味は大きい。

§2　信頼という課題

1．エリクソンの社会心理的発達課題論

　子ども時代に体験した人間関係が，他者への基本的態度に影響を与えていることは，大方の人が認めることであろう。それが人生を決定づけてしまうわけではないが，人はそれを基盤にずっと他者と向き合っていくことになる。
　筆者は，幼児の人間関係について考えていくにあたって，エリクソン（1902-1994）の心理社会的発達理論を参照することから始めたい[1]。よく知られているように，エリクソンは人の生涯を見通した発達の課題をわれわれに示し，そのうえで人生の初めの課題として乳児期の「基本的信頼」の獲得を置いた。皮肉なことに，これは現代を生きる私たちが，すべての世代にわたって直面している課題であると思われる。

（1）人生の初めの課題

　子ども時代に，自分を信頼できたか，他者を信頼できたか，世界を信頼できたかということが，その後の人間関係を建設的に築いていくことに影響を与える。競争的な現代社会においては，様々な局面で自己否定に陥ることを

考えても，人生の初期であり自我の発生期である幼児期にこれを自己資源としてもっておくことは重要である。自己を肯定できない状況で生きていくことの困難さは，現代社会の重要な課題である。

エリクソンによれば，これは生後1年のうちに獲得する課題である。しかし現実には，生後1年の課題が1年どころか数年，十数年いやその後の人生の数十年にわたって，形を変えながら繰り返し課題として立ち現れてくる。人生のその時々の環境や人間関係に応じて，不信に陥りそれに直面しながら，また新たな信頼を獲得していく過程を繰り返していく。信頼に至るには多かれ少なかれ苦しさやつらさを体験する。エリクソンはそれを「危機」と呼び，課題を達成するための必然的な過程として捉えた。

保育の場では，いつでもこの危機に直面している子どもがいる。それを乗り越える過程で，子どもは他者への信頼，ひいてはこの世界（社会）への信頼を得て，ひるがえって自身への信頼へとつながり，往還的に前進していく。その基本的信頼や不信は，子どもにおいてどのように現れているのか，どのように進行していくのかを考えることなしには，危機にある子どもたちを支えることはできない。

またエリクソンは，発達は文化社会的な影響を受けることをいくつかの文化集団を比較することによって，明らかにしている。この点も，私たちが人の発達を考えていくうえで考慮に入れる必要がある。

(2) 漸成原理という考え方

エリクソンは，人の生涯を8段階に分けて，その時期ごとに獲得すべき発達課題があることを示した。初めの1年間に子どもが獲得すべき発達課題として「基本的信頼」を挙げ，それに続く幼児期の課題として，2～3年間で「自律性」，4～5年間で「積極性」を挙げた。ひきつづき，学童期（第4段階）の「生産性」，青年期（第5段階）の「同一性」，成人期の「親密さと隔たり」（第6段階），「生殖性」（第7段階），「完全性」（第8段階）を発達課題として挙げた。発達段階説と呼ばれることもあって，その段階の課題を達成し次の

段階に進む，もしそれができなければ次の段階に進むことができないと理解されがちであるが，ことはそう単純ではない。この段階の進み方つまり発達のメカニズムについて，エリクソンは複雑な捉え方をしている。

エリクソンは，この8つの発達段階を述べる前に，発達の基礎となる考え方として，漸成原理(epigenetic principle)について述べている。漸成原理とは，「成長するものはすべて『予定表』ground plan をもっていて，すべての部分が一つの『機能的な統一体』functional whole を形づくる発生過程の中で，この予定表から各部分が発生し，その各部分は，それぞれの成長がとくに優勢になる『時期』を経過する」[2] という原理である。

このことは子宮内の身体発達を考えるとわかりやすい。受精卵は両親から受け継いだ遺伝子に従い，完成に向けた分化のプログラム（予定表）をもっている。そのプログラムに従って，細胞が分化し，身体発達は進んでいく。ある時期にはある器官の発達が優勢となるが他の部分も存在している。これが出生後の身体発達にも心理的社会的発達にも同じように適用されるという考え方である。しかもその発達の内実は，生まれ落ちた環境すなわち当該社会の歴史や文化によって変化し，また環境の応答のあるなし，すなわち周囲の人のかかわりによっても影響を受ける。

それを前提にしたうえで，人間はどの時期をとっても全体的な「一つの機能的な統一体」であり，過去に優勢であったもの，現在優勢なもの，これから優勢になっていくものが含まれ，それらが有機的に関連をもって存在しているというのである。エリクソンはその発達段階を定式化して示している。「漸成説図表」（図表1-1-5）がそれであるが，第1段階では，基本的信頼の問題がクローズアップされる，すなわち優勢である。同時にのちの課題となる自律性や積極性の前段階の姿がすでに含まれていて，それらが互いに関連をもっている。これがその時期の全体性である。また，この図の縦軸を見ると，基本的信頼は第1段階で優勢となるが，そこで発達を完了するのではなく，その後も引き続き別の現れをしながら，継続していくということが示されている。なるほど，生後1年の子どもが信頼する保護者から離れることな

第1段階 (生後約1年)	基本的信頼	自律性のそれ以前の現われ方	積極性のそれ以前の現われ方
第2段階 (生後約2～3年)	基本的信頼のその後の現われ方	自律性	積極性のそれ以前の現われ方
第3段階 (生後約4～5年)	基本的信頼のその後の現われ方	自律性のその後の現われ方	積極性

(矢印：筆者)

図表 1-1-5　漸成説図表

エリク・H・エリクソン『自我同一性―アイデンティティとライフ・サイクル』誠信書房, 1973, p.56

どに大きく動揺する姿を見れば，この信頼の課題が確かに大きいと納得するし，同時にまた，身体移動の意欲や食べ物などに対して明確に自己の意思表示をするところを見ると自律性や積極性の萌芽は含まれており，それらが互いに関連をもっていて，一つの人格として存在していると了解できる。

　この図を見ると，最も初期の課題「基本的信頼」についても，初めの1年が優勢ではあるが，その後も形が残り続ける。ここで重要なことは，その時期の課題を達成してもしなくても，次の段階に進むということである。つまり，人は完成態ではなく，いつでも不完全なものであることも示している。ということは同時に，その後の段階でこの積み残された課題に取り組むことが可能であり必要でもあることを示していると解釈できる。エリクソン自身も境界的な体験を多くもち，それがアイデンティティやモラトリアムという概念の発見に結びついた。また臨床家として出会っていた人々はまさにそういう人々であったともいえる[3)4)5)6)]。そうすると，たとえば基本的信頼は，初めの1年の最重要課題ではあるが，引き続き取り組むことができるし，そうせざるを得ないものとも解釈できる。昔も今も実際の保育の場で出会う子

どもたちの少なくない数が，この課題に直面しているように思われる。そしてそれを受け止める教師や保護者自身も，この課題を持ち越していることが少なくない。

(3) 自信と信頼

エリクソンは基本的信頼の問題を取り上げるにあたって，「自信」(confidence) という言葉ではなく，「信頼」(trust) という言葉を選んだと記している。

> 「信頼」という言葉を選んだのは，この言葉にはより多くの素直さや相互性があるからである。幼児が信頼していると言うことはできるが，「自信を持っている」というのはいい過ぎのようである。さらに信頼という一般的な状態は，自分の外にいる提供者たち outer providers の同一と連続性をあてにすることを学ぶだけでなく，自分自身と，衝動を処理する自分自身の器官の能力を信頼することを意味している。また，それは，提供者たちが警戒したり，立ち去る必要もないほどに，自分自身を十分信頼するに足るものであるとみなすことを意味している[7]。

「自信」は言い過ぎだという彼の指摘には，大いに共感する。また「信頼」には素直さと相互性があるという指摘も重要だと考える。「自信」は他者のありようにかかわりなく存在するかのような印象があり，また逆にときとして他者の否定の上に成り立つこともあるが，「信頼」は，自分や他者の変化を認めそれに応じていくという確かな意志を感じる。「自信」という言葉には，自己の能力に依存して，自己の変革可能性を否定しているような側面もある。そして幼児には，確かに少しかたすぎる。自信の持ち方によっては，その自信が他者との競争の結果であれば，その相対性ゆえにいつでも不安定に陥る可能性がある。また「信頼」は他者への信頼であり同時に自分自身への信頼でもあるとしている。外部の提供者への信頼が変化すれば自分への信頼も変

化する。生涯を通じて継続する課題であると解釈することも間違いではない。

　さらに，エリクソンが重視しているのは，発達の社会的文化的性格である。エリクソンは自分たちが発達として客観性をもっていると思っているものは，実は「アメリカ中流白人」の基準なのだと明言する。『文化的営みとしての発達』を著したバーバラ・ロゴフは「子どもたちが他者に対して責任をもつのに十分な知識レベルに達するのはいつ頃か」という問いに対して，米国の中産階級では10歳頃，イギリスでは14歳頃とみなされているけれども，世界中の多くのコミュニティでは5歳から7歳ごろであり，さらに3，4歳児のところもあると報告している。「刃物を使うのに必要な判断力と運動能力を備えるのはいつか」という問いに対しては，中央アフリカでは歩けるようになる頃という驚くようなデータも示し，文化圏によって発達は大きく異なることを指摘している[8]。考えてみれば，日本でもつい先ごろまでは，10歳に満たない子どもが農事や家事に参加し，弟妹の世話をするのは日常的であった。このような視点で見ると，今日の日本の若者の状況はどう考えたらいいのかと大きな問いも生まれてくる[9]。発達が文化や社会の影響を受けると一般的に捉えるならば，私たち自身が，現代の日本の文化社会的な考察を抜きに発達を論じているのでは不十分だということになる。

（4）危機という捉え方

　前にも少しふれたが，エリクソンの発達理論の中核は，これらの課題の獲得の仕方にある。人生の各時期に固有の課題があり，当該社会の文化的要請と心身の発達に規定されながらそれを達成していくこと，その課題の内容について述べることはそう難しくないように思われる。

　エリクソンの理論の特徴は，これらの発達がその反対物との相克の中で達成されると，弁証法的に捉えていることである。「各要素は，優勢になると危機に直面しなければならなくなり，各段階の最終目標に向かって恒久的な解決法を見出す。──（中略）──各段階で記述されねばならないのは，その反対物との出会いencounterであり，それによってもたらされる危機について

である」[10]と述べている。危機とは，達成しなければ反対物に飲み込まれてしまうという意味であり，そこが記述されるべきだというのである。反対物としてエリクソンは，基本的信頼の段階においては，「基本的不信」，自律性の時期においては「恥や疑惑」，積極性の段階においては「罪悪感」を挙げている。

基本的信頼については，母親の授乳などの養育行動を通して，空腹などの不快なことが生じてもじきに快適な状態に戻してもらえるという体験を重ねながら，自分は親に愛されている，自分はこの世界で存在に値する人間であるという感覚を発達させるという。もちろん親は万能ではないから，具体的なレベルでは子どもの期待に添えないことが起こる。その時には基本的不信を体験することになるが，「基本的信頼が基本的不信を上回る」ことに意味があるのだという。つまり，子どもが基本的不信という危機に直面しても，そこから回復していくというプロセスを体験しながら，おおすじ，人や自分は信頼できるという基本的信頼を獲得するのだという。

この発達の動因として相反するものを位置づける考え方は，われわれの実感をよく表しているように思われる。現象の中にそれと相対するものが内包されているという弁証法的な考え方や，またそれを自覚することによってこそ，その現象を前進させていくことができるという考え方は普遍性をもつ。不信を経験しながらも信頼を手離さずに基本的態度として維持し続けることが，他者と関係をもちながら生きていくということではないかと考える。信頼と不信の両者が存在すること，その間で自己を堅持していくことが重要であり，最も避けるべきは他者への信頼とともに自己への信頼を失うことであると考える。

2．絵本作品にみる信頼のかたち

他者と自己への信頼は子どもにおいてどのように表れているのだろうか。子どもの生活を描いた優れた絵本にその原型を見たいと思う。絵本は，絵本

作家の創作であるという意味ではフィクションではあるが，そこには，作家の捉えた子どもの本質的な姿が描かれている。数十年にわたって多くの人の支持を得てきた絵本には，普遍性がある。

(1) 『サリーのこけももつみ』にみる基本的信頼

筆者は，今，幼児期の「信頼」を考えていくために，1940年代に活躍したアメリカの絵本作家，ロバート・マックロスキーの作品を取り上げたいと思う。

ロバート・マックロスキーは1914年，アメリカのオハイオ州ハミルトンに生まれた。ニューヨークで学び，ボストンで絵画制作の仕事に従事した。結婚後，第二次世界大戦に従軍したのち，娘サリーと一緒に，一家でメイン州ペノブスコット湾の美しい入江に浮かぶ小島へ居を移す。『かもさんおとおり』と，『すばらしいとき』でアメリカ絵本界の最高賞であるコールデコット賞を2回受賞した。その後，夏はメイン州の島，冬は南のバージン諸島で暮らしながら，映画，人形劇など多彩な活動を続け，2003年に死去している[11]。

マックロスキーの作品の特徴は，ただ淡々と自分の子どもや家族や周囲の人々の生活を描いていることである。絵本といえば，子どもや動物が主人公として描かれ，何かを成し遂げ，それを通して成長するというパターンが典型的であるが，彼はそうしない。たとえ子どもが主人公でも，子どもが世界をコントロールするのではなく，世界の中に存在する子どもを描いている。子どもに媚びることなく，マックロスキー自身の生活観や世界観を，子どもたちに伝えて

図表1-1-6　ロバート・マックロスキー文・絵『サリーのこけももつみ』
岩波書店，1976

いる。それは『かもさんおとおり』や『すばらしいとき』にも貫かれている。
　『サリーのこけももつみ』（Blueberries for Sal）は1948年にアメリカで出版され，日本には1976年に石井桃子の訳で紹介された[12]。絵本としてはたいへん地味で，濃い青のペンで描かれたモノクロの絵本で，マックロスキーの移住した先のアメリカ北部の小島での家族の生活の一コマを描いたものである。
　あらすじを少し詳しく紹介してみよう。

　　　ある日サリーは母親と一緒に，車で近くの山に，こけもも（ブルーベリー）を摘みに出かける。母親は，ジャムを作るために，せっせとこけももを摘んでいく。サリーも小さなバケツを手に，母親の後を追いながら，小さな実を摘んでいく。こけももの実は一つ摘むごとにバケツに入れられ，ポリン，ポロン，ポルンと音を奏でる。サリーは，こけももの音を聞きながら母親のあとをついて行くが，実をバケツに入れるより，直接自分の口に入れてしまう方が多い。
　　　サリーは，自分で摘んだものはその場で食べてしまう。母親のバケツからもこけももを取って食べてしまい，母親からあっちへ行って自分で摘むように言われる。そしていつの間にか母親とはぐれてしまう。しかしそれにも気づかず，サリーは進む。
　　　同じ頃，山の反対側から，熊の親子がこけももを食べに登ってくる。冬が来る前におなかいっぱい食べて太っておこうとする母熊と，そのあとをついて遊びながらこけももを食べている子熊である。そして，この子熊もそのうちに母熊からはぐれてしまう。子熊もまたそれに気づかない。二組の親子が同じ状況になる。歩いているうちにいつのまにか，サリーはついていく相手を取り違え，自分の母親ではなく母熊の後をついて行く。子熊もまた取り違えサリーの母親の後をついて行く。
　　　母熊は，聞きなれない音がするので振り向くと，子熊ではなく人間の子どもがいる。母熊の驚いた顔とサリーのあどけなさがアップで描かれ

ている。

　母熊は「サリーをじっとみてから，あとずさりしはじめました。（このくまは，おとなでしたから，たとえ，サリーのような　小さな子どもでも，にんげんには　手だしをしないほうがいい　ということをしっていました。）そこで，くるっと　むこうをむくと，おおいそぎで　こぐまをさがしにいってしまいました」[13)]。

　一方「サリーのおかあさんは，ゆっくり　あとずさりしはじめました。（おかあさんは，おとなでしたから，たとえ　ちいさくなくても，くまには　手だしをしないほうがいい　ということをしっていました。）そして，いそいで　サリーをさがしに　あるきだしました」[14)]。

　そのあと，親たちは自分の子どもを必死で探す。そして，それぞれ物陰でのんびりとこけももを食べている自分の子どもを発見し，何事もなかったかのように双方の親子が山を降りて帰っていく。

　最後の見開き場面では横長の画面いっぱいに山が描かれ，こちらの斜面とあちらの斜面を降りて戻る二組の親子の姿が描かれている。サリーは無事に自宅に帰り，母親は予定通りこけもものジャム作りにとりかかるところで，お話は終わっている。居心地のよさそうなキッチンとそこで無心に遊んでいるサリーの姿が描かれている。また描かれてはいないが，熊の親子も無事山を降り，あたたかいほら穴に戻ったことだろうと想像させられる。

　ストーリーだけ見ると，大事に至らなくてよかったという，ただそれだけの話ともいえるが，ここで描かれている親子の姿の自然さに多くの人が共感することだろう。

　この作品の主人公はタイトル通りサリーではあるのだろうが，読み終わった後に母親や母熊の姿の方が印象深く残る。日常生活の中の大人への信頼が残る。これは同じ作者の『かもさんおとおり』の主人公であるお巡りさんヨアヒムに対する信頼と同じである。サリーも子熊もかもたちも自らの本性に従って行動しているだけだが，その周りに静かに，しかし決然と子どもを守

る大人たちが描かれている。

① 無条件の信頼

　表紙では幼いサリーが画面いっぱいに描かれている。疑いを知らず，不安ももたずにこちらに視線を投げかけてくる。こけもものバケツに触れる小さな音で，幼い子どもはこうした感覚の世界に生きていることを，マックロスキーはていねいに描く。それは現在の時間に生きている子どもの感覚的な遊びの姿である。

　一方，サリーの母親は，少し先の未来を見ている。今ふんだんに実っているこけももをジャムにして冬にも食べようと思っている。夢中になって集めているうちにサリーは消え，母親は子熊と遭遇する。驚きながらも，冷静に判断し，行動する。大人の生きる知恵が，子どもに媚びることなく描かれる。何もしないことが危険を回避する最善策なのだという生きる知恵である。同様に，母熊とサリーの遭遇も描かれる。母熊の驚いた顔は圧巻である。そして，この母熊も大人の判断をする。人間には手出しはしないと。あわやと思われたサリーの危機は，こうして回避された。

　親の最重要任務は子どもの生命を守ることである。双方の親はそれを見事にやってのけた。その知恵をひけらかすこともなく，子どもに説教の一つもするでもなく。マックロスキーは絵本を子どもに向けて描いているが，大人にもそして自分にも向けて描いているのではないかと思わせる。

　この絵本にはもうひとつ，重要なことが描かれている。それは親にとって子どもは絶対的な存在だということである。それぞれの親が自分の子どもがいなくなったと知ったときの狼狽や喪失の恐怖，再び出会ったときの安堵感と，何の不安もなくあどけなく存在している子どもの信頼感との対比に共感する読者も多いことだろう。子どもの実存そのものに大人が抱く不安感と，子どもの親への無条件で無自覚な信頼の対比が見える。マックロスキーは，読者である子どもたちを不安につき落とすことなく，あなたたちは守られている，安心して生きていてよいということを伝えているのではないか。それが大人と子どもとの関係の根底なのだということを，ただ静かに示したかっ

たのではないか。人間の親子と熊の親子を相称的に描くことによって，その連続性と普遍性，この世界に対する信頼，子どもであることの意味を子どもたちに示したかったのではないか。

② 子どもの位置

サリーには不安感がない。親のものを自分のものとしてためらいなく持っていく。親は自分に与えてくれる人であり，自分は受け取る人であると信じている。これは子どもの特権である。親と自分は連続しているという感覚，愛されているという感覚は，自分が大事にされて当然だという感覚とは少し違うのではないかと思う。時には受け入れてもらえないことがあっても，深いところで決して見捨てられることはない，安心できるという関係である。ほとんど当人には意識されることがないが，これがエリクソンのいう基本的信頼の姿だと筆者は考える。

こけももを母親のバケツから持っていこうとするサリーに，母は「だめよ，サリー，あなたはあっちでじぶんのをつみなさい」と言う。保護から抜け出ていくときの，信頼と自立のほどよいバランスである。母熊も同様である。マックロスキーは，親からはぐれたサリーと子熊に，それぞれに鳥の親子と途中で出会わせている。この世界には自分たちと同じように様々な生き物の営為があるのだということを伝えている。自分たち人間もその一部として存在しているのだというマックロスキーの世界観をそこにみる。

かつての児童文学の世界では，主人公は親がいなかったり，親が一人であったり，離婚していたりと，家族構成上の何らかのハンディを抱えていることが多かった。『赤毛のアン』『長くつ下のピッピ』『トム・ソーヤーの冒険』など，親がいないか一緒に暮らしていないなどという設定も珍しくない。引き換えに大人社会からの自由と，保護を得られないが故の自立への希求と促しがそこにあった。主人公には，いくばくかの不安定さをもちながらも，欠如を引き受ける誇りと覚悟があった。その時代には，何不自由なく育つということは，むしろ逆に軽蔑やからかいの対象ともなっていた。しかし現代では，家族の少しの欠如や不利が自立回避への口実になるような時代である。

わが子への少しの不利も認めないという過剰な親感情も問題になっている。子どもの問題を取り上げ，代わりに自分が解決することによって，存在感を子どもに示す親が出てきた。過剰侵入である。それが子どもをどれだけ損なうことか。

　大人としてやるべきことは，子どもの命を守り，自由を与え，世界に出会わせ，共に生活をつくっていくことである。サリーも，親に遊んでもらってはいない。親の生活のかたわらで時間を過ごしているだけである。他者を不信のまなざしで見るということをまだ知らない，基本的信頼の中にいる姿だと思う。

(2) 『まどのそとのそのまたむこう』にみる信頼と不安

　不信と不安は異なる。不信は人との関係において使われるが，ある程度定着したものである。不安はより広範囲に使われ，対象が人だけではなく物や状況，その対象がわからないときにも使われる。

　子どものもつ不安や不信について考える材料として，ここではモーリス・センダックの絵本『まどのそとのそのまたむこう』[15)]を取り上げたい。

　モーリス・センダック（Maurice Sendak, 1928年生まれ）はアメリカの絵本作家である。『かいじゅうたちのいるところ』をはじめ，80冊を超える作品を発表し，現代絵本界を代表する存在である。ニューヨーク州ブルックリンのゲットー生まれで，両親はポーランドからのユダヤ系移民である。23歳のとき，絵本の挿絵の仕事をきっかけにイラストレーターに転向する。その後自身で絵本を制作するようになり，1952年，『あなたはほるもの　おっこちるとこ』がニューヨーク・タイムズ年間最優秀図書に選ばれる。1964年に『かいじゅうたちのいるところ』（Where the Wild Things are）でコールデコット賞を受賞，世界的なベストセラーとなる。1970年，国際アンデルセン賞画家賞を受賞。1982年，『まどのそとのそのまたむこう』（Outside Over There）で第33回全米図書賞（児童文学部門）を受賞。1983年，ローラ・インガルス・ワイルダー賞を受賞。2003年，アストリッド・リンドグレーン記念文学賞

を受賞した[16]。

センダックは，子どもの心的世界を描く作家である。マックロスキーは生活の中の子ども，世界の中の子どもを描くが，センダックは子どもの捉えた世界，子どもの中の世界を描く作家である。代表作『かいじゅうたちのいるところ』の見開き3場面連続のかいじゅうおどりの場面は，この作品の最大の見せ場であるが，子どもは単純にそのおもしろさや楽しさを受け取るだけではない。主人公マックスに従うようでいて，いつ牙をむくかわからないかいじゅうたちの二面性や，王様でありながら子どもの存在そのもののもつ不安も味わう。子どもたちはそのアンビバレントな状況に日常の自分たちの感覚を重ね合わせているのではないだろうか。

図表1-1-7
モーリス・センダック作・絵／わき あきこ訳『まどのそとのそのまたむこう』
福音館書店，1983

センダックは，子どもの想像の世界，内面の不安を描く作家である。マックロスキーのメッセージは「子どもであることに安心してよい」というものであったが，センダックのメッセージは「子どもたちは不安である」というものだ。ここでは彼の代表3部作のうちの一つ，『まどのそとのそのまたむこう』を取り上げ，子どものもつ根源的不安について考察していく。

『まどのそとのそのまたむこう』では，少女アイダが主人公である。アイダは7，8歳くらいと推察される。

　　　パパは，妻と娘のアイダ，そして赤ん坊の妹を残して航海に出てしまう。留守を任されたママは庭のあずま屋の椅子に座り，定まらぬ方向を見ている。ママの視界から二人の子どもは消えてしまう。そのうつろなママの横顔にアイダは妹を守ることを決意する。しかし，アイダが妹に

ホルンを吹いてあげている間に，妹はゴブリンたち（子どもの姿をした小悪魔）にさらわれてしまう。アイダは妹を取り戻すべく，母親のだぶだぶのレインコートにくるまりながら，まどのそとのそのまたむこうへ出かけていく。うしろ向きに空を飛ぶアイダの耳に，前を向いてホルンを吹くようにというパパの声が響く。アイダはゴブリンたちの世界に飛び込み，赤ん坊に姿を変えているゴブリンたちをホルンで踊らせ，追い散らし，妹を発見し救い出す。妹を抱きながらアイダは歩いて家に戻る。ママは赤ん坊がさらわれていたことに気づいた様子もない。ママのところにはパパの手紙が届いていた。パパの手紙には赤ちゃんとママをよろしくと書いてあった。アイダはそのとおりちゃんとやった。

同じアメリカの作品であるが，『サリーのこけももつみ』と比べ，親と子の関係がこうも違うものかと思わせる。『まどのそとのそのまたむこう』では親が子どもを守らない。ストーリーにも不安感がずっとつきまとうが，絵はさらにそれを感じさせ，人によってはこんな絵本は子どもに与えたくないと思うかもしれない。赤ちゃんにもアイダにも子どもらしいかわいらしさも明るさもない上に，母親にもそれらしさがない。全体がセピア色でベールを1枚かぶったような鈍さがある。母親やアイダが感じているだろう不安が，絵に登場するすべてのものを覆っているかのようだ。顔のないゴブリンや，ほとんど笑わない赤ん坊や，壁にかけられた父親の遭難の不安を感じさせる嵐の海の絵画や，不気味な生命性を表現する樹木や花が画面に充満している。ここでは，自然は人を畏怖させるものとして描かれている。

とりつきにくさを感じさせるが，また反面どこか強い誘引力をもった絵である。何のデフォルメもなく描かれているから，ほんとうの子どもはこうなんだと深いところで納得させられる。この絵本を食い入るように見ている子どもの報告もある[17]。子どもや人の真実をみようという大人もひきつけられる。人の抱える根源的不安に共感を抱くのではないか。

アイダにも赤ん坊の妹にも母親の視線は注がれない。母親は自身の世界に

こもり，身動き一つせず，子どもを守るどころか信頼のリソースにもならない。得体の知れないゴブリンに妹がさらわれ，母親は当てにならない，そんなことはあってはならないと思う一方で，実はよくあるシチュエーションでもあると思えてくる。想像の世界ではあるが実はリアルなことでもあるというシュールさが漂う。この状況では，アイダは自分を信頼するしかない。

　センダックの多くの作品には，社会への風刺と批判そして子どもへの期待と信頼が読みとれる。不安や不信に満ちた世界の中で能動的に生きる子どもの姿がわれわれ現代人をひきつけるのではないかと思う。それぞれの人が自分の中に潜んでいる不安や不信をセンダックの作品の中に発見するのではないかと思う。センダックが子どもだけでなく，様々な年齢層に深く受け入れられるのもそこにあると思う。『かいじゅうたちのいるところ』の主人公マックスの船出やかいじゅうおどりを見たときに感じる不安が自分の中にあると気づくのではないか。

　この作品でも子どもから心が離れてしまった母親が登場するのをみて，子どもには与えたくないと思う人もいるだろう。しかし，誰からも支えられずに，子どもを置き去りにしてしまう母親は現代でもそう珍しくはない。身体はそこにあるがまなざしは注がれないという状況は案外普遍的であるのかもしれない。その状況でも子どもは生きているということを私たちは忘れてしまう。それが子どもの真実の一側面である。センダックの作品を読んでいると，生きるとは不安を抱えることと同義なのではないかと考えさせられる。

　子どもであるアイダは，この状況で赤ん坊の妹を取り戻し守ることを決意し，自身への信頼を得ている。もし赤ん坊がいなければそれは困難だったと思われる。信頼は親への愛着によって形成されるといわれるが，必ずしも親でなくてもよい，自分より非力な存在でもよいのではないかと思わせる。親に愛されず，自分を守ってもらえない子どもが，不安を乗り越えるために必要なものが語られているような気がする。赤ん坊とアイダは相互に信頼の対象とするだろう。アイダは，ずっと不安をもち続けていたが，母親への不信には至っていないようにも見える。その代わりに自己への信頼を得たように

思う。
　センダックは，社会の裏面で生きる子どもたちに目を注ぐ。スラムで小さな赤ん坊を育てようと決意する浮浪児たちの姿も描いている[18]。逆境の中で，大人に頼らずに自分たちの生を受け入れる子どもたちの姿だ。成長は，不安や不信を乗り越えながら，自身や他者への信頼を得るプロセスの中にあるというエリクソンの考え方に通じるものがある。

第2章

信頼を育む場

§1 自然環境と保育

1．保育の場としての自然

　基本的信頼とは自分や他者の存在に対して不安を感じずにいられることでもある。幼児は，はじめて入る集団の中で多くの他者に出会う。そこで信頼や不信の体験をする。それがその後の人とのかかわりの基盤になると考える。
　基本的信頼を育む体験として筆者は，自然と深くかかわる体験，食を通して人とかかわる体験，そして異年齢集団の体験の三つに注目したい。これらに通底することは，生活にかかわる人間関係ということである。
　都市化が進展しているとはいえ，日本は自然環境に恵まれ，それを背景にした伝統的な生活文化の蓄積もあり，様々な自然環境を教育に活用できる条件がある。学童期以降の教育課題として自然体験活動が広く取り入れられてきた歴史もある。近年，森や里山だけではなく，海辺や湖沼などを生かした保育の実践が全国に広がりつつある[1,2,3,4,5,6,7]。

第2章 信頼を育む場　　37

　なぜ今，森や里山，海辺や湖沼などの自然環境が幼児の教育の場として注目され始めているのだろうか。筆者は，学童期以降とは異なる幼児期の直接的自然体験の発達的意味が，多くの大人たちに共有され始めたからではないかと考える。学童期になると子ども自身が自然環境を非日常的体験の場としてあるいは学習の対象として，認識しながらかかわっていくことができる。それに比して幼児は，相対的に心身未分化の状態にあるので，自然に対して全人的にかかわっていくことになる。自然が幼児の心身の基層に働きかけ，原初的体験として身体に刻み込んでいく可能性につながる。それが，日常では見られない幼児の生命的な姿に表現され，大人の心に焼き付くのではないか。

2．生命のふるさと

　海洋生物学者のレイチェル・カーソンは，生命の誕生の場としての海辺について次のように記している。

　　　海辺は古い古い世界である。なぜならば，大地と海が存在する限り，常に海辺は陸と水との出合いの場所であったからである。いまでもそこでは，絶えず生命が創造され，また容赦なく奪い去られている。私は海辺に足を踏み入れるたびに，その美しさに感動する。そして生物どうしが，また生物と環境とが，互いにからみあいつつ生命の綾を織りなしている深遠な意味を，新たに悟るのであった[8]。

　海は，生命のふるさとであり，異なる進化の段階の生物を祖先とする多種多様な生物が生息している。このような水圏生物は，深海から湖沼まで各々環境に適した機能を現在までに獲得し，独自の生活史を発展させてきた[9]。
　森について，石城謙吉は「森林空間とは聞きなれない言葉かもしれない。それは，上部を林冠層，すなわち樹木の梢の層で覆われ，また周囲を森林周

縁部に発達する繁み，林衣群落で囲まれた，森林内部の空間のことである。それは森林外の空間とはまったく異なるものになっている。林冠層で，日光，雨，風の直接の侵入を遮られ，さらに林冠層からの水分の蒸発，蒸散による熱吸収などにより，風，気温，湿度，日射など環境要素のすべてが和らげられているからだ。森林が，植物によって地上につくられた『第二の海』と言われ，陸域における生物多様性の拠点になっているのは，この森林空間の気象を和らげる働きによっている」[10]と説明している。

養父志乃夫は，里地里山を「水と空気，土，カヤ場や雑木林から屋敷，納屋，牛馬小屋，畑，果樹園，竹林，植林，溜池，小川，水田，土手，畦など，一連の環境要素が一つながりになった暮らしの場」[11]と定義し，これに海岸部や湖沼の近傍では，その一部に「里海」や「里湖」が加わるとした。

　　　海岸に近い海（里海）や湖沼（里湖）は，食料や肥料としての魚介類の採取場であっただけでなく，そこには里山・里地・里川を通して栄養分を含んだ水が流れ込み，プランクトンや藻類が増え魚介類を育み，さらに藻は肥料として採取して田畑に還元された。魚介類の生息地としての藻場と水質や沿岸の生態系を維持する循環システムがあった[12]。

こうした自然環境と生命体の関係からすると，幼児教育を考えるにあたって，森や海辺や湖沼，里地里山という自然環境は大きな意味をもつ。石城のいうように，緩衝的で保護された自然空間が多種多様な生物を育むのであれば当然ヒトもそこに含まれる。樹上生活者から進化したヒトは，森と生理心理的に親和性をもっている。私たちが都市生活の中で心の安らぎを緑に求め，森に魅かれるのはそこに起源がある。森や海などの自然はヒトとしての生物的特性を賦活させる。

都市生活の中で，ヒトのもつ生物本来の平衡性が損なわれていることを考えれば，自然の中でそれを取り戻すことの意義は大きい。自然の中で子どもたちもまたその生物的機能や身体的感覚，生命性を刺激され，意欲をかきた

てられる。そこでは，人と自然とのかかわりの原初的な体験をすることができる。人として育つ初めの段階としての幼児期の生活に埋め込んでおきたいものでもある。

本節ではその代表的なものとして森に焦点を当てて，幼児がどのように森に出合うかについて考えていく。現代都市生活において，自然とかかわることが，都市空間とは異なる作用をもたらし，自己を意識することにつながり，他者と共感的に出会う基盤になることを見ていきたい。

3．森の幼稚園

1954年に，デンマークの一人の母親エラ・フラタウが始めた「森の幼稚園」は，北欧やドイツなど，ヨーロッパを中心に広がっていった[13]。わが子を自然の中で育てたいという思いに端を発したこの活動は，子どもの教育にかかわる人々に共感を得て，国境を超え一つの運動となり，わが国でも多くの実践が生まれつつある。幼児教育が普及し，不十分とはいえそのための施設も制度も定着している状況の中で，わが国の「森の幼稚園」は，そのほとんどが自主保育という形で展開している。その実践報告や運動の広がりをみると，幼稚園や保育所などの既存の幼児教育施設や制度との共存・協働を目指しながらも，閉塞感のあるわが国の幼児教育の現状への批判と，新しい方向を希求している姿にも思われる。

この運動の広がりを視野に入れ，森の幼稚園の保育的意味について，特に人とかかわる力の育ちに着眼して考察してみたい。現代は右肩上がりの経済発展を前提にした人間関係がゆらぎつつある時代である。共通の場を前提とした立場や役割に基づいた社会関係がこれまでのように機能せず，個人が社会の単位となりつつある。多くの人が自己の心理的状態に意識的になり，またそれを加速させるように，様々な言説やノウハウが巷間に満ち溢れている。森の幼稚園運動は，このような社会の心理主義志向の打開に一つの方向性を示すものとして捉えることもできる。

(1) ドイツの森の幼稚園

　今，最も森の幼稚園が普及しているのはドイツである。ドイツでは，二人の女性教育者ケルスティン・イェップゼンとペトゥラ・イェーガーが，1993年にフレンスブルクに創設したものが公立の森の幼稚園の始まりである。この二人は教育専門誌で紹介されたデンマークの森の幼稚園運動に関心を抱き，たびたび訪問し，自国での施設を創設することにした。教育学者や心理学者と一緒に構想を練り上げ，1991年に社団を創立し，その後行政機関や教育関係機関の視察を経て社団が認可され，自治体からの助成を受けて，フレンスベルク森の幼稚園が誕生した。1年遅れて，さらに二つの幼稚園が誕生し，その後ドイツ全土に広がった[14]。森の幼稚園の正確な数を把握するのは難しいが，2011年現在，495の森の幼稚園が存在しているという[15]。

　これに先立って，1968年，ウルズラ・ルーベ夫人によって創設された私立幼稚園があった。夫人は自分の子どもと近所の子ども15人を森の中へ一緒に連れて行く許可を自治体から受けた。この幼稚園は自治体からの助成金を受けることなく，親の分担金で賄われていた[16]。日本における「森林療法」の提唱者上原巌は，ドイツの森の幼稚園について次のように紹介している。

　　平均的な規模として，3歳前後から6歳までの15～20名の園児と2～3名程度の教員によって一つのヴァルトキンダーガルテンが形成され，保育・教育内容は，年間を通して自然，特に森林の中で通常の保育園同様の遊び，物づくり，体操などを自由に行っている。また，相当の悪天候の場合には各園で対応を工夫して，ヒュッテ，温室，ワゴン車などの中で過ごすが，特定の私有園舎，敷地などを所有しないことに大きな特徴がある。ヴァルトキンダーガルテンの教育目的としてはデンマーク，ドイツともに「森林の木々，大地，空気，水などがすべて園舎や教室であるとみなし，自然の中での様々な現象を直に体験し，自らを取り巻く自然環境を学習しながら，個々の運動能力を促進し，自律能力を積極的に高めていくこと」があげられている。―（中略）―また，年齢別

のクラスに分けられることなく，異年齢の児童たちが一つの集団で活動することも「森の幼稚園」の特徴の一つである。この幼稚園における教育，保育の効果としては，コミュニケーション能力の発達の促進，風邪・インフルエンザなどの罹患率が低いこと，子どもたち自らが自然に働きかけ，遊びを形成していくことからの認知判断能力の育成，枝や葉・土・石などの自然物を使って遊ぶことによる指の微細動作能力の向上，内的ストレスの発散と昼間の活動と夜の睡眠という生活リズムの安定，異年齢の子どもが一緒に過ごすことによる社会性のかん養などが報告されている[17]。

　また，ドイツの森の幼稚園は正式な教育機関として認められており，人気もあるが，一方で一般の幼稚園に比べての教育効果について不安を抱く保護者たちがいる。ペーター・ヘフナー[18]は，森の幼稚園出身と正規の幼稚園出身の子どもの小学校入学後の育ちについての比較調査を行った。ヘフナーは，ドイツの各州の小学校の担任教諭103名に児童344名の評価を依頼し，統計的に検証した結果，「多くの領域で正規の幼稚園からよりも森の幼稚園からの方が受ける利益が大きい」ことを明らかにした。図表1-2-1にみるように森の幼稚園出身の子どもは，特に「授業中の協働」において明白に優れ，また「動機づけ・忍耐・集中」および「社交的行動」において，正規の幼稚園出身の子どもよりも有意に高い評価を得た。その他の全ての領域において優位な傾向を示した。

　ドイツでも，森の幼稚園にはいくつかのパターンがある。「『純粋の』森の幼稚園」の他に，午前中は森で過ごし午後は旧来の幼稚園と同じ過ごし方をする「融合的な森の幼稚園」，そのほか，森の中で過ごす時間量によって様々な形の「森の幼稚園」がある。前述の調査は「『純粋の』森の幼稚園」と正規の幼稚園の子どもとの比較調査である。このようにドイツでは，森の幼稚園は一定の成果を上げていることが確かめられている。ドイツの現代幼児事情は日本と共通することも多く，この調査結果は興味深い。

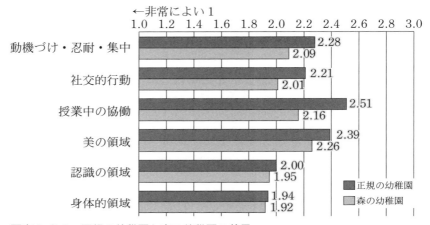

図表1-2-1　正規の幼稚園と森の幼稚園の差異
ペーター・ヘフナー『ドイツの自然・森の幼稚園』公人社, 2009, p.95

(2) 日本の森の幼稚園

日本で大正時代，園舎を持たず自然の中で教育を，と主張したのは「家なき幼稚園」の実践で有名な橋詰良一である。橋詰は，発展しつつある都市の家庭で過ごす幼児の生活が，あまりに大人に支配されていて，子ども同士の世界をもたないことを憂慮し，家なき幼稚園の実践を決意した。彼はあえて専門の教育者によるものではなく素人主義がよいとした。

　　素人はその道を職業とすることのかはりに，その道を悦楽しやすい長所があります。素人はその道の上における何等の因習をも持っておりません，その道における何等の伝統にもとらわれる不自由がありません。その地位や階級に拘泥したやせ我慢の必要を認めません。したがって知らざるを知らずとし，他の問うことを恥としないだけの謙虚さがあります。これが素人としても自由な尊い長所で，それによって作る案はたいてい悩みなく遂行することができるものであります。素人を主体とし，大自然をその地とし，子供の生活を自然に営ましめようとする案は，そ

こに何の支障もなく，不自然もなく，安全に子供の國がつくられます[19]。

　家なき幼稚園は，保育の場を自然とすることと，その実際もまた大人の「教育的意図」を排して，子どもとの相互愛に基づくという自然主義的思想に基づいていた。この家なき幼稚園は，もし別の名称を用いるとすれば「自然幼稚園」「大自然幼稚園」「野の幼稚園」がよいと橋詰本人も述べている[20)21)]。実際に，大阪を中心に森，浜辺，山を舞台とし6か所で実践を行ったことが報告されている。その中には市中の子どもをバスで集め，バスには手製の椅子や楽器や絵本を積んで，自然の中で遊ぶという，北欧の現在の森の幼稚園を彷彿とさせるものまであった。

　橋詰の時代とは大きく異なり，今や日常生活が人としての本性を損ないかねないほどの人工的空間になってしまった。子どもだけでなくすべての人にとって，自然に親しむことが人間性回帰の体験になることが強く意識されている。休暇を森林で過ごす習慣は，ヨーロッパでは伝統的なものであるが，日本では近年になってようやく広がり始めてきた。1980年代から「森林浴」という言葉が脚光を浴びるようになり，休日に都市住民が森林に出かけてリフレッシュすることが広がり始めた。「森林浴」の効果は，樹木が放出する殺菌性の揮発性物質フィトンチッドが発見されたこと，ストレスホルモンのコルチゾールの減少効果や免疫を高める物質の増加などの効果，ナチュラルキラー細胞と呼ばれる抗がん物質を活性化することなどが確かめられ，科学的に解明されたこともあり，新しいリクリエーションの一つとして急速に広がりつつある[22]。

　一方，森林関係者の中では，敗戦直後の急激な植林によってつくられた針葉樹の森が，その後放置され荒廃しているという指摘が早くからなされていた。また，一次産業離れという就労構造の変化を背景に，日本の林業は衰退の一途であった。林業の再生や森林の活用が国家的課題となり，2001年には「森林・林業基本法」が施行された。新しい基本法では森林は木材生産の

場というだけでなく「森林の総合的利用」「多面的機能」がキーワードとなり，森林環境のもつ保健休養機能についても焦点を当てるようになった。近年では，森林を舞台にしたユニークな市民運動や地域活動が多様に展開され始めている[23]。

　その中で，折からの癒しブームとも重なる形で，「森林療法」という新しい分野が展開され始めた。その提唱者である上原は，森は，多様な人々の心理的再生や賦活の場になることを示し，それを大きく「森林療法」としてまとめている。現在考えられる森林療法の分野として，1. 自然保養地におけるリハビリテーション，2. 森林でのカウンセリング，3. 森林での療育活動，4. 森での幼児保育「森の幼稚園（ヴァルトキンダーガルテン）」を挙げている。近年では，地域再生の一つの形として，医療・教育・福祉・観光・行政など様々な分野の人々が連携しつつ，森を通して人々が働きかけ合うことを模索している[24]。2011年現在，林野庁が認定した森林セラピー基地は全国で44か所設置されており，そこをベースに多様な市民活動が展開されている。この森林療法の中に，幼児教育・保育が主要なものとして位置づけられていることは注目に値する。

　これまでも，野外活動や自然体験活動の推進やその教育効果の実証を目指した実践などが長期にわたって積み上げられてきた。それらは主に小学生以上の青少年を対象にしたものだが，これが幼児にまで広がりをもってきたとも解釈できる。森の中で見せる子どもたちの姿に，幼児ならではの教育効果を確信した人々の実践が共感を呼び，ほぼ同時期に，日本の「森のようちえん」運動が全国展開を見せ始めた。2005年には第1回の「森のようちえん全国交流フォーラム」が宮城県で開かれた。「ようちえん」という，かな名称を用いていることからも，制度としての幼稚園とは異なるというメッセージが読みとれる。

　2015年現在，把握されている森のようちえんの活動拠点は全国で約130か所である。その多くが，自主保育の形態をとっている。園舎を持たないところが多く，毎日ではないが定期的に開催する形のところが多い[25]。その先

進的実践として，小西貴士が主宰する「キープ森の幼稚園プロジェクト」がある[26)][27)]。森のようちえんの実践はネット上に発信されるという現代的側面をもっているが，子どもの姿や実践を通して，森という場の教育効果を実感していることが伝わってくる。

　北欧やドイツの森の幼稚園を見ても，園舎を持たないこと，子どもの数・保育者の数，保育の形態などを考えると，日本の一般的な幼稚園や保育所とは条件が大きく異なっている。しかし日本でも，保育の中に日常的に自然環境とのかかわりを組み込んでいる幼稚園や保育所がなかったわけではない。これまで大きな注目を集めてはいなかったが，自園の自然環境を生かした実践が持続的に積み重ねられてきている。また近年，ヨーロッパの森の幼稚園運動が紹介されるにつれて，国内のそのような幼稚園も意識的に保育を展開・発信するようになってきている。

　高知市の若草幼稚園は1988年に園舎に隣接する「すくすくの森」3300坪を購入し，本格的に保育を展開してきた。20年以上の保育実践に裏付けられた子どもたちの細やかで深みをもった育ちが報告されている[28)]。1995年に移転した広島大学附属幼稚園では，園舎の後背地が小さな山であることを生かして保育を展開し，「森で育つ」ための「森の保育プラン」研究にとりかかり，5年をかけて教育課程にまとめあげた[29)][30)]。また，保育実践や子どもたちの変容を詳細に分析し，自然とかかわる保育の意義を具体的に報告している[31)][32)]。また都市部での森林公園を生かした実践の報告もある[33)]。

　このほかに森だけでなく，園内外の里山的環境，海辺や湖沼の環境を生かし，野外活動を重視している幼稚園や保育所等の実践も出版されている[34)][35)]。いずれも現代の子どもの育ちに関する危機感をもちながらそれへの対応として野外保育の意義を捉えていることが特徴である。森の幼稚園は，制度的に確立した保育の場と比べて，自然発生的で本来的な性格ももっている。現代の成育環境の悪化を背景に，その価値がクローズアップされてきているといえる。

4．保育の場としての森

　ヨーロッパでも日本でも，多くの実践で，森では人とのコミュニケーション力を育てることができるとしている。わが国の保育施設では，都市的環境の中で，多くの幼児を預かり，子どもたちの人とかかわる力の育ちに困難な課題を抱えて，子どもたちの行動に保育者が苦慮しているこの時代に，なぜそのように言えるのか，その理由を考えていきたい。

　いつの時代でも「望ましい人間像」が為政者などによって示されてきたが，個人にとって人との関係がクローズアップされてきたのは，やはり現代においてである。与えられ示される人との関係だけではなく，自己が求める人間関係もつくりだしていかなければならない現代において，様々な課題が浮上しているが，それを直接的に解決する方向性も簡単には見いだせない。人間関係は教育の場だけの問題ではなく，その時代の社会関係に大きな影響を受け，いくつもの要因が複雑に絡まりあっての結果でもあるからだ。しかし，もし森の幼稚園の子どもたちがその点でよい傾向を見せているのであれば，それがいかなる要因によるものであるのかを考察する価値があるだろう。また保育効果があるというだけではなく，子どもの生活世界としての価値についても考慮する必要がある。幼児期の生活の中で，森に代表されるような穏やかな自然空間の中で過ごす時間をもつことの，子どもやその周囲にいる大人にとっての意味を考える必要がある。

　幼児の生活環境から自然が消え，生活の大部分が人工的な空間になってしまった。それどころか，IT技術によって私たちの生活が制御されるにつれて，バーチャルな時空間が生活の多くを占めるようになってきつつある。大人社会も変質し，社会における子どもの意味も変化している。日常生活の効率化とともに，大人が子どもの非効率性に耐えきれず，子どもを遠ざけようとする心性が広がり，子どもが忌避される時代とまで言われはじめた[36]。ライフステージ上の当然の営為として子どもを育てるという感覚は，以前に比べて

薄くなってきている。子どもと生きる営みを共にするというより，よい子どもに仕立て上げるというような，子どもを対象化し，操作可能態としてみるまなざしが社会全体として形成されている。

　人を忌避する傾向が強まる一方で，人と人の物理的心理的密着状態が，現代人にとって新たな課題となってきている。濃密すぎる人間関係は，人を苦しめることになりやすい。人と人は同じではありえないからである。そのために集団の中で役割や立場を付与するなど，個々の心性の違いを際立たせないための様々な仕掛けを先人は準備してきた。その機能も弱くなった現在では，時間軸を抜いたままの自己否定か他者否定かの抜き差しならぬ状態にすぐ陥ってしまう。

　こうした事態に陥らないためにも，他者に過度に依存しない時空間を意識的に用意する必要がある。他者と程よい距離を保ちつつ，存在としての自己をじっくり受け止める時空間である。その一つとして，森的空間を考えたい。そのような空間で過ごすことが，感覚や感情の土台をつくる子ども時代に不可欠だと考えるからである。

（1）森と感覚・感情・意欲
① 感覚と感情
　「『知る』ことは『感じる』ことの半分も重要ではない」[37]とは，レイチェル・カーソンの有名な言葉だが，森は感じることの宝庫である。浜田久美子は，森が他の環境よりも優れてコミュニケーション能力を引き出す場になる理由として，「感情や感覚を刺激される機会が多いこと」を挙げ，森のようちえんの保育に参加したときの子どもたちの様子を次のように描写している。

　　　平坦な道を歩くのさえまだおぼつかないような足取りなのに，根が剥き出しでデコボコの滑りやすい急な山道を上り下りし，崖によじ登り滑り降りる。ちょっとした用水路や水たまりがあると，ハダカになってしぶきをあげて泥だらけになる。虫をつかまえ，草を噛み，泥団子をつく

り，落葉や木の実を「ママにおみやげ」とリュックにしのびこませる。一見，遠足のように，ある場所からある場所へと移動しているように見えるが，その道中がすべて遊びと化し，集合したかと思うと離散するというように，移動しながら次の遊びへとクルクルと動いていく。

　ただし，どのクラスもスムーズに流れてはくれやしない。平気で急峻な道を歩いたり，岸を登っていたかと思いきや，ある瞬間に「ママ！」「ママ！」と泣き叫ぶ。子どもによっては大半を泣いていたのではないか，と思うぐらい泣き続ける子もいた。

　もちろん，泣くばかりじゃない。叫び，笑い，喜び，しゃべり，歌い，踊り，じゃれあい，怒り，ケンカし，驚き，感動し，集中する。半日のうちに子どもたちは実にいろいろな感情を表に出し，それがくっきり鮮やかに見てとれる。何だか虹を見るように，見事に色分けされて見えるような感覚になった。

　喜怒哀楽と称されるそれぞれの感情には，本来，良いも悪いもない。むしろ，一つひとつそのつど自分の感情を十分感じ，味わい，そして何らかの形で「放す」ことで，自然と落ち着くことができるんだ—。そのことをこれほどはっきりと「見た」という感覚になったのは，初めてだった。

　彼らの感情の振幅の大きさや深さはまるで目の前で彼らの心が音を立てて育っているのを見ているような感覚を私にもたらした。昨日までは届かなかった鉄棒に今日は手が届くというような，からだや運動能力の成長同様，心もまた十分感情を味わい，出すことで，あたかも心の筋肉がついていくような，そんな不思議な感覚が生じたのだ[38]。

　自然に向き合う体験は，子どもたちに身体感覚を総動員することを要求する。わが身に起こる様々な感覚と感情を自覚していくことができる。心地よい感覚や感情は，心身を安定させ，対象に対する肯定的かかわりを生む。不快な感覚や感情は，それに直面し，受け入れたり，乗り越えたり，避けたり

することを求められる。森が，懐の深い穏やかな自然空間でありながら，正負の両面をもつことに重要な意味がある。

　また，森の中では，大人が子どもに対して距離を置くことができ，子どもたちは自身の感情のただなかにあることを許される。重要なことは自分がそのような感情をもったこと，それを表現しながら認識していくことである。そのことが自身の感情を意識するメタ認知能力の基盤となり，さらに他者の感情を推察する能力につながる。人は経験したことをもとに類推し思考する。例年，入園してくる子どもたちの中に，他者の感情にまるで無関心な子どもがいることが頭をよぎる。それを単一の原因に帰することはできないが，感情表出や認知の機会が減少していることと無関係ではないと考える。

　その時に，感情の源泉や対象が自己ではいかんともしがたい自然であることが，意味をもつのだと思う。自然の中では，いきなり不快な状況に陥ってもどうにもならず，泣いたところでこちらの都合のいいようには変化しない。自分で状況を受け入れるか，何か対処をしなければならない。こういう環境との出合いが，その環境や自己を受け入れることを含めた自身の感情を統制する必要性や動機につながるのだと思う。自然を生業とする人々が忍耐強いのは，自然と直面しながら自身の感情の受け止め方を心身に蓄積してきたからでもあろう。容赦のない自然に痛めつけられながらも，自然から命の恵みを受け止め，環境へ働きかけることによって自己を生成し続ける強さがある。

　幼児期は，乳児期の自他融合の万能感の時期を経て，自分では思うようにいかないことに出合い始める時期である。それがまた自己と他者とを分離させていく契機ともなる。不快なことを忌避するだけでなく，それを受け入れる力も必要とされてくる。

　森のようちえんの実践を紹介した写真集に，『子どもと森に出かけてみれば』がある。山梨県の清里高原で森のようちえんを主宰している小西貴士の写真集である。川の流れに足がすくんでいる子どもや蝉の頭がもげてしまったことに涙する子どもの姿がある。写真を通して，そこにいる子どもたちが自身の感情のただなかにいる，否応なく直面していることが伝わってくる。

子どもの感情を受け止める大人も，そのことをゆったり愛おしむようにしていることが，添えられた文章から伝わってくる。森は，そういうスタンスを大人にもたらす[39]。同じことが，デンマークの森の幼稚園を取材した石亀泰郎の写真集にもいえる。後者は探訪記であるが，森では「何もしない」[40]といっている。大人が何かをするとそれだけで，子どもが森とかかわる機会を狭め体験の意味を変えてしまうことなのだと，その言葉からも感じる。子どもは大人から支配されずに，感じ，知る主体になることが許される。

ここには，自然やモノとかかわるもう一つの態度がある。何かの意図に基づいて自然やモノを利用するのではなく，対象そのものと出合うことを目的としたかかわりである。それは対象を通して自己を知るかかわりにもなる。「森のようちえんという態度」[41]という言葉には，子どもだけではなく大人もまた同じスタンスで森に存在するという意味が込められていると筆者は考える。

② 意志と意欲

大人は森で子どもに「何もしない」が，子どもは森で何かを始める。森の中には子どもの意欲を刺激するものが無数にある。海辺も同様だ。何をしようと決めて行くのではないが，海辺を歩きながらいつのまにか貝を拾ったり石を見つけたり海に放り投げたりし始める。そしてより意味のあるものへとしだいに身体と心が動いていく。自然のアフォーダンスは子どもにとって挑発的な作用を及ぼす。

筆者が園舎の近くに森を持っている幼稚園に出かけたときだった。森の中に1mほどの大枝が落ちていた。太さは10cm弱で，それを見つけた一人の年中児が枝の上を渡ろうとした。枝に乗ってみると子どもの重みで少し回転するように動く。慎重に枝の中ほどまで渡ったが，その先でバランスを崩し，進めなくなる。落ちそうになると降りて，またはじめからやり直す。やはり途中で進めなくなり降りる。また戻る，進む，止まる。少しずつ前進はしているが，先端まではなかなか到達しない。挑戦は50回ほど続いたように思う。その子どもは誰とも言葉を交わさず黙々と挑んでいた。渡りきる前に戻る時

間になってしまったが，その真剣な時間は筆者の心に残った。自分で見つけた森とのかかわり，自分と向き合っている時間である。これを渡りきろうという意志がいつ生まれたのかはわからない。何度も繰り返している間により強い気持ちに変わったのかもしれない。できそうでできないというアンビバレントな状況がそれを乗り越えようという意欲を引き出すのかもしれない。感覚や感情は絡まり合って，子どもの中に強い意志や意欲を引き起こすのだろう。

似た場面が，保育者の記録にも捉えられている。一人のひ弱で繊細な年長女児が，森の中の一本橋に挑戦した記録の要約である。

【事例】 7月3日 森の中でのとことんまでの挑戦

リンカは，人の後ろについて遊ぶことが多い。この日は山頂付近に行った。リンカは滑りやすいルートを選んでしまい，登れないと泣き叫んだが，最後まで自力で登り切った。その最中にお漏らしをしていた。それほどリンカは必死に頑張ったのだろう。

頂上に登ったリンカは，私（保育者）に「木登りがしたい」と言ってきた。気がつくと，リンカは一人で「勇者の一本橋」と呼ばれている8mくらいの横たわった木を渡っていた。その木は斜めになっていて，先端は地面からの高さが2mあり，そこにはロープが付けてあり，伝って降りられるようになっている。

一本橋の真ん中まで行って，リンカは「怖い，怖い」と大声で叫び出した。それまで立っていたのが，木を抱きかかえるようにして止まっていた。私は降りるのを手伝おうと，近くに行き手を伸ばした。するとリンカは「ロープで行く！」とはっきりとした声でいい，私の手を支えにして立ち上がると，手を振り払うようにして進み始めた。私はその態度にビックリしながら少し離れてリンカを見守った。ついにリンカは，先端のロープまで行きそこから降りた。

今度はロープの輪に足をかけて登り始めた。一番下の輪に足を入れて，

もう一方の足を何とか2番目の輪に入れようとするがロープは下が固定されていないため揺れてしまい，なかなかバランスを取れない。また，2番目の輪は足幅より高く，足はぎりぎり届くが体を上に持ち上げるのは子どもだけでは無理だと思われた。しかしリンカは，何度も様々な動きを試みながら10分以上，挑戦している。帰りの時間になり，リンカに気づいた別の女児がリンカの足を一番目，2番目の輪に入れるのを手伝い，お尻を下から押し上げようとした。私は「ちょっと手伝っていい？」と聞いてから，お尻を少し上に押し上げた。リンカは2段目まで体を持ち上げると，3段目の輪に足を入れ，するりと上の柱まであっという間に上がった[42]。

これを見ていた保育者は，「このようにリンカが意欲的に挑戦したのは，彼女の中に，自分の力を発揮したいという思いが育っていたからだろうが，それを引き出した大きな力は森という環境にあったのではないか。リンカは山登りの場面において，すでに全力を尽くしていた。そこに充実感を感じていたからこそ，さらに自分を発揮させたいという意欲につながったのではないか。また森という環境は，保育室とは異なる雰囲気をもった空間である。その中では，あまり周りのことを気にする必要がなく，普段とは違う自分，素の自分になりやすいのではないだろうか。また森の中では，周りの友だちもそれぞれ自分のしたいことで必死であり，そのことによって友だちにある意味邪魔されずに自分のしたいことに向かえたのかもしれない。このような，森のもっている特性が，リンカの中に育まれつつあった『自分の力を十分に発揮させたい』という思いを，素直に行動に移させたのであろう」[43]と記している。

このような子どもの姿を見ると，自然空間が様々な刺激に満ち，それを知覚し，様々な感情が沸き起こり，意志が生まれ，意欲をかき立てられることがわかる。思うようにいかないことも多いが，それもまた自己を意識するものとなる。他者との距離も保障され，存分に環境にかかわり自己を意識する

ことができる。心身の平衡状態を取り戻し，自己の抱える心理的課題にも取り組みやすくなるのかもしれない。

(2) 森と生命・想像・思考

　森は生物多様性の拠点であり，私たちはその空間に入ったとたんに生物の存在を感じる。はっきりと目に見えないときでも，生命の営みのしるしをそこここに感じ取ることができる。実際そこには無数の命がはめ込まれているのだから。それはまたこの世界の中で，自分もまた等しくその一部であるという感覚につながる。そこに畏怖の感覚も生まれる。

　フェアリーテイル（妖精物語）は森から生まれたといわれるが，森はイメージの宝庫でもある。私たちのもつ空間や物質に対する原初的イメージに，森では出合うことができる。森では「単純な遊びが長く続く」ことが指摘されている[44]。森には圧倒的な多様性があるからだ。木の葉を集めること一つとっても，葉の色や形は無数にありそれがさらに変化する。その中からどれかを選ぼうとするだけでも，知覚を総動員しなければならない。歩くことや坂を上り下りするだけでも身体機能を総動員しなければ不可能だ。川の水と触れるときでも細やかに感じ分け，考えなければならない。想定外の生き物がいる。一つひとつの行動が，身体と心の深い部分での応答になるので，時間がかかるのは必然である。

　バシュラールは砂や土，水などの自然に存在する物質は，それぞれの特性で身体感覚に語りかけてくることを示した[45)46)47)]。森では大地や樹木や水によって形成された多様な空間がある。その空間も私たちの集合的無意識[48]に働きかける。私たちの身体と心の深いところでの共振が起き，原初的体験を引き起こす。それが，人工的空間で閉塞している私たちの身体や心を解放していくことにつながる。

　自然の造形の豊饒さは，想像の豊かさにつながっていく。私たちの祖先は小さな提灯のようなふくらみを持った花に「ホタルブクロ」と名前をつけた。そのふくらみに蛍の淡い光を入れ込むイメージが多くの人々の共感を得て，

その名が引き継がれ生き残ってきた。植物の名前は多くはアナロジーであり，アナロジーは人が世界に触れたときに解釈する方法の一つである。

　森で起こる様々な事象を理解していくときに，見えないものを思い描く力，すなわち想像力や思考力が必要だ。想像は思考の一つの側面である。森は生態系であり，再び訪れたときに前回とは異なる姿を見せる。それを発見したときに，子どもたちは物語をつくりながら世界を理解しようとする。

　森の中の観測小屋に柴ボウキがぶら下げられている様を，子どもたちが魔女の家と呼び慣わしていたり，子どもたちが想像上の森の生物をつくり上げ，応答したりする[49]。森はファンタジーを生きるのに絶好の空間だ。

　森はそれ自体が豊かな形象をもっているが，子どもたちが森で遊ぶときには「見立て」が優勢になる。森で遊ぶときに人工のおもちゃはない。しかし豊かな形象の事物がそこここに転がっていて，空間の表情も豊かだ。多彩な物質や空間の性質を生かしながら，子どもたちは自由に見立てることができる。また，空間のイメージにひかれ，溶け合うように自身が変身していくことも誘発される。

　保育の中で，子ども同士のイメージの共有が必要なことは多い。たとえば劇をやろうと話し合う場面はよくあるが，言葉だけを頼りにしたイメージの共有は，大人にとっても，ましてや子どもにとって困難を伴うことが多い。しかし，森の中では同じ現象の中にいて，個々に思考を働かせイメージを描くことが，原理的に可能だ。たとえ個々のイメージは異なっていても，その許容範囲が広い。大人も目くじらを立てずに，それを受け止めることができる。いわば，森が子どもたちや大人の心の中に共通の舞台として立ち上がってくるといえる。これを言語だけでやるのは難しい。

(3)　森での共生
①　共感から共生へ

　森では，子どもも大人も豊かで深い感覚的・感情的経験をすることができる。そのような体験を重ねていれば，幼児もまた，自分と同じ体験をし表現

をする他者に共感を抱くことができる。感覚や感情は，身体性をもつがゆえに，共感しやすい。同じことを同じように感じるその感性が他者を受け入れることに寄与する。特に負の感覚は共感しやすい。痛覚のように，他者の体験でも思わず自分の身体が反応することもよくある。負の感覚や感情は，共感において重要な役割を果たしている。それは他者を守るだけでなく自己をも守ることにつながるからである。

　子どもだけでなく，大人も森に行くことを躊躇するのは，怖いという感覚による。怖いという感覚は生物として必要不可欠だ。自身の感覚で危険を感知するというヒトとしての基本的な能力だからだ。筆者も，子どもたちと洞窟探検に出かけたときに感じた不安と安心感をよく覚えている。洞窟自体もある意味守られた自然空間であるが，それでも根底には怖さがある。その怖さを越えさせてくれるのは一緒にいる人である。年長児と洞窟探検をしたのだが，そこで「くらやみ体験」をすることになっていた。保育者の合図で一斉にヘルメットのライトを消して，闇の時間を過ごすのだ。幼児が耐えられるよう，ほんの1～2分程度の時間である。それでも長く感じる。実は筆者にとっても，本当の闇の体験はこの時が初めてだった。何しろ自分の身体が見えない。手も見えない。前も後ろも右も左も上も下もわからない。ここはどこなのか，自分はいるのか，さっきまでそこにいた人たちはどこに行ったのか，闇の中に自分の意識だけが存在するという状態だ。なんだか意識が宙づりになったようだった。そんな時，子どもたちも近くの人に手を差し伸べる。誰かの身体に触れて，そこに人がいる。誰でもいい，いてくれてありがとうという気持ちになる。そこでは，「人がいる＝自分がいる」になった。人と人の関係の原点はこのようなところにあるのではないかと思う。森の中では，子どもたちは困っている人に自然に手を差し伸べる。ほとんどの場合，差し伸べられた手を振り払わない。一人ひとりが自分の身体体験に裏打ちされた，他者の身体への自動的な共感がそこにはあるように思う。

　森では，個の存在のもつ不安定性に気づき，人は類的存在であることを感じる。それは必然的に人とのつながりに結びつくのだろう。養育者への依存

で万能感を得ていた時期とは異質の自己と他者の連帯ともいえる。

　② 知から共生へ

　共生は共感に支えられる一方で，異質性の理解すなわち知を介在させることでも支えられる。岡林道生は，森で見つけたカマキリの卵を保育室で飼育し始めた子どもたちが，孵化したカマキリの数が減っていくことなど予想外の変化に驚きながら，カマキリの命を守るために森に返すという決断をした経過を詳しく報告している。またドングリの生態系を知った子どもたちが，木の実を持ち帰るのは「2個まで」という決まりをつくっていった経過も報告している[50]。異質なものの存在やあり方を認めるという異質性への理解が自らの位置を学んでいくことにつながる。自分たちで飼いたい，たくさんのドングリを持って帰りたいという自らの思いを相対化していくプロセスでもあった。「虫には虫の生きる場があり，生きていくすべがあることを知っていく子どもたちは，友達の関係の中でも，相手の立場に立って物事を考えるようになっていくのではないかと思っています」[51]と岡林は述べている。人と人は共感しうる存在でもあるが，同時に異質な存在でもある。異なる立場が存在すること，自分もその一つにすぎないことを知り，納得し受け入れていく体験を森の中で重ねることになる。対象に関する知の深まりがそれを可能にしていく。知が単なる知識を越えて，自らのかかわりや生き方に意味をもってくる。

　子どもたちの思考は，友だちと言葉を交わすことでさらに深められる。人とかかわることで思考が深まっていくのである。思考の集団創出ともいえる。前述のドイツの森の幼稚園での育ちに関する報告で，一般の幼稚園と最も大きく差が出たのが「授業中の協働」であることも興味深い。森での人とのかかわりで培った力が授業での協働に発揮されていると思われる。

　森は多種多様なものに出合うことのできる環境であり，出合いながら取り込んでいく過程を他者と共有することができ，それが学びを豊かにする。

　また，森の中では多くの危険に遭遇する。怖いという感情を共有するだけでなく，わが身を守るための感覚や知識，行動を習得することは，命にかか

わる不可欠な知といえる。現代人は，人工的生活空間の中で，子どもだけでなく大人も，すっかりこの知が磨滅してしまった。わが身を守るための知，生きるための知を学び体験することは，森の保育の要諦でもある。

③　森と協働

森でコミュニケーション能力が育つといわれることについて，浜田は次のように報告している。

  上原さんは，森での遊びが偶発的な状況の連続であること，それに即して子どもたちが遊びを生み出すこと，その中では子ども同士が相互に働きかける機会がとても多いことを主な理由として説明してくれた。
  たとえば，幼い身には余る大きい落ち枝を扱おうとしたら，自分だけでは持てないので誰かに手伝ってもらわなければならない。何をしたいのか，その意図を相手に理解してもらわなければならない。それが発話も他者への働きかけも促すことになる。──（中略）──森は，いつもの園のいつもの遊具，というほぼ固定された環境と比べると，突発的・偶発的な機会が爆発的に多い。というよりも，その連続といっていい[52]。

ここで指摘されているのは，子どもの会話がプロジェクト型であるということである。子どもたちの間に成立する言葉は，個人の感覚や感情を共有するためのものではなく，何かを成し遂げるためのコミュニケーションであり，伝達型で骨太の会話である。およそ言語の始まりはそういう形だったのだろう。

確かに森では協力しなければならない場面が多く，それゆえに表現力と理解力が要求され，形成される。それも文字通りの「力」である。通常の保育の場でもイメージを共有し力を合わせるシーンは多い。特に年長児になると，保育のねらいとしても協同活動が出てくる。クラスで何かを作る，たとえば発表会などで劇をする，大きな製作物を作るなどのシーンがある。そのような時に，協力協働するには複雑な力がいる。自分のイメージを言葉に転化し，

言葉を手掛かりに相手を理解し，自分の思いと調整しながら行動していく過程は子どもたちにとって，手ごたえのある体験となる。それはそれで教育的意味があるとは思う。しかし，十分に表現できない子どもが置いていかれてしまうこともよく起こる。リーダーとフォロワーが発生してしまう。

　しかし，より素朴な場面で，たとえば大枝を運ぶというような，子ども同士が自ずと対等に協働する場面の方が，より重要ではないかと考える。こちらの方が，人としての基盤になるのではないかと思う。砂場で穴を掘ったり，山を作ったりするときの協働に似ている。身体性の強い次元での協働である。森あるいは里山もまた，そのような体験に満ちている。言葉も重要だが，言葉に左右されない深い部分での協働である。逆説的にも思えるが，このような体験が表現の基盤になる。力強い骨太の表現や，ものの見方に気づくのではないか。

　もう一つの協働の場面がある。それは，ある子どものやりたいことをほかの子どもが助けるというケースだ。それはたとえば，一人の子どもがたくさんの石をリュックに詰めて運ぼうとしたが，自分では重くて運びきれなくなり泣いてしまう。それを見た周囲の子どもが，苦しんでいるその子を助けようと，石を分けて運んでやることなどである。また，積み木を自分の思うように積みたいが，どうしても滑ってしまってなかなか持ち上がらないとき，そばにいた子どもが，一生懸命助けてやろうとする場面などである。がけを登ろうとして苦労しているときに，差し伸べられる手もその一つだ。自分にとって特に利のあることではないのに，相手の意図を実現させようとするという行為である。主な動機が，相手を助けたいというものである。誰かが，特に弟妹などの自分より弱いものが苦境に立つときに，思わずそばに行くなどのような行為に原型があるのではないか。苦境にいる他者がアフォーダンスとして作用するのだろうか。誰に指示されたわけでもないのに，行動が誘発される。ここにも身体の共感が働いているように思う。

　目的が共有されているのではなく，一方が他方に共感しそのために行為する，これがすでに幼児の段階で出現している。利他的行為ともいわれてもい

るが，一人ひとりが自分であることを許されているときに，出てくるのではないかと思う。森では不快な体験も多い。それを共同で乗り越えるシーンも出てくる。人が本来もっているこの力を巧まずして引き出すのが，森という環境だ。環境を対象化するのではなく，環境の中で生きる，環境に出合うという能動的体験が，環境による教育の中核であると考える。幼児期あるいはおそらく全生涯を通じて，自身の心身の平衡性を保つためにも，全人的にかかわることのできる環境が必要である。それが緩衝的自然空間である森や準自然空間である里山である。自然と人間の緩衝空間は，保育の場として最善な環境といえる。

(4) 森での大人―保育的関係の転換

　森では，子どもと保育者（大人）の関係が変化する。子どもの命を守り，危険を未然に防ぐなどの保育者の基本的役割は遂行されなければならないが，子どもが体験することに関する保育者のかかわりの質は大きく変化する。通常の保育環境では，体験させたい内容を保育者があらかじめ考え，それにふさわしい環境を整えるなど，保育者が子どもの行動をコントロールすることがある程度できる。もちろん子どもが想定外の行動をすることもあるが，そのふり幅はそう大きくない。保育者は空間の性質を熟知していて，過去の蓄積から子どもがそこでどのような行動や体験をするかを予想することができる。そのうえで，そこでの体験にある程度方向性をもってかかわっている。ただそこは基本的に人工的空間であるから，様々な制約がある。たとえば水や砂などでも使用することに制約がある。そこにも保育者としての葛藤がある。

　しかし森では，それを突き抜けてしまうようなことが起きる。子どもが森の中でする体験は，人としての原初的体験でもあり，そばにいる大人は，「人として一緒に受け止める」というスタンスになる。子どもの行動への介入が減少し，「教育的にかかわる」というスタンスが後退する。森という空間が，大人の心身にも働きかけてくることが大きく，子どもと同じ地平に立つこと

が容易になるからだ。「教える─教えられる関係」が後退し，共生関係になっていく。

　子どもの側からいえば，大人の目が受容的になる。それによって自己の安定感や統治圏が拡大する。大人側に危険予防や回避・対処という原則はあるにしても，子どもの心理的な自由度は比較にならないほど拡大する。子どもが自身の主人公になり，多彩な物語が生まれる。子どもが森の中で自然に直面していく姿は，保育者にとっても心揺さぶられる体験となり，そこでは，近視眼的な教育的かかわりを排して，一人の人間としてそばに立つことを選び取るような関係になっていく。それは同時に保育者も解放される体験になる。子どもと保育者の関係が変わるということは，保育が変化することにもつながっている。

　保育者と子どもの関係だけでなく，子どもと子どもの関係についても同様のことがいえる。それは，森すなわち環境が，人と人を同じ地平でつなぐ第三項として立ち現れてくるということである。

(5)　森的環境・自然環境との応答

　保育の場としての「森」の意味について考えてきた。日本の幼児教育の歴史の中で，「自然」は，常に教育内容として位置づけられてきた。平成元年に幼稚園教育要領が大きく変化し，保育内容「自然」は「環境」に吸収された。一方で「環境による教育」が保育の方法原理として導入されたのであった。にもかかわらず個々の幼稚園や保育所などの園内外の環境を見ると，その「環境」への視点は依然として不十分なままにとどまっている。

　保育施設の立地は，圧倒的に都市地域である。都市地域では，家庭が提供しうる幼児の自然体験には限界がある。幼児を人工的空間の中で育てることの弊害を考慮すると，保育施設は相当の無理をしてでも，自然環境を保育空間として取り込むことが要請される。園の敷地や建物の規模は一定の限界はあるにしても，個々の家庭に比べるとある程度の広さが確保されている。しかし現状を見ると，園庭は平坦な地面にいくつかの人工的固定遊具が配置さ

れているだけという，小学校の校庭的景観のところも珍しくない。

　幼児は小学生とは違い，何の手がかりもないところでは遊べない。広い空間であればあるほど，遊びの空間的手がかりとなるものを配置する必要があるが，それが半恒久的な固定遊具であれば，遊びのイメージも固定され，魅力に欠けるものとなっていく。毎日同じ遊具で遊び続けることになる。

　こうした環境の貧困さを乗り越える方向の一つとして，園内外に「森的空間」や「里山的空間」，「水辺的空間」を導入したり，園周辺の空間を活用したりして，日常的な保育の場として定着させることを改めて提案したい。「森的空間」とは，樹木に囲まれ，下草が生え，四季折々の変化が感じられ採集や遊びができる空間である。「里山的空間」とは林や畑があり，森同様，四季折々の変化が感じられ採集や遊びができるとともに，そこで生活するための農作業が行われる空間である。また「水辺空間」とは，川辺や海辺など，陸と水が交わり，人や動植物の生活が営まれ，子どもが安全に採集や遊びができる空間である。いずれもその地域の自然と生活文化に基礎づけられた空間である。

　この準自然空間での生活は，現代の心理主義化された社会において，人間関係に過剰なエネルギーを吸い取られ，自己を衰弱させている子どもや大人たちへの治療的・予防的効果をもつ。既成の保育施設に頼らずに，自主的な「森のようちえん」運動が展開しているのは，多くの人々がそのことに気づいているからであろう。「森の幼稚園」は多くの幼児を長時間預かる都市部の保育施設の中にこそ，求められる環境でもある。子どもだけでなく，保護者や地域の人々にも開放され，地域の幼児教育センターとしての空間的拠点にもなる。保育者もまたそこで，子どもとかかわるスタンスを大きく広げながら，地域の自然を受け継ぎ，生活文化を引き継いでいく役割を果たすことになる[53]。

　平坦な地面に高低をつけただけで，子どもたちは挑戦的になる。わざわざ三輪車で困難な道を行こうとする。環境と出合い，自己を見つめ，自然発生的に他者と協働する。環境のアフォーダンスに導かれて，子どもたちは無意

識のうちに心身の知を総動員する。そんな空間の中で生活することこそが，生きる力の基盤をつくることであり，それこそが現代の幼児教育の課題にこたえる方法の一つであると考える。自然空間は人として育つための不可欠な自己創出と共生の場といえよう。

§2 共に食べることと人間関係

1．食の意味

　食は，人としての生物的基盤でもあり，同時に人間としての社会的基盤でもある。
　原田信男は，「霊長類は，集団で生活することにより，自らの生活を守り発展させてきました。中でも人間は，オスとメスが持続的な配偶関係を保つと同時に，オスを中心としたさまざまな集団に属することで，食物などを手にいれる社会を形成して来ました。―（中略）―その最も基本的な活動としては，採食行動に中心がありましたから，仲間たちあるいは家族で一緒に食事をすること，つまり共食が不可避な行為となるのです」[1]と生存のための共食の必然性について述べている。また，食物の分配に際して舌が重要な役割を果たしていたことにふれ，味覚と社会性との関係についても指摘している。

　　　集めた食べ物の味覚を確かめた上で食物の分配を行い一緒に食事をとるのです。それゆえ食物の獲得や処理のスタイルによって，それぞれの集団に共通する文化が生まれました。―（中略）―結果的に，仲間たちの間には同じような味覚の体系が共有されることになりました。まさに舌による共通の味覚の確認が，彼らのアイデンティティとなり，それを

得るための文化体系が，その集団の共通性を形成したからです。つまり，共食は，集団としての結びつきを確認しつつ，これをより強固にすると同時に，その社会性を高める働きをしているとみなすことができます[2]。

　石毛直道は「人間は『料理』をし，『共食』をする動物」[3]であるとしたが，「現在の日本では，産業化した食が家庭の食の営みにどんどん進出している現状です。つまり食品産業と外食産業ですが，食品産業は社会の台所です。外食産業は社会の側の食卓です。社会の側の食がどんどん膨張して社会が家庭の食にとって代わるのかということです。もしそうなったら，台所と食卓のない家庭が出現することになります。そういった家庭が出現した時は何かと言ったら，人類の社会の中で家族が意味を持たない社会になったということです」[4]と語っている。

　家族が意味をもたない社会になるという指摘は，徐々に現実のものになりつつある。家族や家庭にとって近代化とは，その様々な機能を社会に外注化する過程でもあった。そして今，その最後の砦である食までが浸食され，譲渡のただなかにある。ここでは，人の育ちの基盤としての食を見つめ直し，社会と家庭の関係を視野に入れながら，保育の場がそれにどう対応しうるのかを考えてみたい。

　家庭の食が危ないといわれる少し前から，食に関する調査が重ねられ，国もまた家庭の食や青少年の食に関して調査を行っている。これほどに食の調査をしなければならないのも，食の問題は社会の問題，健康の問題，生産や消費の経済問題と深く絡むからである。ここでは，そうした調査から見える人間関係に視点を当てて捉えていく。

2. 現代の家庭の食生活と幼児

(1) 日本の食卓調査

　足立己幸が1000人の子どもの食卓調査をしたのは，1982年であった[5]。当時の子どもたちの描いた食卓の絵は『こどもたちの食卓～なぜひとりで食べるの～』というドキュメンタリー番組になり，子どもたちの食卓が変化していることが社会的に認知され始めた。その後も調査が重ねられ，食卓はその家族の人間関係を映し出すことが多くの人々に共有されるようになった。食卓の崩れと人間関係の崩れが表裏一体の関係であり，食卓がその家族と子どもの日常生活の表出の場になっているということであろう。

　室田洋子は，多くの子どもの問題行動の臨床経験から，その原因の一つが食卓にあるとし，家庭での行き過ぎた食の指導すなわち食を通した子ども支配が，子どもの自立を阻んでしまうケースを多く報告している。親の指導をすべて受け入れ，食だけでなく自分らしく生きることまで支配され，自己を失っていった子どもの姿である[6]。また，少年事件を起こしてしまった子どもの食卓が貧弱なこともたびたび指摘されている。食べることが生物的生存だけでなく社会的なアイデンティティにかかわる深い意味をもつことも明らかになっている。

　さらにその病理的な表れとして，拒食症，過食症などの摂食障害がある。摂食障害がわが国で発生し始めたのは1970年代である。リストカットなどの自傷行為にも結びつくこの食行動の異常は，極度なやせ願望，アイデンティティのゆがみ，人間関係などのストレス，コミュニケーション不全などが原因とされている。社会的場面における適応障害が，生の中核である食行動に表出された，先進国特有の問題である。

　岩村暢子は日本の家庭での食卓について，1998年から定性的な調査を続けてきた。この調査は当初から，調査対象者の建前の回答に終わることなく，その奥の日常性に迫るような方法を用いて，食卓の実態を捉えたことで大き

な注目を集めてきた。2003年から2008年の最新の調査結果が274枚の写真を添えて詳細に報告されている。岩村は，調査の過程で聞いた多くの母親の話について，次のように述べている。

> どうせ食べないだろうから，無駄なことはしたくないからと，子どもに食事（食べそうもない料理）を出さない話。手をかけた料理に思うような反応が得られないと二度と作らない話。寝てしまった子どもや食べたがらない子どもに「ラッキー！」と喜ぶ話。子どもの要望だからと親よりも粗末なものを食べさせて平気な話。子どもが騒いでも店員や周りの人が見ているだろう，家できちんと食べなくても学校給食や幼稚園で食べているだろうと親は気に留めない話。自分の「嫌な思い」や「ストレス」「イライラ」を回避するために，子どもの何かを無視したりやり過ごす話。……それらはすべて同類同根ではないだろうか。
> 　かつて親は，まず子どもを健康に育むことを考え，ゆえにしばしばおせっかいで，時に押しつけがましく口うるさくもあった。子どもを一人前にするまでは，その任が自分にあると考えていたからだろう。だが，今の主婦たちはどうも違う。「私は私，あなたはあなた。うるさい事言わないからお互い好きにしましょ。何かあったら言って。できる範囲でやってあげるわ」というような関係を，夫はともあれ小さな子どもにも求めている。子どもにあれこれ与えてやったり，一緒に遊びに行ったりはしているが，それは別のことだ。ここでは直接聞き取り調査をしていないが，調査から垣間見えるお父さんも同様ではないだろうか。
> 　つまりその意味で，現代の家庭には父や母はいても「親」がいない。祖父母でも親代わりの寮母さんでも構わないのだが「親なるもの」が家庭から姿を消しているように思える[7]。

添付されている大量の食卓写真をつぶさに見ていくと，これは少数派の話ではないことが伝わってくる。食べているものはほとんどが調理済み食品，

家族がそろっていても食べる食品はバラバラで，罪悪感もなくときには正当化している語りの数々を読むと，家庭から台所も食卓も実質的に消えつつあるのだということを認めざるを得ない。食を外部に移譲し，依存していく過程とその結果を目の当たりに見るようでもある。事によると，これは新しい形の「ネグレクト」につながるのではないかとも思えてくる。

　この背景には，それを強固に取り囲む食の社会供給システムがある。食を保障し，文化を伝達するはずの親が，食卓から手を引いていくことを奨励するかのような食品が，いたれりつくせり，これでもかと供給されるシステムである。作るよりも買う方が早くておいしい，人と一緒に食べるよりも一人で好きなものを食べる方が気が楽という感覚が日常化し，共食によって維持されていた家族の生活リズムや生活内容や人間関係が崩れ，結果的に誰も心身の健康を担保しないという無責任体制が，不健康社会をつくり上げている。そして今，国を挙げて「食育」運動に邁進しているという笑えない状況に私たちはいる。

(2)　フードシステムと食育

　フードシステムとは，「食関連産業の経済活動によって生み出される，生産者から消費者までの食の流れ」である。食関連産業とは，食物の生産，加工・製造，流通，販売，サービスにかかわる企業群による経済活動の全体である[8]。食の社会的依存を推し進める社会システムとしてのフードシステムについて，今田純雄は，次のように指摘している。

　　　過去数十年の食関連産業の諸活動を一言で言い表すならば，徹底した「食行動の代行」であった。フードシステムは一個体の食行動要素を，本人に代わり「代行」することにより発展してきた（図表1-2-2）。
　　　現代社会において，野生動物の捕獲，他の食物との交換，調理，摂取（さらに体内過程を経て排出する）という全プロセスを一個体が遂行することはない。フードシステムによる「食行動の代行」は，図表1-2-2の

第2章　信頼を育む場　67

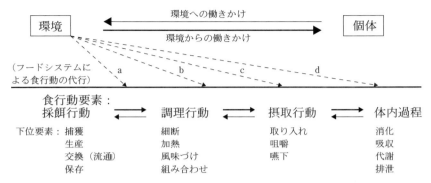

図表 1-2-2　フードシステムによる食行動の代行
a, b, c, d はフードシステムによる代行を示す。
今田純雄「フードシステムに取り込まれる食」根ケ山光一編『子どもと食―食育を超える』
東京大学出版会，2013，p.275

　a,b,c,d の順に進行していった。当初は食物の生産，交換（流通）の代行が主であったが，やがて調理も代行するようになった。近年は摂取も部分的に代行されつつある（たとえば「やわらかい」食べ物とは，咀嚼・嚥下という下位要素を部分的に代行する食物である）。さらに最近では，種々の機能性物質を含有した飲料・食物（多くは「健康食品」とネーミングされている）が数多く販売されており，これらは体内過程で処理されるべきプロセスの代行を目的とした食品であるといえる。体内過程の最終段階である排泄に関しても様々な食品が開発されている。たとえば，排便を容易にする食品といったものである。近い将来，排便が（あまり）臭わない食品や排便回数を減らすことのできる食品なども販売されていくことであろう[9]。

　こうした指摘を読むと，いったいわれわれはどこに向かっているのだろう，体内の生命過程まで外部に依存して，生物としてのヒトはどのように変化，いや退化させられるのだろうと考える。

フードシステムの功罪について今田は，次の4点を挙げている。

　　第1の功は，地球規模でみる人類へのカロリー供給，第2は「安全」な食物の供給，第3は消費者の摂食要求を簡便に充足させたこと，第4は食にかかわる労働の軽減である。フードシステムは，調理にかかわる労働，手間を大幅に低減させてくれた。逆に罪は，第1に「富（食物）」の配分の2極化で，肥満が10～15億人，飢餓が10億人という不平等をもたらしたこと，第2は，「食の安全」に対する疑念・不安が広がったことによる食品添加物などの安全性の問題である。第3に，食の軽視であり，食べることに対する無関心，無感動な人が増えていることである。第4は，個々の家庭のフードシステムへの依存が高まり，子どもの「食行動の発達」に影響を及ぼすようになっていくことである[10]。

　また食行動の個体発達はフードシステムの逆の順，すなわち「体内過程→摂取行動→調理行動→採餌行動」の順で進み，「子自らが，自らの食行動をコントロールしていく過程」ということができる。子どもは母がすべてを代行してくれる段階（胎児段階／筆者注）から段階的に食行動を獲得し，母への依存から脱却し独立できるとする[11]。また，次のように教育への提言をしている。

　　子の食行動の発達にとって重要なことは，子自身が自らの食を主体的に決定してくことであろう。食の発達が母（養育者）からフードシステムにシフトさせるだけのことであってはならない。大事なことは，この事実に気付かせ，システムからの突然の『別離』に備えさせること，すなわち食の主体性を獲得させることである。食行動とは，本来，自律的で主体的,能動的な行動である。そのことを子に気付かせ，子自身がフードシステムに「依存」せずとも生きていける能力を発現させることが求められる[12]。

このような食をめぐる社会状況への根本的な理解なしでは，食育も個人的行動に矮小化される危険性がある。食を通して大人も子どもも人間的な生活をいかにして取り戻すかという視点が必要になってくる。

(3) 子どもの貧困─食の支援

フードシステムによる食の代行が進展していく中で，家族関係や親子関係が変質していくことは避けられない。またその一方で，食生活にかかわる深刻な事態も進行している。それは子どもの貧困の問題である。

一億総中流社会といわれるようになって久しい。確かに，身のまわりで開発途上国のような絶対的貧困の状態にいる子どもを，日本で見ることはほとんどない。しかし表立っては見えにくいが，この日本社会の中で相対的貧困にある子どもが，2009年には15.7％と，国際的にみても高い水準であることが明らかにされた。しかもそれは，この数十年間増加を続けているという。ここでいう「貧困」とは，手取り収入（可処分所得）が，中央値の半分に満たない所得以下の生活水準をいう。阿部彩は「日本の子どもの貧困率が決して国際的に低いレベルではなく，そして中でも，母子世帯の子ども，0歳から2歳の乳幼児，若い父親を持つ子ども，多子世帯の子どもの貧困率が非常に高い。憂慮しなければならないのは，これらの世帯における貧困率が日本の中で最も速いペースで上昇しているということである」[13]という。

家計の可処分所得というがその内実は，住居費・水光熱費・教育費などの固定的支出が大部分を占めており，それを削ることは困難であり，結局は変動可能な日々の食費にしわ寄せがいく。6人に1人の子どもが，日々の生活に必要な栄養所要量が充足されていない。発育にも影響を与え，健康を損なうばかりか，仲間と同じような文化的な行動にも参加できず，孤立したり，自尊心を保持できなかったりして，結果的に学校生活から離脱してしまうケースもある。親が食事を整えられないばかりか，収入を得るために長時間働かざるを得ないことも多く，食卓に親が不在となることも多発する。子どもが幼いほどその影響は大きくなっていく。これに対して，2014年「子ど

もの貧困対策の推進に関する法律」が施行された。そこでは教育支援，生活支援，保護者に対する就労支援，経済的支援などの推進が挙げられている。学校や保育施設において充実した給食を提供することや，食にかかわる活動を進めていくことはこの対策としても重要な役割を果たすことになる。

3. 保育の場における食の活動

2005年に食育基本法が施行され，学校教育にも「食育」が導入されることとなって10年以上がたつ。2004年に「楽しく食べる子どもに〜保育所における食育に関する指針〜」が示され，幼稚園については，2008年の幼稚園教育要領に，食育に関する記述が加えられ，保育の場での食に関する実践が積み重ねられつつある。

幼稚園に「食育」が導入された頃，文部科学省主催の全国的会合で先進的実践として，食に関する知識を「教える」保育がいくつか報告されていた。食品を栄養の働き別に赤・黄・緑に分類して，それをバランスよく食べるようにという三色食品群の分類を教える内容であった。赤は血や肉を作る，黄色は力になる，緑は体の調子をよくするという栄養の基礎知識を伝えるものである。また，多くの保育現場で給食室の前や廊下に，この食品群のポスターが貼られていたりした。しかし筆者は，食事を与えられる立場にある幼児に，栄養学的な視点をもってバランスよく食べることを教えることや，さらにそれを子どもから家族にも広げていこうという発想に違和感をもった。保育者に「赤の食べ物」「緑の食べ物」と教えられた幼児たちが，お弁当に入っているものを「赤だ」「緑だ」など言い合いながら，素直にそれを受け止める姿も見た。しかし，それをもって幼児期の「食育」とすることには，疑問が残った。

幼児に必要なことは，目の前に差し出された食べ物を受け入れることであり，出された食べ物を栄養の視点で分類しながら食べることではないと考えるからだ。子どもだから出されたものを黙って食べよという意味ではない。

食品に関する栄養学的な知識は，いずれ学ばなくてはならない。それは小学校入学後でも遅くはないし，むしろその方が理解しやすい。現に食育基本法の重点課題として，「生涯にわたるライフステージに応じた間断ない食育の推進」が挙げられ，対象として想定しているのは，幼児から高齢者まですべての年代層である。食生活を自立的に営む力を身につけるには長い時間がかかり，経験が大きくものをいう。これまでも，不十分ながらも家庭科教育や保健科教育や学校給食場面での長い食物教育の実績がある。また2005年に栄養教諭制度も導入され，学習の場が拡げられてきた。それらが後の教育課程に入ってくることを考慮したうえで，今，必要な体験を考えるのが幼児期における食育であろう。幼児期にしておくべきことは，何をどれだけ食べるかという栄養学的な視点を得るというよりは，もっと根底的な食べることの基盤となる体験である。いわば，人としての食の原体験をすることである。日常の生活の中で栄養的にバランスのよい食事を準備するのは，大人の側の責任だと考える。前述の家庭での食生活の実態を考えると，そう言わざるを得ない。

今田が指摘しているように，巨大化したフードシステムに個人で太刀打ちするのは不可能に近い。気がつけば，食について購入することしかできない人間になってしまうという実態もある。それではいざという時に生存できない。特にわが国の食料自給率を考えれば，いかに自分たちが危ない橋の上にいるのかは歴然としている。それらを考慮すると，単に栄養学的知識を子どもに教えるだけでは，受動的な体験にとどまり，「フードシステムに依存せずとも生きていける能力の発現」には程遠い。

子どもが食行動において自立していくことは，ヒトとしての食物摂取が可能になっていくことから始まる。まずは乳汁や離乳食など，体内で消化できるものを増やし，成人と同じものを食べられるようになっていくこと，さらに調理できるようになること，続いて，自ら調理の素材を調達・入手できることである。これらのすべての過程が他者と共に行われ，食を通した人とのかかわりの体験になる。さらにこれを集団保育の場で行うことにより，家庭

ではできない多様性をもって展開できる。それが人としての生理的心理的基盤をいっそう強固にすることにつながる。

　食を通じた人とのつながりは、人間関係の基本的体験である。それが欠けたときの人間としての不安定さや、またそれを後になって取り戻すことの困難さを思うにつけ、食は生きることの中核に位置し、危機において人を支える機能をもつと思わざるを得ない。だからこそ、そのことに関する大人側のいっそうの意識と努力が必要なのだと思う。

　食行動の中には、自然との向き合い方や、命への態度、モノへの態度、自己への態度、他者への態度のすべてが含まれている。食の基本的場である家庭が崩れつつある社会で、人として他者とつながる場としても、保育の場における食に大きな役割を果たすことができるのではないかと思う。

(1) 食の始まりと人間関係

　ヒトは、生まれ落ちたときに自力では乳も飲めない。哺乳類などの就巣性の動物が無能力で誕生することはよく知られているが、それでも大概の動物は自力で母親の乳首を求め、たどり着こうとする能力をもっている。あまたある動物の中でもヒトほど無能力な動物はほかにはないだろう。

　外山紀子は「人間の食は発達の最初期から他者を必要とし、他者を求める場としてあります」[14]と指摘しているが、保育所での食事場面での1歳児と保育者の相互作用について、川原紀子の興味深い観察研究がある[15]。保育者の「食べる」ことを促す働きかけに対し、1歳児が拒否を示す場面を中心に、子どもと保育者の相互作用の変化過程を観察したものだ。それによると相互作用は、1年の間に3段階の変化を見せ、第1段階は保育者のつくる雰囲気に（子どもが）同調してしまう時期、第2段階は自己と他者の要求を対比的に捉え始め　対提示に対し選択をし始める時期、さらに第3段階の、自我が関与したもの（自分の好きな動物のマークなど：筆者注）や他者を媒介とした共感的関係を結ぶ時期へと変化することを明らかにした。

　ここからわかることは、食行動は、差し出された食物を口に入れ消化する

という単純な欲求充足行動ではなく，社会的な人間関係の中におかれた行動だということである。つまり，差し出された食物そのものではなく，どう取り入れるかというところに子どもの自我が関与してくる。食物の中でも糖類のような生理的に嗜好性をもつものよりも，取り込むのに抵抗のある食物ほどその傾向が強くなる。金田利子らが「保育者がおいしいという共感関係を広げる中で食物への抵抗を乗り越えさせること，他児とのおいしいねという共感的関わりを持つことが子どもの食への意欲を引き出すための重要な働きかけである」[16]と指摘していることと重なるものである。川原も1歳児の食の指導において「単なる食欲の充足ではなく，他者との共感関係を結ぶ中でそれが満たされることがこの時期の自我の発達との関連で非常に重要である」[17]と結論づけている。

　この1歳児の相互関係を見ると，子どもが様々な食品を摂取可能になる過程での養育者の働きかけの重要性がわかる。子どもとの葛藤を回避するために好きなものだけ食べさせるようなかかわりでは，摂取食品もせばめられるだけでなく，人との関係において，自己の感覚的優位を学ぶことになる。

　筆者がかつて保育所において，幼児の笑いに関する6年間の観察研究を行った際，意外な事実に気がついた[18]。笑いは快感情の表現であるから当然，楽しさやおもしろさを追求する遊びの場面に最も多く出現するだろうと予想していた。しかし，結果は予想外のものだった。最も笑顔が頻繁に見られたのは遊びの場面ではなく，食事の場面だったのである。年齢が低いほどそうであった。0歳児クラスでは，保育者と子ども間の応答で頻繁に見られ，1歳児以降になると，それに子ども同士の食卓での笑顔の応答が加わってきた。乳児が，保育者から離乳食を口元に運んでもらい，ひと匙ごとに満面の笑みで応答する姿や，二歳9ヶ月の子どもが牛乳の入ったコップを同席の子どもに差し出して，笑顔で「パンパーイ（乾杯！）」と誘う姿も見た。それらはみな，そばにいる人と自分の満足感や喜びを分け合おうとする根源的な姿に見えた。もう少し年齢が上になると，食べることに直結した笑顔はしだいに減り，食卓での笑顔の会話に変化していった。食による生理的満足が共食者

への受容性を高める基盤になることは確かだと思う。アイブル゠アイベスフェルトは，動物行動学の立場から，養育者が子どもに食べ物を差し出す行為（フィーディング）が，多くの文化で人と人をつなぐ儀式として利用されていることを示した。たとえば，親和関係を表現する挨拶のキッスはこのフィーディングに由来をもつといわれている[19]。ここからも，食行動は人とのつながりを求める行為と深い関係があることがわかる。

(2) 共食という行動

　ある日幼稚園でみんなが自由に遊んでいるときに，突然一人の子どもが自分の弁当を出してきて，テラスのテーブルに置き，立ったまま食べ始めた。筆者は，目の前でそれを見ていながら，その子が何をしているのか意味がわからず，あわててしまったことをよく覚えている。「なぜ，今，そこで？」と筆者が混乱したのだ。その子はたまたま朝ごはんを食べていなかったのかもしれない。弁当が気になってしょうがなかったのかもしれない。子どもが待ちきれないこともよくあることだから，驚くほどのことでもない。今思うと，筆者自身の「食事は，決まった時に決まった場所で決まったやり方で食べる」という無意識的な行動様式が否定されたことに混乱したのだろう。自分の「当然」が，この子には通用しないのだという驚きである。食事は身体にすりこまれた文化なのだと自覚した瞬間だった。

　みんなが遊んでいるという周囲の状況とまったく関係なく食べることに，ほとんど抵抗がないということは，その子どもの日常の食体験がそれに近いものだったということも考えられる。家族がそばにいても，自分だけが食べるということが日常的だったとしたら，本人には何の違和感もない。「孤食」や「個食」が不自然でなくなり，たとえ家族がいても一人で食べる方が気楽だという感覚さえ広がりつつある。もっとも「共食」の原点は，限られた食物を分け合うということであるから，分け合う必要がなければ共食も消えていくのは必然ともいえる。

　しかし，共食の機能はそれだけではない。中川杏子らは，成人の共食のも

つ機能について「コミュニケーション機能」「教育機能」「文化継承機能」「社会適応機能」「娯楽機能」の5点を挙げ，その中でも「コミュニケーション機能」が中心的機能であるとしている[20]。

(3) 園における共食と人間関係

園生活において，昼食をだれと一緒に食べるかは，子どもにとっては重大関心事である。隣の席をめぐるトラブルも頻繁に起こる。多くの場合，園での食事はテーブルごとに着席し，数人で食べる。席が指定されていなければ，子どもが自分で選択をして着席する。この食事時の席取り行動について外山の非常に興味深い研究がある[21]。

結論を先に述べると，幼児たちにとって食事時に「隣り合わせに座ることは仲良しの証し」であることがわかったという。経験的にも納得できる結論だが，2歳児と4歳児の席取り行動をビデオで観察し，そのデータから「仲良しの隣りに座る」という行動と，にもかかわらず「隣りに座ったからといって，対話量が増えるわけではない」という行動を総合すると，結論的に「話をしたいから隣りに座る」というよりは，「一緒にいたいから隣りに座る」ということで，その主な動機は「一緒にいる」ことであると捉えたのである。しかもそれは「隣り合わせ」ということが重要で，「向かい合わせ」や「同じテーブルであればいい」というものではないという。身体的距離感が問題なのであろう。それは2歳児よりも4歳児に強く見られたという。4歳児は友だちに対する意識が強くなり始める時期である。食事という行為が，自分の親しい人のそばにいたいという深層の欲求が表れる場面なのであろう。筆者も幼稚園を訪問することがあるが，子どもと遊んで気持ちが通じると，お弁当を一緒に食べようと誘われることがよくあった。相手を認めたしるしが共に食事をしようという行動につながるようである。

外山はこの他に，もう一つの食事時の普遍的なエピソードについても，取り上げている。次のような場面だ。

ひとりの子どもが自分の弁当箱にミートボールを見つけ,「ミートボールあーる人, てーあげてー」と独特のメロディーとリズムにのせて問いかける。周囲の子どもはあわてて自分の弁当箱を覗き込み, ミートボールが入っている場合には誇らしげに手をあげて「はーい」と返事をする。しばらくすると, 今度は別の子どもが「ウィンナーはいってーる人, てーあげてー」と問いかけ, それに「はーい」という返事が続くのだ[22]。

　外山は幼稚園を対象にこの定型的なやりとりを取り上げ, 4歳児クラス秋・5歳児クラス春・5歳児クラス秋の, 3つの期間を比較観察した結果, 時期が遅くなるほど定型的なパターンを含むやりとりが少なくなり, 代わりに「一般的なおしゃべり」が多くなり, 特に5歳児秋に激減した事実を報告している。つまり, 言語能力が十分に発達していない時期にこの定型パターンが活用されていたという解釈であった。このことから, 子どもたちの中に「やりとりすることへの嗜好性」があり,「子どもは他者との食事をやりとりの場として営もうとする存在」で, この行動は,「大人による明らかな介入の結果ではなく, 子どもに本来的に備わったものであることを示唆する」[23]としている。

(4) 共同調理の体験

　保育の場で, 調理活動を取り入れているところは多い。多々納道子の調査によると, 幼稚園で取り入れられている食育に関する活動で, 最も多いものは栽培で, その次が調理であった[24]。

　調理は, 幼児でも目的の共有が容易にできるので, 子ども同士が協力して行う「協同的活動」として取り組みやすいともいえる。また, 単純な調理技術でも可能なメニューも多く, それによって自信をもつ体験にもなる。さらにそこに食べさせる相手がいると, 子どもはいっそう意欲的になる。その相手が年下の場合, 自身の成長を確認する場面にもなる。さらに, 保護者や地域の人々, 専門家などと一緒に行うことで, 人間関係が大きく広がる場にも

なる。

　ある保育所では，保育室に電気炊飯器を置いて，日々の給食のごはんを保育者と一緒に子どもたちが炊く。「必要な量のコメを調理室にもらいに行くところから始まり，米を研ぎ，水加減を調整して，昼食の頃に炊き上がるように炊飯器のタイマーをセットします。毎日のことなので，ことさらにお釜を囲んで…などということはしません」[25)]。

　米を計量して，研ぎ，炊飯器にセットするというごくシンプルな調理ではあるが，それでも子どもたちの充実感をつくり出す。保育室に漂う炊き上がりのごはんのにおいと一緒に，自分たちの生活を自分たちでつくっているという自信を生み出す。

　このように，調理は何度でも繰り返すことができ，また繰り返さねばならないものでもある。その繰り返しを着実に重ねることが生活することでもある。そういう日常的営為のもつ安定感がある。

　食に関する活動は，特別なイベントとして行うのではなく，日常的行為として取り込むことによって着実に身につく。ある幼稚園では，秋になると畑で採れたサツマイモを保育室近くに保存しておき，登園してきた子どもたちが自由に，今日はふかしイモをすると火を起こし，イモを湯がき，さつまいもレストランをやってしまう。作ったものを自分たちで食べることに加えて，人と分け合う，小さいクラスにふるまうことが，子どもの自信につながっている[26)]。

　調理は自分を支えるだけでなく人をも支え，支えることのできる自分を確認する機会になる。実践に当たっては具体的な配慮や順を追った体験の積み重ねが必要ではあるが，調理が年間を通して園の生活の中に組み込まれていると，食を営む者としてのアイデンティティを形成していくことができる。生理的欲求に支えられた食であるからこそ，絶対的価値をもって実感され，自分や他者の生を支えることが自身の喜びにつながるという共生の感覚を味わうことができる[27)]。幼児の段階では，その時々の「おいしい」「和やか」「うれしい」「なんだか楽しい」というような漠然とした感情体験であろうが，

人と共にいることの心地よさを食を通して日常的に体験できることは，その子どもの心理的安定感の基盤になる。自分たちが作ったものを年下の子どもたちにごちそうするときや，お客に提供するときの自己充実感は，人のケアをする喜びにもつながる。この根源的喜びは調理者の特権であろう。

調理のおもしろさのひとつに，物質の体験がある。食材が化学的変化を起こし，その変化過程を体験することは後の知的認識の感覚的基盤となる。硬いイモが柔らかくなったり甘くなったり，粉が固まり膨らんでいく過程も変化に富んでいる。物質の性質にじっくりと向き合い，不思議さを味わい楽しむ体験だ。感覚的に共通の体験をすることは他者との共感を生む。食べ物に対する感覚は人それぞれだが，人と一緒に調理すれば，ふだん食べないものでも勢いで食べてしまうという声はあちこちで聞く。

幼児期に必要なものは，自分の身体を使う，少し困難なことにも取り組むなど，自分を支えるアイデンティティである。その点で，調理は自身の欲求に基づき，生活者として自己と他者の生を支えるアイデンティティになりうる。食を営む力があるということは生命を支える力があるということである。

現代は，調理をしないですむ社会になりつつあるが，それが自己基盤の弱体化の原因の一つであるように思われる。精神疾患や非社会的あるいは反社会的行動の陰に，食の欠損状況がほとんどのように隠れていて，自らや他者の命を支えるという視点が抜け落ちていると思うからだ。作らせる側，買う側ではなく，調理する側，差し出す側になるということは自己と他者に責任をもつ側に回れるということである。

(5) 生命に出合う――栽培・採集・飼育

食に関する活動の中で，最も多く取り組まれているのは栽培である。トマト・サツマイモ・キュウリ・ピーマン・ジャガイモが主だったところである[28]。また栽培というほどではないが，園庭に実のなる木が1本あるだけでも，実る過程を観察もでき，採集や収穫ができる。そこでの収穫物をめぐる人間関係も多様に展開する。

栽培や採集が保育の場で重要なのは，それに関する科学的認識を得るという以上に，食物が生命であることを知ることができるからだ。この部分は，現代生活の中でもっとも見えにくくなっているところだ。食材は，農家でもない限り，そのほとんどは食品として購入してくる。その多くの部分は「加工食品」や「調理済み食品」である。それが「生鮮食品」であれば，食べごろを見極めたり，傷んだり腐ったりする様子を見ることによって，その生命性を認識することができる。日常生活の中で食べるだけの立場にある者は，食べ物が生命であることを意識しないで暮らしている。そして，自分自身の命が他の命を取り込むことによって，この世界に生存できるのだという事実を感知できなくなっている。「食べ物がなくなれば生きていけない」とは思っていても「他の生物がいなくなれば自分たちも生きていけない」という感覚は薄い。

　子どもも大人も，生物の連鎖の中にいることを実感的に知る必要がある。この地球という生命体を自身の都合のよいように利用するばかりではなく，地球に寄り添ってこそ生存が可能なのだという事実を受け入れる必要がある。採集や栽培や飼育がその一つの場として意味がある。その命は人がかかわってこそ，人に意味をもつものとしてあらわれてくる。

　畑や庭で自分たちが育てた野菜は，少々いびつであっても小さくても味が薄くても，おいしいと感じ，特別な満足感が残る。生育の過程を共にし，命を受け止めたからである。小さな種がやがて芽を出し，しだいに大きくなり，花が咲き，実をつける。幼児にとって野菜は想像を超える。苗からじわりじわりと変化し，いつの間にか形を変えていく姿に，子どもは生き物の不思議さや驚きを感じ取るだろう。食は命をいただくことでもある。しおれたり，虫に食われたり，間違って踏みつけてしまえば，もう成長はできない。子どもはその変化に時間感覚や生命性を感じ取ることができる。「食べ物」の意味も変わるだろう。

　園庭にたった一本しかない果樹でも，様々な体験ができる。ふだんは目にも入らない木に，気がつけば青い実が鈴なりになっている。それがだんだん

熟してきて赤みが差し，食べられる果実となる。時には野鳥にも警戒しなければならない。自然からの「恵み」を受け取ることができるのは，大きな意味がある。人としての安定感につながるからである。何もしなかったけれど，自分は大事にされるという体験である。

　ある時，年長の子どもがザクロの実を持っていた。ザクロは種の周囲の部分を一つずつ取って食べる。年下の子がわれがちに取り囲んできた時に，年長のその子は「静かに手を出した子にあげるよ」と言って，すっと年中児を静めた。少しずつ分け合う姿を見て，筆者は恵みの意味を考えていた。サクランボも，梅もグミも黙っていても実をつける。収穫には，知力や体力を総動員しなければならないことも起きる。高いところにある果実をどうやって手に入れるか，生物としてのヒトが試される。子ども時代に必要なヒトを取り戻す貴重な時間だ。

　次の事例は，園内に生えてくるタケノコをめぐる保育の記録である。

【事例】　5月2日（水）5歳児　たけのこの味噌汁作り
　園庭の奥の竹やぶでT夫，S夫，K夫，H夫がタケノコを見つけ，何本も採っている。T夫はすごい勢いで見つけてはどんどん採っていく。今年度のタケノコの第1発見者たちが，収穫したものはすべて自分たちのものにしようとしていることが教師の耳に届いた。教師が竹やぶにかけつけると，T夫は教師の姿を見て，大急ぎで逃走した。教師も必死で追いかけ，「幼稚園で採れたものは，みんなのものだから」と言って，T夫の持っていたタケノコをすべて預かることにした。預かったタケノコを無駄にしては説得力がないので，タケノコの味噌汁作りに急きょ取り組むことにした。
　ボール，まな板，包丁，鍋，電磁調理器などを大急ぎで用意し，保育室前のたたきで調理をすることにした。新聞紙を広げ，タケノコの皮をむき，中から柔らかい乳白色のタケノコを取り出し，輪切りにした。電磁調理器は保育室におき，お湯を沸かしその中に輪切りにしたタケノコ

を入れ，味噌汁仕立てにした。机と椅子を並べ，飲む場所も保育室に設けた。隣の組にいる友だちにも声をかけ，はじめて自分たちで作ったタケノコスープを5歳児で飲んだ。2杯目，3杯目の鍋も作ったが，出来上がるとあっという間に売り切れになった[29]。

　子どもたちのたくましい行動や，共食の原点を伝えようとする保育者の機転と奮闘ぶりが見える。園での子どもと大人の生活関係が図らずも出ていて，自然や人と共に生活することの心地よさを体験していると思われる。
　畑や庭での栽培に，世話をするという作業が入る。土と触れる体験である。砂場の砂のような無機的な土ではなく，無数の生命がうごめいている土である。ミミズや幼虫に出くわすことも珍しくない。また，バッタやトンボもいるし蝶もやってくる。まさしく生き物の世界である。そういう生命的な土の中で食べ物は育つということを，子どもは自身の感覚を通して体験していく。
　豊かな土は無数の生命体の死骸や排泄物を含んでいる。そこにもう一つの生態系が存在する。「腐食連鎖」である。飼育の場で生きたエサを与えるときなど，「食物連鎖」について子どもたちに伝えることがあるが，その「生食連鎖」の裏に「腐食連鎖」がある。生物は死してもまた他の生物の糧となることによって，生態系が連続していくことを伝えることもできる。死を穢（けが）れたものとして排除するのではなく，日常の生活体験に含めておくことも，子どもたちの生命の捉えをより深みのあるものにすることができる。
　都市部では畑を持つことが困難で，園外で栽培や収穫体験をしているところも多い。また畑がなくても様々な工夫を凝らして栽培を取り込んでいるところが多い。大都会の真ん中で，「食農保育」を先進的に展開しているところがある[30]。二人の保育者が固い園庭の土を掘り起こしたところから実践が始まった。また数十年前から，園をあげて食育に取り組み，地域へ広げている実践もある[31]。どの園でも，子どもだけでなく保育者や保護者が体験しながら学ぶ姿が報告されている。「教えられる」だけでなく，生活者としての大人と子どもの横並びの体験が，子どもには残る。「食育」が必要だ，さあ

これを学べ，体験せよというのではなく，こういう生活があるというスタンスである．子どもと大人の緊張関係を解き放つこともできる．食べ物は，そのための究極のツールともいえる．

§3　異年齢の子どもとの生活

1．幼児期のきょうだい関係

　子どもたちに基本的信頼を育む三つ目の重要な体験として，異年齢の子どもとの生活をあげたい．わが国では，子どもが初めて入る教育集団は同年齢集団であり，それ以降も教育の場ではほとんどの時間を同年齢で過ごすことが前提となっている．かつてのように家に帰ればきょうだいや遊び仲間などの，異年齢集団と過ごす時間があった時代と違い，集団施設にいる時間が長くなっている現代の子どもたちにとって，それがほんとうに適切なのかを吟味してみる必要がある．

　同年齢で集団を構成し一緒に生活したり教育を受けたりすることと，それに加えて異年齢，異世代で過ごす生活を保障することによって，子どもの人間関係の経験の幅が大きく広がることは間違いがない．

　異年齢集団での生活と人間関係の特徴として，筆者は次の三つを考えている．一つは子ども同士の愛着的関係が成立し，これによって自他への信頼を得ることができる．二つ目に他者の異質性に向き合うことから，理解に基づいた他者へのかかわりを体験することができる．第三に異年齢で構成される集団の中で，一人ひとりの子どもに立場と役割が与えられ，社会にかかわる基礎的体験をすることができる．これらはいずれもこれからの社会を生きていく子どもたちに必要とされる重要な体験といえる．このことを異年齢保育の実践の成果と合わせて詳しく見ていきたい．

異年齢の子どもとの生活は，従来は家族のきょうだい関係の中でごく普通に体験できていたものであり，取り立てて言うほどのことではない。また，子どもたちが地域で自然発生的につくる集団も基本的に異年齢の構成になる。しかし，過疎化，少子化，長時間の施設教育等の進行につれて，血縁地縁に基づく自然発生的な子ども集団の形成は困難になっている。

(1) 日本の家族の変貌ときょうだい関係

　第1章でも触れたが，第二次世界大戦後の日本の家族の変化はすさまじい。中でも決定的なものは世帯サイズの縮小である。2010年の国勢調査では，日本の平均世帯人員は2.42人である。その最大要因は非婚化と晩婚化で，その結果が少子化という形にあらわれている。

　1975年から2013年までの間に，18歳未満の児童のいる世帯は，53.0%から24.1%と半減以上の落ち込みを見せた（図表1-2-3)[1]。残りの75.9%は子どものいない成人のみの世帯である。この中でさらに乳幼児に絞っていくと，2010年の乳幼児がいる世帯は485.4万世帯で，これは全世帯の9.4%にすぎない[2]。近所に遊び相手はいないということが珍しくなくなり，「幼ななじみ」という言葉も死語になりつつあるのかもしれない。

　きょうだい数の変化をみると，一人っ子は半減し，2人きょうだいと3人きょうだいも4割に落ち込んでいる。一人っ子と2人きょうだいの割合がほぼ同じで合わせて8割強になる。3人以上のきょうだいは子どものいる世帯の1割強に過ぎない。一人っ子は，幼稚園や保育所，子育て支援の場で初めて同世代の子どもに触れることになる。子どもが子どもを恐れるということも笑い話では済まない。子ども集団になじんでいくのにも，これまで以上に時間を要することこもなる。

　このように，家庭や地域からも子どもが減っているという状況は何を意味するのだろうか。本田和子は，なぜ子どもは生まれにくくなったのかと問いを立て，現代日本を「子どもが忌避される時代」と喝破し，社会における子どもの存在意義があいまい化し続けてきていることを指摘した[3]。子どもを

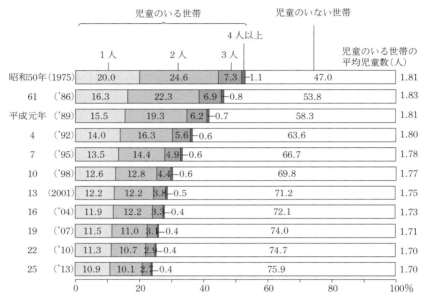

図表 1-2-3　児童の有無および児童数別にみた世帯数の構成割合・平均児童数の年次推移
厚生労働省大臣官房統計情報部「グラフで見る世帯の状況　国民生活基礎調査（平成25年）の結果から」2014, p.14

産み育てることが成人の社会的責務であると暗黙の了解があった時代から，個人の自己実現とその効率的な達成を至上の目的とする時代に変貌し，一世紀余をかけて進行させてきた「子ども排除」の動きの結果が少子化であるとしている。子どもをもつことや子どもがいること自体がオプション化しつつあるともいえる。子どもをもつことによって，経済的負担も増え，自身の生活スタイルが攪乱され，束縛される。待ったなしのケアに追われ，自分の時間がもぎ取られていくことへのいらだちなど，子どものもつ非秩序性を受け入れがたくなっていく。それが子どもを忌避するという心性につながっていくのだろう。それらが子どもをもつことの価値と天秤にかけられる時代になった[4]。かつての，誰もが結婚し子どもを複数もつのが当たり前で，生涯

未婚率は 1 〜 2％にすぎなかった「国民皆婚社会」[5]では，彼らの非秩序性も了解ずみであった。しかし非秩序的な存在を受け入れて生活を組み立てる力は低下しつつあり，社会環境の変化とも相まって，子育て困難社会といわれるようになった。多くの家庭に子どもがおらず，いても一人であれば子どもの特性である非秩序性は大人のライフスタイルに吸収されてしまう。子どもが子どもであることへの寛容性の低下が，子どもの本質である生命性を損なっていく。子どもが子ども社会を築く前に，大人との関係にのみ込まれてしまうことも起こる。

(2) 幼児期のきょうだいの経験

幼児期の親子関係がその後の人間関係の基盤をつくるといわれるが，同時にきょうだいとの生活も子どもの自己生成に大きな影響を及ぼす。

『育児日記からの子ども学』[6]には，4組の幼児期のきょうだいの生活やそこでの成長が，詳細に記録されている。上の子が，生まれてきた下の子を受け入れていくことは，当人にとって大きな生活課題である。出産や育児に当たる親の変化を受け入れ，赤ん坊の存在を認め，自分の行動を変え，新しい関係をつくりあげていくプロセスは，それまでの自己を再構成していく過程でもある。また下の子は，上の子を目標にし頼りにもしているが，上の子どもの生活が変化することを受け入れ，それに応じて自己を再構成していかなければならない。きょうだい関係は互いに自己を見つめる契機となり，新たな段階へ推し進めていくダイナミックな関係であり，幼児期の成長の大きな動因になっている。

① 幼いきょうだいを描く絵本

優れた絵本作品は，きょうだい関係の本質をも鮮やかに切り取って見せる。筒井頼子文，林明子絵の絵本には，なにげない日常生活の中で成長する子どもの姿が数多く描かれている。『はじめてのおつかい』[7]『あさえとちいさいいもうと』[8]『いもうとのにゅういん』[9]『おいていかないで』[10]などには，幼いきょうだいの関係がみえる。ここではその中から『あさえとちいさいいも

うと』を取り上げて,幼児期のきょうだい体験の意味を考えていきたい。

　　姉のあさえ（推定4歳ごろ）が自宅前の道路で遊んでいると,母親が出てきて,妹は今眠ったばかりで起きる前に必ず帰ってくると言い残し,銀行へ出かけていった。しかし,ほどなく家の中から泣き声が聞こえ,戸を開けると妹（推定2歳ごろ）が裸足で出てきた。あさえは,妹に靴を履かせ,泣きやんだ妹の手を引きながら,自分が大きくなったような気持ちになる。妹と汽車ごっこをしようと地面にチョークで線路を描いてやる。妹はそれを喜び,遊びだす。あさえはさらに喜ばせようと,どんどん線路を描き足し,駅やトンネルまで描いていく。描き終えて顔を上げると,妹の姿が消えていた。その直後に,少し離れた大通りの方から自転車の急ブレーキの音が聞こえてくる。あさえは反射的に走り出す。大通りにいってみると,自転車が倒れているが,妹の姿はそこにない。あさえはすぐに,妹がいつも行く公園に行ったのではないかと考え,そちらに向かう。走りながら,道のずっと先にいる小さい子どもに気づく。服装も妹と似ている。大急ぎで走って追いつき,顔を覗き込むが,その子はまったく知らないよその子だった。さらに走り続けると,曲がり角の向こうから子どもの泣き声が聞こえる。不安になるあさえの前にがっしりした体つきの男の人が現われ,低い声でおどすようにその子を叱っている。その子が着ていた服も,妹とそっくりだった。さらに道を転げるように走っていくと,ようやく公園の入口が見える。砂場の方向を見ると,妹が遊んでいるのが見える。安堵感で呆然と立ち尽くすあさえ。あさえは満面の笑みを浮かべて,木漏れ日の中を,両手を広げて妹に駆け寄っていく。それに気づいて妹は,砂だらけの小さな手を振る。何も言わずに妹を抱きしめる姉となすがままにされる妹。公園の入口には,銀行から戻ってきた母親の姿が小さく描かれている。そして,裏表紙には3人で妹を真ん中に手をつないで楽しそうに帰る場面が描かれている。

筒井と林は，子どもが育つ瞬間をストーリーと絵の見事な融合で示してくれる。綿密に描かれた住宅街の家並みや街並みなど，その時々の生活文化の中で動き回る子どもの姿が，繊細な描写と相まって読むものにリアリティを感じさせる。

きょうだい関係で着目したいのは，他者のために自分を捨てる体験をすることではないかと思う。この作品で描かれているのは，「思いやり」という言葉では包摂しきれない，より切迫した存在レベルでの体験とでもいえるものである。きょうだい関係の根底にある感覚や感情であろう。同年齢では，それぞれが同等に自己主張するという前提がある。しかし異年齢では，そのような自己主張とは別の次元がある。下の子はただ自分のままでいて，上の子がそれを黙って受け入れ保護するという関係が基盤にある。小さな者や弱い者に対する原初的な感覚の基盤になるものであろう。無自覚な他者との連続性や関係性が，ある瞬間に噴出してくる。それを通り抜けるときが成長の瞬間でもあるのだろう。この作品では，それに加えて，姉の不安や献身的行動にもまったく気づかない妹も描かれている。下の子の他者への無頓着さとでも言えようか。これは，下の子は何をしても誰かに守ってもらえるという感覚につながっていく。他者や自己への信頼の感覚である。そして，このような素朴なきょうだい関係は幼児期特有のものであり，学童期以降になるとそれぞれの自己意識が絡まり合い，より複雑な関係になっていく。これが長期間の経過を経て，それぞれの性格特性に埋め込まれていくと考えられる[11]。

② 一人っ子を描く絵本

絵本『きょうはなんのひ？』（瀬田貞二作／林明子絵）は，一人っ子と両親の関係を描いた珍しい作品である[12]。登場するのは，まみこという小学生の女の子である。朝，登校するときにまみこは母親に「きょうはなんのひ？」という謎かけをして，家じゅうのあちこちに手紙を置いて出ていく。母親が留守中に部屋を片付けながら，文面の指示に従って次々と手紙を見つけていく。まみこは出勤する父親の服のポケットにも手紙を忍ばせていた。夕方，

父親も帰宅し、見つけた手紙の頭文字を並べていくと「けっこんきねんびおめでとう」というメッセージになるという仕掛けだった。プレゼントは両親を模した赤と青の美しい二つの木の実だった。両親はそのまみこに子犬をプレゼントするというところで終わっている。子どもも両親も互いの温かさを受け止めるという、1970年代の理想の家族像が描かれている。手紙を探しながら母親が家中を動き回る姿とともに、住まいがどんな間取りか、どんな家具があるのか、インテリアや雑貨の類まで詳細に描写されており、新時代の家庭像を重ね合わせた読者も多いに違いない。

　さりげなく温かい親子の交流であるが、こういう形で親を気遣う子どもはこれまで描かれたことはなかったように思う。念願のマイホームで、やさしい子どもの気持ちを受け取る幸福そうな母親や父親の姿が印象に残る。

　まみこは小学生の設定であるから、親への気持ちを意識することはあるだろうし、それを自ら表現することもあるだろう。しかし、もしきょうだいがいたら、こうなっただろうかと考えたりもする。きょうだいがたくさんいた時代の子どもと異なる一人っ子独特の大人への心性が、多くの人に共感をもって迎えられている。自分を大事に思っていてくれている親を受け止めるという優しいスタンスである。親だから大切にしなくてはならないという義務感や倫理感とは異なる感覚だ。一人っ子は、自分と同じくらい親を大事に思うのだろう。変わる家族形態の中で、長じても子どもと親が相互に敬愛し合う姿が、従来の役割関係とは異なる新しい関係として描かれているともいえる。

2. 幼児教育施設での異年齢集団

　失われつつあるきょうだい関係を補填（ほてん）するものとして、異年齢保育を考えるというのは単純に過ぎる。しかし、きょうだい数が減り、地域の遊び集団が減ってきた今日、幼児期に年齢の異なる他者と共に生活する重要性は増す一方である。そう考えたときに、現在の幼児教育制度が年齢別保育を原則と

していることや，異年齢との生活をどのように具体化していくかについて，吟味する必要があると考える。

(1) 日本の保育制度における集団編制
① 幼稚園
わが国で最初の幼稚園は，一般には1876年に東京女子師範学校（現お茶の水女子大学）に附設された幼稚園とされている[13]。学校制度の普及を至上命題としていた，時の政府の命を受けて，フレーベルの幼稚園をモデルとして，西洋の幼稚園をそのまま持ってきたものである。開設にあたって幼稚園では，「幼稚園規則」を以下のように定めた[14]。

> 第一条　幼稚園開設ノ主旨ハ学齢未満ノ小児ヲシテ，天賦ノ知覚ヲ開達シ，固有ノ心思ヲ啓発シ身体ノ健全ヲ滋補シ交際ノ情誼ヲ暁知シ善良ノ言行ヲ慣熟セシムルニ在リ
> 第二条　小児ハ男女ヲ論セス年齢満三年以上満六年以下トス　但シ時宜ニ由リ満二年以上ノモノハ入園ヲ許シ又満六年以上ニ出ツルモノト雖モ猶在園セシムルコトアルヘシ
> 第四条　入園ノ小児ハ大約百五十名ヲ以テ定員トス
> 第九条　入園ノ小児ハ年齢ニ由リコレヲ分ツテ三組トス　但シ満五年以上ヲ一ノ組トシ満四年以上ヲ二ノ組トシ満三年以上ヲ三ノ組トス

制度の発足当初から，「年齢ニ由リコレヲ分ツテ」と年齢別に組を編制することが，明確に定められていた。実際の保育案も年齢別に編制されていた。初年度76名で出発し，翌年には150名になったという。これに引き続き鹿児島や大阪に幼稚園が新設され，1885年ごろには全国で30園を超え，普及していった。この附属幼稚園を模範として，集団編制も年齢によっていたと考えられる。

1926年，幼稚園における保育法の基本として，「幼稚園令」が公布され，

同時に「幼稚園令施行規則」が制定された。そこには,

　　第四条　保姆一人ノ保育スル幼児数ハ約四十人以下トス
　　第五条　幼稚園ニ於テハ年齢別ニ依リ組ノ編制ヲ為スヲ常例トス

とあり,やはり組編制は年齢別と明確に定められた。その後これが学校教育法（1947年）に引き継がれ,さらに「幼稚園設置基準」（1956年）でもこの学級の編制方針が踏襲され,「第四条,学級は,学年の初めの日の前日において同じ年齢にある幼児で編制することを原則とする」と定められている。

　幼稚園は学校といわれながらも,発達の特性を考慮して,幸か不幸か義務教育から取りこぼされてきた[15]。1926年の幼稚園令施行規則においても「幼児ノ保育ハ其ノ心身発達ノ程度ニ副ハシムヘク其ノ会得シ難キ事項ヲ授ケ又ハ過度ノ業ヲ為サシムルコトヲ得ス」と,保育内容にくぎが刺されている。制度発足当初から幼児の特性に応じた教育をし,決して小学校教育の先取りをして能力を超えたものを要求しないようにという原則で続いてきたのが幼稚園であり,この年齢別編制がそれを保障すると考えられていたと推測できる。

　その後も現在まで続く幼稚園教育要領においては,保育の内容や方法に関連して「異年齢」という記述はない。1998年版の解説において数か所「異年齢の子ども」という語が含まれているが,いずれも一般的な用法で用いられているだけである。一貫して「学級」という用語を用いていて,幼稚園は保育所とは違い,「学校」であるという教育的色彩が強く打ち出されている。

　②　託児所

　一方託児所は,小学校に弟妹を連れてくる児童のための託児や,農繁期託児所,紡績工場で働く女性労働者のために開設された託児所から出発したという歴史的経緯がある。目前の必要に迫られて自然発生的につくられたものであり,受け入れ児たちの編制は,状況に応じて臨機応変になされ,必然的に異年齢編制であったと推測できる。

第二次世界大戦敗戦後，幼児教育のあり方を検討した際に，やがては幼保一元を目指すことを基本において，幼稚園も保育所も家庭で保育にかかわる人々も共有できるようにと「保育要領」が掲げられた。保育所が制度的に確立して来るのは1947年の児童福祉法以降であるが，二元行政が安定期に入った1956年，幼稚園教育要領が告示され，1965年に保育所保育指針が出された。組の編制については，次のように説明されている。

　〈組の編成〉
　　組はできるだけ同じもしくは近い年齢の子どもによって編成するよう努めること。やむをえず，異なる年齢の子どもによって編成する場合には，必要に応じて同じ年齢の子ども相互の活動ができるよう配慮すること。

　組の編制は，同年齢を努力義務とし，やむを得ない場合は混合編制にするが，同年齢集団の活動ができるようにすると，基本的に幼稚園と同様の方向である。林若子らは，「この時代は，大勢の子どもたちを少ない人数で保育しなければならない"困難な混合保育"が多く，それを解消して，年齢・発達に即した保育を実現することが現場の切なる願いであったといいます。それがこうした表現につながっているのでしょう」[16]と述べている。実践現場では，集団における組編制の基本原理も考える余裕がないほどに，日々追われる状況にあったのも確かである。
　こうした保育所の実情に対して，一方1998年の幼稚園教育要領では，「幼稚園生活における幼児の発達の過程を見通し，幼児の生活の連続性，季節の変化などを考慮して，幼児の興味や関心，発達の実情などに応じて」[17]家庭や地域社会との連続性を重視し，情報化，自然離れ，異年齢集団での遊びや異世代とのかかわりの減少を踏まえて多世代交流などの豊かな経験を要請している。
　こうした幼稚園教育要領の趣旨に即して，1990年に保育所保育指針も改

訂された。一日中，長時間にわたって施設の中で暮らす子どもたちは，多世代や地域社会との交流機会が幼稚園の子どもよりさらに少ない。たとえ学童期のきょうだいがいても帰宅するまではかかわりはなく，夏・冬休みなども離ればなれになる。そこで保育所で，意図してその機能も補完しようと，保育の内容に異年齢の子どもとのかかわりが挙げられている。

　林は，「1990 年に改訂された際には，異年齢での『組』やグループの編成を否定的にはあつかっていません。むしろ，『保育の内容』に異年齢の子どもたちのかかわりが明記されました。たとえば『異年齢の子どもに関心を持ち，関わりを広める』（4 歳児の「ねらい」），『自分より年齢の低い子どもに愛情を持ち，いたわる』（6 歳児「内容・人間関係」）等です。これ以降，2 回の改訂においても，異年齢保育に関する記述は基本的に変わっていません」[18]として，保育所における異年齢保育への積極的な姿勢を維持していることを紹介している。

　さらに 2008 年の保育所保育指針では保育内容「人間関係」に次のような記述があり，異年齢での活動を奨励していることが読みとれる。

　「身近な友達との関わりを深めるとともに，異年齢の友達など，様々な友達と関わり，思いやりや親しみを持つ」というねらいの解説として，「自分より年下の子どもに対しては，生活や遊びの様々な場面で手助けをしたり気持ちを汲んで慰めたり優しい言葉をかけたりするなど，思いやりの気持ちを持ったり，態度で示したりします。また，年上の子どもに対しては，大きくなることの喜びやあこがれを持ち，自分が困っている時などに優しくされた経験があると，年下の子どもに同じように優しくしてあげようという気持ちを持つことでしょう。このように，保育所の生活において，子どもは異年齢の子どもとの関わりを通して様々な感情を経験し，自分とは異なる存在を受け止めていきます。保育士等は，このような経験が相互に良いものとなるように，環境を設定したり，異年齢での活動を積極的に取り入れていくことが大切です」[19]と述べられており，異年齢保育の意義を積極的に認めている。ただその内容は，異なる存在との関係に触れつつも，年上が思いやりをもち

年下があこがれをもつ，困ったときに助けるといった，一方向的な関係に重点が置かれている。

1989年以降，幼稚園教育要領と保育所保育指針は，それぞれの置かれた子どもの状況に配慮し必要な経験内容を保障しながら，同じ教育・保育の方向を目指すものとして，10年ごとに改訂されていき，2008年には"告示"という法的な位置づけも同等になった。

(2) 明治期の異年齢保育の試み

非常に興味深いことに，1893年にあの東京女子師範学校附属幼稚園で，年齢による組分け法を変更して，今でいう異年齢の編制による保育を試みていたことが，当時在職した保母の下田田鶴子によって報告されている[20]。

　　組分け法に関しましては，従来の標準は主として年齢でございましたが，明治26年4月にこれを改めまして，年長の1階を1組とし，下2階を各2組に分ち都合5組とし，年齢によらず員数とか進級幼児の関係とかを考えなるべく兄弟などは同じ組に編入し，最上の組になるまで終始同一の保母がこれを担任するということにして試みました。
　　この組分け法の利害損失につきましては，その当時は利益の方が多いように考えられましたが，なお他日の研究を待つということになっておりました。その概要を述べてご参考に供しましょうか。

　利とする事項
一，　保母は幼児の性質を熟知し得ること
一，　保育法終始一徹して容易にその効を挙ぐること
一，　幼児は家庭におけるがごとく長幼相順い，相助くるの感情を深くすること
一，　1組の幼児長幼新旧相混するときは保育すること益々困難なるべきも保母は従来襲用せる小学校生徒を教授すると同様なる方法を改

めて幼児に適切なる保育法を研究するの心を励まし保育法全体に利益を得べきこと
一、 方今（昨今）教育上の一般の弊たる皮相の教育を改めて真誠の教育を施すに至ることすなわち級別教授団体訓練を偏重するの弊を除きて人々個々の教訓を一層慮るの功を収むること
一、 終始同一の保母にて幼児を保育するときは保母その人の習癖をも幼児に感染せしむるの恐あるをもって保母は自己の品位を進め益々戒慎するの動機を得ること

不利となる事項
一、 級別教育の利すなわち保母の労力を省約し得ざること
一、 心身発育の度相等しき幼児を得ず保育上稍（やや）困難を増すこと
一、 保母その人の習性偏癖を移して幼児に與ふる（与える）こと
一、 中途組を上ぐる制なきときは幾分か幼児奨励法を失うこと
一、 幼児長幼相混ずるときは長者はその能に安んじ幼者は徒に困難の作業を請求すること　以上

　さらに，下田は当時附属幼稚園におかれた分室についても「長幼うち混じりて50人を保母一人で」担当したという「簡易幼稚園」につながる試みについても報告している。
　興味深いことは，年齢別保育よりも「長幼相混じる組分け」の方が，保育の本質的な部分について利があるという評価と分析をしていることである。特に幼児理解や保育の全体的効果，人間関係上の豊かさにおいて利があり，小学校とは異なる幼児教育の方法が必要であること，級別教授団体訓練への批判などが挙がっているのは，現在とはまったく異なる歴史的条件下ではありながら，今日にも通用する指摘といえる。
　1893年というと，ちょうど日本の幼稚園教育が恩物による教育から遊びに意味を見いだし，遊びを中心とした保育に切り替わった時期であり，遊び

や生活を中心とすれば，異年齢学級の意味もある試行実験であろう。下田は同時に異年齢学級の不利となる事項も掲出しており，それぞれのメリット，デメリットを克服する環境の構成や，活動内容の工夫，個別の配慮が必要としている。

　当時，幼稚園の混合学級だけでなく，年長5歳児と1年生の混合学級の試行もなされている。しかし，小学校との混合は1年で中止になった。それは，時代背景を読み，地域の実態に応じて，それぞれのメリットを生かし，デメリットを克服する方法論として各園に託された永遠の課題ということでもあろう。

（3）　異年齢保育の実態

　翻って，近年の保育界における異年齢保育の実情を見てみよう。ここでは異年齢保育を，年齢の異なる幼児によってクラス編制が行われている保育形態およびその内容と捉え，保育所を中心に異年齢保育の実態を見る。ただ実際的には，一つの園の中で同年齢保育（年齢別保育）と異年齢保育が混在することが多く，その軽重によって4タイプに分けられる。第1は「すべてを同年齢で行う」，第2は「基本的に同年齢だが，部分的に異年齢での保育も行う」，第3は「基本的に異年齢だが，部分的に同年齢でも行う」，最後に「すべて異年齢保育」の4タイプである。

　また，宮里六郎は異年齢保育に取り組む動機に着目し，同年齢集団でクラス編制ができないので異年齢で行うという消極的なものを「条件的異年齢保育」と呼び，異年齢保育の優位性を評価したうえで積極的に取り組んでいるものを「理念的異年齢保育」と呼んでいる[21]。

　書物の出版や研究の増加から推測すると，異年齢保育は全国的に進んできていると考えられるが，その正確な実態は，あまりつかめていない。古くなるが，1997年に全国の保育所を対象に行われた日本保育協会の調査を見てみたい[22]。それによると，保育形態に関して，「基本的に同年齢だが，異年齢混合で保育するときもある」が72.1％，「同年齢のみ」が11.6％，「基本

的に異年齢混合だが,同年齢で保育するときもある」というものが10.1%,「異年齢のみ」が5.4%,である(図表1-2-4)。これを見ると,部分的ではあってもほとんどの保育所で異年齢保育を実施しているとみていい。

異年齢で保育する理由については,地域によって若干異なるが,「やさしさや思いやりの気持ちを身につけるため」「人間関係を豊かにする」が60〜70%で,また「人を受け入れる基礎を育てる」「人とかかわる力を身につける」が30%台,また「子どもが少ない」「同年齢だけでは保育できない」という消極的理由は20%前後であった。20年前に行われたこの調査においても,異年齢保育はこれから取り入れるべき形式・方法と考えられると考察されている。

全体的に見て,保育理念に基づいて異年齢保育に移行していくケースは少数であり,クラス編制の都合上という現実的な動機で出発したものの方が多数を占めているという。しかし,出発はそうであっても,実際にこの保育形態を体験することによって,保育者はその良さを積極的に評価するようである。

吉田行男が,2007年に札幌市および石狩支庁管内の保育所241か所を対

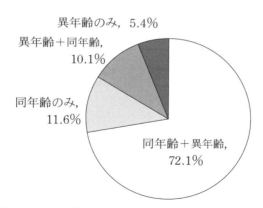

図表1-2-4 保育所における保育形態
1997年 日本保育協会「保育所の保育内容の実態に関する調査研究報告書」より作成

象に行った調査[23]によると，37％以上の保育所が，何らかの形態・内容で異年齢保育に取り組んでいた。その動機は，「子どもの成長・発達によい効果を期待したから」「採用している保育思想，方法論だから」など，「理念的な動機」によるものが実施園全体の78％に上った。これに対して，「同年齢保育が難しいから」という消極的な理由は18％であった。また異年齢保育に取り組んでいない園でも，「今後取り組んでみたい」という園が，半数あった。異年齢保育は保育者にはおおすじ肯定的に捉えられていることがわかる。

　また千葉市では30年以上，市内全保育所で3歳以上児を対象に異年齢の学級編制で保育実践してきたという実績がある。その経験をもつ保育者を対象とした意識調査では，異年齢保育について「保育者にとって」「特別な配慮を必要とする子どもにとって」「その他の子どもにとって」の3視点において，総じて高い評価をしていた[24]。

　一方，園庭をもつ幼稚園は，庭で遊ぶことを基本としており，庭は必然的に異年齢がかかわり合う場となる。同年齢で編制した学級にいる時間より，異年齢で交流し刺激し合う園庭の時間の方が長い場合も多い。またティームティーチングを行っている園は，幼児が所属する学級を母体としながら，異年齢が遊べるセッションなどを設けて，交流機会を多くもっている。さらに，入園当初の生活や遊びの世話，着替えや持ち物の始末，園外保育やバス通園の乗車の世話など，異年齢がかかわり合う場を用意している。特に近年は，外国籍の幼児も入園してくるので，同年齢でも異質な人々との関係を経験する機会も多い。「基本的に同年齢だが，異年齢混合で保育するときもある」のは，保育所だけでなく幼稚園やこども園などでも同じ傾向であろう。

　また近年幼稚園でも，理念的異年齢保育が広がり始めている。特に私立幼稚園では幼稚園教育要領は最低基準であり，私学の使命は建学の精神を具現化することと考え，積極的に異年齢保育を園独自の保育方針として打ち出すところもある。

　また近年,保護者の要望に応える形で行われていた幼稚園の「預かり保育」が，1998年の幼稚園教育要領改訂時に「教育課程外の教育活動」として位

置づけられた。2010年現在，預かり保育の実施率は，私立幼稚園では89.6％，公立幼稚園で52.5％である。預かり保育は希望者を対象に行われており，2010年に実際に利用したのは在籍児の13.4％である[25]。長期休暇期間も実施するところが多く，幼稚園の保育所化が進んでいる。実際の預かり保育では年齢別編制はとれず，「家庭的雰囲気」の中で異年齢の子どもたちが一緒に過ごす形になるのが通例である。専任の保育者がつくこともあるが，通常の保育担当者がこれにあたることも多く，保育する側の経験としても，一定の蓄積が出来上がりつつある。預かり保育の実践報告の中に「異年齢でのかかわり」に関する記述も散見される[26]。

なお，どの保育施設でも，異年齢編制を基礎にしている園では，同年齢を対象にした保育がカリキュラムに組み込まれている。特に年長児については，意識的に課題をもたせて，行事や活動を設定することが多く行われている。その場合，一人の子どもが異年齢集団と同年齢集団の二つに属することになる。異年齢集団の呼称は「おうち」「おへや」「ファミリー」「グループ」「組」など様々であり，保育室などの空間活用の工夫が必要になり，建物などの空間構成の面からも研究が積み重ねられている[27) 28)]。

3. 異年齢保育で育つ人間関係

異年齢保育に関する研究や実践報告をもとに，3，4，5歳児に焦点を当てて概観し，幼児期において異年齢・同年齢の異なる人間関係を体験することの意味について考える。

(1) 異年齢保育の相互関係

吉田行男は，保育所における年齢別（同年齢）保育と異年齢保育を対比させながら，子どもたちが保育士や子ども同士の間でどのような相互交渉を展開し，どのような人間関係を築いているかを明らかにするために観察研究を行い，両者における特徴的な相互交渉パターンを抽出した[29]。

その結果，年齢別保育の保育所においては，

　①保育士から子どもへの一方向の教育的・養護的かかわりが多い。
　②同じ年齢の子どもの間の協調的相互交渉のみが多い。
　③同じ年齢の子どもの間では，競争的関係がみられる。
　④異なった年齢の子どもの間での相互交渉は，ほとんどみられない。
　⑤同じ年齢の子どもの間でも，異なった年齢の子どもの間でも，攻撃的な相互交渉がみられる。

という特徴があったことを示し，異年齢保育の保育所においては，以下の傾向を抽出した。

　①同じ年齢の子どもの間においても，異なる年齢の子どもの間においても相互交渉がみられるが，その頻度は年齢別保育のそれに比べて異年齢保育が圧倒的に多い。
　②異なる年齢の間では，協調的・養護的相互交渉が，愛着行動を中心に，非常に多くみられ，また，教育的な相互交渉も多い。
　③同じ年齢の子どもの間の協調的相互交渉の中には，低年齢のお世話を，同じ年齢の子どもが協力して行っているものも含まれる。
　④保育士と子どもとの相互交渉は，年齢別保育に比べて少ないが，年上の子どもたちと保育士とが，意図せず自然に，低年齢児への教育的・養護的相互交渉を共同で担っているとみられる。

　吉田は，異年齢保育の方が年齢を問わず相互交渉が圧倒的に多いこと，異年齢間では多彩な相互関係が生じていることを特徴として示した。また，ここで指摘されている同年齢保育の保育者との一方向的関係と競争というデメリットは，同年齢保育が，時により閉鎖的で学級王国的な特性をもつ場合があることも背景の一つとして考えられる。観察対象園が少なく一般化するに

はなお慎重さを要するとしても，異年齢保育での子どもや保育者の相互関係の基本的な特徴を捉えていると思われる。

(2) 愛着的関係の成立から家族的な集団へ

山本は異年齢保育における子どもの多様な人間関係について，①甘え—甘えられ，頼りにされる関係，②憧れ—憧れられ，認め合う関係，③教えてほしい—教えてあげる関係，④要求し合い，鍛えられて，励まされる関係の4つに概括している[30]。

異年齢の子ども同士の人間関係において，「甘える」「甘えられる」関係が数多く報告されている。また，特定の子どもを「好きになる」「かわいいと思う」関係もみられ，これらを筆者は幼児間の「愛着的関係」と考える。同年齢間でも，相手が好きであるという仲良し関係は成立するが，「かわいいと思う」「甘える」という関係になることは少ない。養育者との愛着形成は基本的信頼の基盤になっていくものだが，幼児間の愛着的関係はそれほど強力なものではないにせよ，類似した面があると考えられる。

「さきちゃん（3歳児）に対するときのしんじ君（5歳児）の口調や表情は柔らかく，慕われている喜び，かわいいと思っていることが伝わってきました。—（中略）—プールの深さに戸惑いを感じたみかん組のまなちゃん（3歳児）がワニに挑戦していくと，りゅうじ君（5歳児）は『だいじょうぶだよ』『できるよ』『おっできた！』と真っ先に声をかけていました」[31]と，年長児が年少児に受容的で支援的に接する姿が報告されている。5歳児が鬼ごっこを3歳児に誘われてやってやる，3歳児の子を大目に見てやるなどの姿は，「年下の友だちから慕われることで，年長児としての喜びを感じ自信につながっていく」[32]経験でもあり，年下の子どもは，年上の子どもの優しさに触れる経験になる。

異年齢では，このように相手をかわいいと思う感情や，相手を慕う気持ち，かわいがられているという安心感を体験する機会が多い。家族以外の他者とこのような関係を経験することは，人に対する基本的態度に影響を与え，自

他への信頼につながると考える。

　また疑似的な家族やきょうだいのような関係になっていく姿も報告されている。「同年齢の活動後，縦割りのクラスに戻ると，年下の子どもたちが待ってくれているという安心感を年長児はもち，逆に年少・年中児から支えられているということを感じた」[33]などの様子が報告されている。集団が保育者も含めて家族のような帰属感や安心感をもたらしていることがわかる。同年齢でも，一緒に生活することでクラスは共感的で協調的な集団になっていく。異年齢集団の場合は，共感性や協調性というより，それ以前の互いの存在を受け入れ合う感覚だと思われる。一人ひとりの存在がより明確であるように思われる。

(3)　養護的関係・伝授的関係から伝承へ

　異年齢保育では，「お世話をする」「お世話をされる」という養護的なかかわりが増える。また年上の子どもが年下の子どもに何かを「教え」，年下の子どもは「教えられる」という関係も体験する。

　報告の中でよく言及されていることは，異年齢保育では基本的生活習慣の習得が早く，その点での保育者のかかわりが減るということだ。年長児が，生活の仕方について下の子どもに教えていくという場面が自然発生的に生じ，生活文化の伝承を行い，それが年上の子どものアイデンティティにも寄与しているといえる。

　　　年長児はお世話をすることで年少児からは尊敬され，年中児からは目標とされる。食事の面で課題のある子どもの中には，年上の子どもからの応援や認めの言葉などにより支えられ，少しずつ変化していく子どももいた。年上の子どもと一緒に食べたがる姿も見られ，よきモデルを前に，食事に意欲的になる様子も見受けられた[34]。

　ある実践では，お昼寝のときに年下の子の背中を「トントン」して寝かし

つけることが年長児に人気だと報告されている[35]。自分のトントンで小さい子が眠ってくれれば，自分が信頼されていることを感じ，うれしいだろう。また，そうしてくれる人がいる安らぎや温かさを感じて眠りにつけるのはどんなに幸せなことだろうかと思う。家族とは違う他人との間に，また幾歳も違わない幼児同士で，身体感覚を含む受容的関係を経験することは，人と一緒にいることの安らかさの経験になる。

ただ，それが初めからうまくいくわけではない。年長児は進級当初，年長になった喜びをもって意欲的に年少児にかかわろうとする。しかし，それが相手の気持ちとずれていたり，配慮不十分のまま行動したりしたときに，うまく受け入れてもらえないことも生じる。試行錯誤を重ねながら，相手に合わせてかかわることによって，相手はそれを受け入れ，喜んでくれる。このような他者への理解を通した自己効力感や自信をもつようになるという報告が多い。お世話をしたいという気持ちや相手が喜ぶことがうれしいという気持ち，それによって自分も充実するという心性，すなわち「養護性」の素地を体験しているといえる。

また，養護的なかかわりだけでなく教育的なかかわりも生じる。年上の子どもが年下の子どもに，製作や運動などを個々に「伝授」する機会が多くみられる。またそれ以前に，年下の子ができないことを年上の子がやっている姿を見ることは観察学習でもある。年上の子も，年下の子どもが自分を見ていてくれるということに支えられ，相互作用をもたらす。

年下の子が年上の子にもつ憧れの気持ちは，自己創出の原動力になる。また年上の子どもは，憧れられたり尊敬されたり慕われたりすることで，それにふさわしい自分になるように努力するという，これもまた自己創出につながっていくであろう。これらを「あこがれられ力」と名付け，異年齢保育の最大の利点としている保育者もいる[36]。

同年齢間では，異年齢に比べて相手の世話をするという機会は少ない。同じような発達の水準にあるものとみなされ，自分のことは自分でやり人の助けを借りないことが原則である。同年齢間でも実際には大きな個人差はある

のだが，それを自然なこととして受け入れられず，それが劣等感や自己否定につながり，不得手なことから身を引くということも起こってくる。競争的関係の最大の欠点は，他者の存在が自己を脅かすものとなることである。

異年齢であれば発達差も大きく競争が成立せず，それぞれの課題に取り組む姿を見て，相手を認めるということができやすくなる。年少の子どもが一生懸命課題に取り組む姿を，年長児が見て，年少児なりのがんばりを認めたりほめたりする姿がある。

それはまた，自分を見つめるまなざしにもつながっていく。日々違いの大きさを体験しているうちに，「違って当たり前」となり，他者のありようを肯定する方向に作用する。その結果自分が自分でいられるという自己受容が促される。さらに現前にモデルや目標が存在するという，競争とは異質の自己創出の原動力が生じる。それは年少児だけでなく，年長児にとってもありのままでいられ，かつ向上心も刺激されるという程よい緊張と弛緩の場になる。自分のありのままを受け入れ，苦手なことにも挑戦するなどである。

生活や遊びを異年齢で行うことは，遊びや文化の伝承が生まれるきかっけとなり，園の伝統にもつながる。異年齢保育の成果は，年少や年中時の学びの経験を蓄積して，最終的に年長児においてよく現れる。「参加の形態が周辺的な参加から十全的な参加へ移行する」ことを「学習」と捉えるレイヴの「正統的周辺参加論」と重なる[37)][38)]。子どもの成長を周辺的参加から集団の中心的なメンバーとして育っていく数年間の過程と捉える見方である。

(4) 異質な他者とかかわる力——共感から理解へ

同年齢の協同的関係は，基本的に対等で共通の目的を実現するためのプロジェクト的な関係である。目的を共有し一人ではできないことを集団の力で実現する醍醐味を味わうことができ，子どもたちにとっても達成感や集団帰属感，自己価値感の高まりをもたらす。

これに対して異年齢では，異質な人を含んでの協同というさらに複雑で多面的な体験となっていく。単なるお世話や教えるという関係を超えて，相手

の特性を取り込んだ働きかけに深化する機会になる。

　綱引きで 3, 4 歳児をどうしたら参加にもっていけるかあの手この手で説得する 5 歳児や年齢の違いを子ども自身が目の当たりにすることによって具体的なかかわりを学んでいく[39]姿や「3, 4 歳の子に目が向けられるようになる。クラスの仲間として年少の子を受け入れ，自分流のかかわりが自発的にできるようになってくる。徐々に，どこに助けが必要か，どんな助け方がよいのかを自分で考え行動できるようになる」[40]姿がある。

　宮里は，「共に暮らしてきたことで『3 歳児はゆっくりだもんな』と客観的に理解していること，そのことを土台に 3 歳児をせかさないというかかわり方を会得している。3 歳児のために自分たちは保育者の手を煩わせないように協力するという意識が根底に育ってきている」と「奥深い育ちが異年齢保育の魅力」とコメントしている[41]。ここで宮里のいう「奥深い育ち」とは，その場の共感や感情だけではなく，相手のことや周囲の状況を理解して，自律的に判断ができる立場の理解でもある。自分の感覚や感情だけではなく，自分と異なる相手の状況を受け止め，思考するプロセスを自覚的に体験することが多くなっているからだと考えられる。

(5) 集団内での立場と役割の体験

　異年齢集団内では年齢によるゆるやかな構造があり，それに応じた個々の子どもの立場と役割が成立する。相手が自分より幼いあるいはその逆ということに気づけば，それに基づいたかかわりが生まれる。それが「立場」の自覚であろう。さらにそれが持続していくことで「役割」として本人の自我の中に位置づいていく。年少の子どもに何かをやってほしいと頼まれたときに，自分の意向をわきにおいて相手の要望に応じ，相手に喜んでもらえるという体験は，そういう立場にいる自分を自覚し，役割として受け入れる経験になる。また，下の子どもは，甘えたりやさしくされたり教えてもらったりという立場を体験することになるだろう。それが他者への信頼につながる。

　役割取得は，外部からの役割期待によっても取り込まれる。しかし，この

異年齢の関係は内発的にも役割を引き受けることができる。幼児自身が相手の状況に応答して，自分で試行錯誤するからである。保育者から外圧的に年長児に役割期待が導入されるだけであれば，子どもの人とかかわる力は外面的になってしまう。他者を理解し受け入れるという点で一番たやすいのは，自分より幼い者や弱い者であろう。年齢は，幼児にとって受け入れやすい差異の指標である。

　幼児が集団の中で自分の立場や役割を獲得していく，すなわち構造的な場の体験をすることは，社会経験の第一歩として位置づく。同年齢の自分のクラスでは居場所がないような子どもが年下のクラスにいって自分の役割を見つけ，生き生きとするという話はよく聞く。集団の中で役割をもつという体験は，集団へのかかわりを容易にし，アイデンティティを強化する。また組織参加の初期経験になる。

(6) 生活の重視と複数の人間関係

　同年齢集団では共感性や同調性をもとにした協働的な関係が形成される。また平等性に基づく民主主義的な関係を体験できる。競争的関係も切磋琢磨の関係にもなりうる。人は複数の人間関係に帰属しながら社会生活に参加する。

　教育内容としての人間関係を考える場合，子どもたちに必要とされるものは，同年齢であろうと，異年齢であろうと，異世代であろうと，異文化であろうと，相手を一人の人間として認め，かかわっていく力であろう。民主主義社会を生きていくために，自己を損なわずに他者を理解し折り合いをつけていく力，すなわち「『自己実現』と『他者への関与』」を統合する力」[42]，言うならば「共生力」が必要である。現代の子どもたちの人とかかわることへの困難の一因は，異質な他者についての想像力や理解力が弱いことである。幼稚園教育は，幼児の特性に応じて「幼児にふさわしい生活」の中で，「環境を通した」「遊びを中心とした総合的な指導」によることとされている。生活や遊びを教育の基盤として考えるのであれば，基本集団は異年齢編制が

より自然であるともいえる。異年齢関係はきょうだい関係以上のものにもなる。きょうだい関係は少人数の家族関係の中で変化が不可能で，性格特性として固着しがちになる。一方保育の場における異年齢関係は，数年の間に立場が変化していく。子どもは年ごとに変化する立場を経験することができる。

渡邉保博は，関東のある都市の異年齢保育の歴史的変遷をたどりながら，異年齢保育の到達点として，保育者の「意図的活動」を中心とした保育から「生活の充実を求める」保育への転換につながってきたと報告している[43]。保育が活動を通して教師のねらいを達成していこうという発想から，生活のもつ陶冶性を重視する方向に変化したということになる。子どもの生きる場での生活活動の後退がそれを要請してきたともいえる。

(7) 保育者にとっての意味と課題

異年齢保育は保育者にとっても大きな意味がある。異年齢保育に移行することにより一人ひとりに目が向けられ，年齢ごとの成長が見えやすくなり，発達の違いも理解しやすい。興味深いことに，これらは，明治の東京女子師範学校附属幼稚園での試みの成果の第一に挙げられている「保母は幼児の性質を熟知し得ること」でもある。異年齢保育では，ひとまとまりの集団として子どもを動かすことが困難になる。常に個々の子どもや年齢に配慮しながら保育を行うことになり，複線的思考やかかわりが要請されることになる。また，3年間の保育の見通しが具体的な子どもの姿として現前にあることが，今を絶対視しない長期的な視野を与える。

複数担任になることも多く，実践も協同的になる。「保育を一人で抱え込まなくてもいい。具体的に子どもにかかわる人が増え，分かり合える関係ができ，安心して自分を出し合える日々の生活につながる」[44]と，保育者も園生活の形成者として安定し，個人責任的な関係から解放されることは，異年齢だけの特徴ではないが，保育者集団が安定するうえでも大きな意味がある。

異年齢保育での人間関係の特徴を見てきたが，課題もある。たとえば，年長児がモデルとなるだけでなく，逆のことも起こる。どのように集団を編制

しても，人間関係における負の側面が生起してくる。子ども自身が対人葛藤に直面し乗り越えていくことと，それを保育者が支え，問題解決の力を培うことが大きな課題となる。

　この他に，保育の運営面でも，保育課程や教育課程，環境構成，教材研究，入園や進級時の保育，5歳児への役割期待の問題，保護者との連携など，同年齢保育と共通の課題がある。

　なお，保育所は0歳から5歳児までの全年齢の乳幼児を対象としており，子どもの年齢に応じて保育士の数は設置基準で決まっているが，学級については定めがなかった。そのため入所時の実態に応じて比較的柔軟にクラス編制が可能であった。しかし現在，保育所はこども園に移行しつつあり，2014年の幼保連携型認定こども園の学級の編制，職員，設備及び運営に関する基準では，3歳以上児については同年齢で編制することが原則とされた[45]。

　現行の同年齢集団の原則に，裁量の自由度を加え，異年齢集団を含めた多様な集団体験を保障することが，幼児期の育ちにとって大きな意味をもつと考える。

第3章

対人葛藤における社会化―自己創出を支える

§1　対人葛藤と社会化

1. 幼児期の対人葛藤

　「人間関係の教育」は，子どもたちへの期待や願いを込めて，望ましい理念や姿を伝えるという方法が取られる。しかし，その「望ましい人間関係」の内容は，時代や文化や立場によって異なる。とはいえ，普遍的な価値は存在しないとしてしまうわけにもいかない。個人の自立と民主主義を基盤とする現代において，保育者には，人間関係上の価値や規範を問い返しながらも子どもたちに伝えていく役割がある。保育の場においても，絵本や物語，保育者の説諭など教示的な方法がよくとられている。それもまた社会適応を求めていく一つの方法であるが，最も影響を与えるものは子ども自身が当事者としてかかわる直接体験であろう。
　幼児は初めての集団の中で，多くの対人葛藤を体験する。家庭では自己実現に腐心してきた子どもが，保育の場において，異質な他者に出会い葛藤に

追い込まれ，それを乗り越えようと自我を発動させる。対人トラブルは子どもにとって不本意な場面であり，そこから抜け出すために，持てる能力を動員し，その過程で自己を生成していく。対人トラブルが人間関係を学ぶうえで重要であることは，誰もが知っている。しかし，その内容がどういうものであるのか，幼児が一体そこでどのような経験をし，保育者がそこで何を育てているのかについて，さほど明確ではない。それを明らかにしていく作業を通して，この場面の発達的意義と保育的意義について考えていきたい。

結論を先に述べれば，幼児はトラブル場面の中で，自己の否定的感情への対処，他者との感情的なぶつかり合い，自己表現と他者理解，問題に対する複線的思考や共同思考などを通して，新たな人間関係とそれを担う自己を生成していく。トラブル場面は，自己を対象化し社会化していく場となる。

(1) 岡本夏木の「しつけ」論

幼児は集団の中で多くの対人葛藤を体験するが，それ以前にも同様のことを家庭において経験している。

岡本はその著書『幼児期』の中で，幼児期は，「一人の人間として誠実に自己実現してゆくのに不可欠な精神の発達基盤の形成」（傍点筆者）をする時期であるとし，その主要な形成場面を「しつけ」「遊び」「言葉」「表現」の4つとし，発達心理学的な意味について詳しく考察している[1]。

岡本は，「しつけ」を「その文化社会で生きてゆくために必要な習慣・スキルや，なすべきことと，なすべきでないことを，まだ十分自分で実行したり判断できない年齢の子どもに，はじめは外から賞罰を用いたり，一緒に手本を示してやったりしながら教えこんでゆくこと。そしてやがては自分で判断し，自分の『行動』を自分でコントロールすることによって，それを自分の社会的『行為』として実践できるように，周囲の身近なおとなたちがしむけてゆく営み」[2]と定義し，この営みにおける関係自体を子どもの発達的契機と捉えて分析している。

「しつけ」場面は，子どもにとっては養育者との対人葛藤場面であり，子

どもは問題解決状況に追い込まれ,そこで自我が機能するという。子どもがのぞむ「自己の実現」に対して,養育者からそれとは異なる要求が突き付けられ,この状況の中でどう行動するかの自己決定を迫られる。子どもは唯々諾々と「しつけ」を受け入れるわけではなく,そこでの自己調整を通じて自己創出をする。岡本はこの「『自己の実現』と『他者との関与』の統合」が,生きる意味の中核であり,それとの初めての遭遇がしつけ場面であるという。この統合は,他者から教えられることは不可能で,人間が現実の生活の場での具体的経験として,実際に苦しい模索を重ねながら「自分で」身につけていくしかない[3]。

　ここでの核心は,このしつけの担い手が子どもにとっての愛着対象そのものだという事実である。自分の要求をかなえてくれる大好きな人が同時に妨害する者となり,矛盾を抱えた存在として自己の前に立つ。この他者が単なる他者ではないことが,子どもの葛藤を引き起こす。もし拒否すれば愛情を喪失する危険性がある。また,逆に自己実現をあきらめ,ただ従うだけであれば,自己を失うことになる。この両義的存在との相克の中で,子どもはどう生きるか,すなわち生きる意味を求めることになり,自己を意識し,自我がそこで機能する。

　つまり,「しつけ」に応答し対抗する過程の中で自己を形成するというのだ。ゆえにそれは,子どもが生活習慣や善悪を知ること以上に深い意味をもつ。愛する者との葛藤を通して,愛することのもつ両義性,自己と他者の要求の対立,葛藤の解決,行為主体としての自我,非合理性への耐忍性,誇りと自尊心,人間観と生活観など,人間としての発達に必須の基盤が,子どもの中に形成される。さらに,認知能力の基礎としての自他の観点の相互参照,他者の「心の理解」,「言語化」による「説明」,「折衝方法」の獲得,「事実と虚偽」の区別などの認知機能の形成過程にもなる[4]。

(2) 子ども同士の対人葛藤

　同じ対人葛藤でも,しつけ場面と保育の場での子ども同士のトラブル場面

とでは異なる点がある。しつけ場面においては，養育者は原則として，子どもの発達に配慮し，愛着関係や相互信頼を背景にして行動変容を求めていく。養育者は両義的な「準他者」として登場する。しかし子ども同士の対人葛藤では，愛着や信頼，配慮は期待できず，子どもにとってはより厳しい葛藤場面となる。相手は何の容赦もなく自分に要求を突き付け，妨害し敵対する存在にすらなる。トラブル場面はその「純然たる他者」に直面し，自己を意識する場面となる。子どもは自己との応答を重ね，同時に他者を受け止めることが要求される。自己喪失にもなりかねない危機に直面し，不信を増幅して終わることになるか，葛藤を乗り越えて自他への信頼を取り戻す場面になるかいう境界的で危機的な場面ともいえる。その体験を通して，同等の他者を前に自立した自己をつくり上げていく，まさに「社会化―自己創出」の場面ともいえる。

(3) 幼児の対人葛藤の発達

幼児の対人葛藤の研究はその多くが観察や調査によるもので，「トラブル」や「けんか」，「いざこざ」などの用語を用いて重ねられてきた[5]。研究者によって定義は若干異なるが，対象としている中心的な事象は幼児同士の対立場面である。

保育現場における幼児同士のトラブルの実態について概観すると，トラブルの発生頻度は年齢によって変化し，2歳児が最も多く，その後は年齢の上昇とともに減少していく[6)7)8]。いざこざのピークは，前半は2歳児，後半は4歳児と推測される[9)10]。

トラブルの原因の主なものは「モノなどの取り合い」「身体攻撃などの不快な行動」「言葉による攻撃」「仲間関係」「ルール」「イメージのずれ」などである[11)12]。全年齢を通して，モノ・場所などの「取り合い」が最も多く，年齢が上がるにつれて「取り合い」は減少し，認知や人間関係の発達を反映してトラブルの原因は多様化していく[13)14)15]。

トラブル時に子どもが用いる方略には，大きく分けて，攻撃などの「行動

方略」と言語を用いる「言語方略」があり，年齢が上がるにつれて「行動方略」から「言語方略」に変化していく。また保育士の介入は年齢が上がるにつれて減少し，子ども同士で解決する機会が増える[16)][17)]。

　発達的に見ると，3歳未満児ではモノをめぐるトラブルがほとんどで，ある時期から急に増加するという特徴がある。また子どもの反応も「モノ」から「相手（人）」に移り，モノを媒介に相手との関係を認識するようになる。低年齢では「カシテ」などの要請行動や「共有」は，自然発生的ではなく，保育者の影響を受ける。子どもの三者関係が観察された例もある[18)][19)]。保育者の働きかけは園の文化や，保育観・子ども観に影響されることが推測され[20)]，保育者のかかわりも発達に応じて複雑になっていく[21)]。

　幼児期後半はトラブル内容がより複雑になり，子ども自身の方略も変化し，保育者のかかわりも多様化する。3歳児は自分の考えを無理に押し通す方略から人の意見を聞き解決しようとする傾向が認められ[22)]，3歳児と4歳児の間に行動方略から言語方略への移行があり，またトラブル回避の志向性が出てくる[23)]。また年長児はいざこざ時の方略を相手や自分たちの関係に応じて選択しているという報告もある[24)][25)][26)]。

　幼児自身が対人葛藤とそれへの応答行動をどう認知しているかについて丸山愛子の興味深い研究がある[27)][28)][29)]。幼児への面接調査で場面提示法によるものである。幼児に絵カードで「自分の作った砂山を，誰かが『変なの』と言いながら壊した場面（敵意あり条件）」と，「偶然転んで砂山が壊れてしまった場面（敵意なし条件）」を提示し，それについてどう思うかを表情カードから選択させ，自分はどう行動するかを絵カードで選択するという方法であった。この他に積み木の取り合いの場面やブランコの順番を破る場面などの5つの対人葛藤場面をあげ，それへの対処として5つの行動（SPS方略）を幼児に示した。第1は「泣きによる解決方略」，第2は「攻撃・報復（非言語的）的解決方略」で，第3は「他者依存的解決方略」，第4は「言語的主張解決方略」，そして第5は逃避・回避・無視などの「消極的解決方略」である。

　その結果，(1) 4・5・6歳児（筆者注：年少児・年中児・年長児）いずれ

においても対人葛藤状況を引き起こした相手の敵意の有無を理解・認知していた。(2) 各社会的問題解決方略は, 年齢があがるに従って非言語的・他者依存的方略から言語的主張・自律的方略へと質的に変化していた。(3) 相手に敵意がある場合は言語的主張方略が多いのに対して, 敵意のない場合は言語的主張方略に加えて消極的方略が多く選択されていることが示された。特にその変化は5歳児と6歳児の間で明らかであった。(4) 6歳児では相手に敵意がない葛藤状況では, たとえその状況を自分にとってネガティブな場面であると認知していても, 消極的な問題解決方略を選択すると認知していることが示された。

以上から丸山は, 幼児は①対人葛藤場面で, 他者の敵意の有無を理解でき, ②相手の敵意の有無に関する情報に注意が向けられ, それらを認知する能力が獲得され, かつ状況に応じて方略を選択していると結論づけている。特に, 敵意なし条件では, 年少児でも言語による行動統制が可能であると認知しており, また年長児での消極的方略が多いことについて, 偶発的な葛藤場面では相手への思いやりが生じることも考えられ, 共感性・愛他性・向社会性などの他者視点取得能力との関連があること, 不快である被害状況だけにとらわれず, 自己調整をする可能性を指摘している。

越中康治は, トラブルの主要な誘因である攻撃行動に対する善悪判断が, 幼児期に変化していくことを明らかにした[30]。それによると, 年少児までは攻撃行動は動機や目的にかかわりなく明らかに悪いことだと捉えているが, 年中児以降になると, 防衛・報復・回避や応報など, 動機や目的によってある程度許容していることを明らかにした。年長児になると, 動機や目的を斟酌しながら善悪を判断することができるようになっていく。言語に転化することがその重要な手段であり, つまりは状況を認識することが, そのまま自他の情動の認知やコントロールにつながっていく。

また, 実践者による研究では, 他児の介入は3歳児でも出現し[31], 4歳児クラスで, いざこざ場面を通して自己調整能力が発達していく過程に, 集団化過程が影響している可能性があるという報告がある[32]。

東京学芸大学附属幼稚園はいざこざ場面を切り口にして，道徳性を育むという視点から保育者の援助について研究し，3歳児の入園から5歳児の卒園までのいざこざ場面を取り上げ，そこでの幼児理解と保育者の援助についての考察を重ね，最終的に，年齢や時期の特徴を捉え，保育者の援助を3年間の期間（指導）計画にまとめ上げた[33]。この他にトラブルやいざこざについては，多くの研究が積み重ねられている[34)～40)]。

2．トラブル場面と社会化

ここでは，子ども同士のトラブル場面について，保育記録を通してその具体的な様相を見ていく。トラブルは，当事者となった子どもや場面状況によって一つひとつ異なる意味をもつ。子どもたちはそこでどのような社会化の経験をしているのか，保育者のかかわりは子どもにとってどんな意味があったのかについて考えたい。ここで取り上げる事例は，すべて筆者らの調査研究で収集した保育記録による[41]。

(1) モノと自己

【事例1】「あとでかしてね」―共有物の占有権

　　　　　　　　　　　　　　　　　　　　　　3歳児10月　保育室
　K男とM子は，二人で一緒にいることが多い。もの静かで他児の言うことにうなずき行動することの多いK男だが，M子には，自分の思いをぶつけるようだ。
　M子が遊んでいる砂場用フォークをK男が何も言わずにとった。「やめてったら！やめて！！」とM子。K男は何も言わず引っぱり，ケンカが始まった。その様子を見ていた私（保育者）は「どうしたの？」とたずねた。お互いおもちゃをギュッとつかんでいる。M子は「K男がね，このおもちゃをとったんよ！」と言う。「Kくん，そうなの？」と私。

K男，何も言わない。「K くん，これで遊びたいの？」と私。「うん！」K男は大きくうなずく。
　「Mちゃんもこれで遊びたいんだって」「K君，Mちゃんに『かして』って言ってみた？」K男「…」私「Mちゃん，びっくりしたのかもねぇ，かしてって言ってみようよ」。K男「…」　私「先生と一緒に言ってみようよ」。K男「か・し・て！」。M子「今，遊んでいるから，ダメ！！」。「うん！わかったよ」「そしたら，あとでかしてね！ってお願いしてみようよ」と私。K男といっしょにM子に頼む。「いいよ！」とM子。
　K男はちがう遊びを始めた。そのうちに両者は，そのおもちゃのことを忘れてしまい，他の遊びをしていた。

　この事例は3歳児の取り合いの典型例ともいえる。取り合いにおいて3歳児は，言語方略よりも行動方略を使うことが多く，また言語方略を使う場合でも「拒否」が多い[42]。実松瑞栄は「語彙の少ない3歳の子どもは，自分の思いに反することがあったとき，すぐ『だめ』とか『いや』とか言う。そしてそれを言われた方は，泣いたりあきらめたり怒ったりする。しかし，『だめ』『いや』と言う子のほんとうの気持ちは全面否定ではなく色々な意味を持つことが多い」と指摘している[43]。
　ここでの保育者のかかわりは，大きく三つある。第1は「どうしたの？」とトラブルの状況や原因を尋ねていることである。第2は「これで遊びたいの？」とK男の気持ちを確認したうえで全体の状況を説明し，第3に，「貸してと言ってみよう」と交渉の提案を二度にわたって行っている。はっきり拒否をするM子に対して，それを受け止め，K男に「あとで貸してね」という別の交渉策を教えている。結果的には保育者と一緒に交渉して，借りられることがわかり安心してトラブルは終結した。
　このフォークはM子の私物ではなく，誰が使ってもいい共有物としてそれぞれに占有権がある。「あとで」という言葉は，M子には今しばらくは使い続けていいということと，同時に一人でずっと使えるものでもないというこ

とを伝え，K男にとっては待てば使えるという見通しをもたせる言葉である。この依頼にはM子も納得して気持ちよく応じることができた。この言葉には，時間の広がりと関係の広がりが含まれている。この言葉を知り使う体験を重ねながら，人と人との関係，人とモノとの関係を理解していくことにつながるだろう。末部の「K男はちがう遊びを始めた」という記述から，保育者は予期に反して強い拒否にあって不安になったK男の気持ちが立ち直るのを，見届けていることがわかる。

　この取り合いに関連して，ある保育の場で「コミュニケーションスキル」の指導として，使いたいときは「かして」と言い，言われたら「いいよ」と答えるようにロールプレイをさせて教えている実践を見たことがある。筆者はそこで大きな違和感を覚えた。それでは子どもの判断の機会を奪っていることになるのではないか。状況にかかわらず「いいよ」と答えよと教えることは「だめ」と言ってはいけないという教えであり，自分の気持ちを見つめることも主張することも認めていない。なぜそのような表層的な応答を教えるのか理解できなかったが，「いいよと言われたらどんな気持ち？」と保育者が尋ね，子どもがそれに応じて「いい気持ち」と答えていた。自らの我を押し通すのはいけないという教えなのか，相手の気持ちを考え「いいよ」と譲ることが美徳なのか，あるいはトラブルを避けることがよいことだと教えようとしているのか，いずれにしてもそれはあまりに表面的な「教育」だと思わざるをえない。

　互いの欲求が食い違ったときに，どのように自身と相手の気持ちを調整し解決するかが問題であるのに，判断まで取り上げ，言葉のやりとりだけを教えているのではおかしな人間関係が出来上がる。そしてまた，相手の思いと出会うという肝心のところを省略してしまうという問題がある。これとはまた別の場所で「だめって言ったらいけないんだぞ」といって，相手のものを取り上げていった子どもの姿も見たことがある。「かして」には「いいよ」と答えよと固定化して教えてしまったがゆえに，子どもがそれを形式的にしか理解できず，逆手にとっているのである。言葉を発することが，相手を無

視してもいいという免罪符になっている。手続きさえ踏めばいいという考え方だ。モノの向こうに当事者の思いがあり，多様な解決の方法がある。定式化してしまうことは思考の硬直化を招き，相手との関係も育たない。

中村万紀子は「物の取り合いは，3歳児の場合，あの子と同じ物が欲しい，使ってみたい，あの子と一緒がいいんだと思う気持ちの表れ」であり，「友達と同じことをして遊びたいと思う気持ちを大事に考え」たいと述べている[44]。トラブルが起こっても自分の気持ちを立て直し，一緒に再び遊べるうれしさを体験することは，自分や相手に対する信頼につながり，園生活への安心感にもつながる。

幼児期前半のトラブルの圧倒的多数がこの取り合いであり，また幼児期のみならず，社会生活上のトラブルの多くは，所有権をめぐる争いである。日照権の取り合い，遺産の取り合いといった生涯を通じて体験し続ける根源的なものでもある。

「同じモノが欲しい」「相手が持っているモノが欲しい」という思いは，そのモノ自体の価値というよりは，それを相手が持っていることの方に意味がある。筆者の身近な体験でも3歳の妹が5歳の姉と同じモノを作って持ちたいと願い，それができずに泣くということがよくあった。3歳の子どもが作れないのは当然だが，それでも必死に願う姿を見ると，そこに自己への強い思いがあると思わされる。この事例の場合も，K男には相手と同じモノが欲しい，この相手なら譲ってくれるかもしれないという思いがあったのかもしれない。手に入れて，同じ自分になったという喜びを得ることもあれば，それがかなわず相手と自分が違うことを受け入れねばならないことも起こる。同じモノが持てたときの自他の肯定感と，そうでないときの否定感がある。モノは，自分と相手の関係を表すものとなる。

津守は，家庭での2歳と1歳の子どもの取り合いに関して，次のように述べている。

　　　物を取られる時に，激しい感情反応が起こるのも，そのことが，子ど

も自身の領域に深くかかわり，自我の危機を招くからである。――（中略）――物を取られるというのは，子どもの感覚から言うならば，自分の領域が「からっぽ」になるイメージであり，自己の喪失感を招く。逆に，物を取るのは，自分の領域が「みちる」ことであり，獲得感による力強さを得る。物を獲得し，自分の周りに集めることによって，子どもは自分自身の領域を確立しようとする[45]。

　また，他の大部分の人が持っていて自分だけがないという事態は，自己への不安につながる。この民主主義社会では，だれもが対等に扱われることが自己の安定基盤だからである。モノを取り合うのは，小さなモノから国家間の領土問題まで，自己の領域にかかわる争いともいえる。保育の場は原則として，共用のモノは個人に属さないという共有財産制の場である。それゆえに子どもたちは，モノの前に対等であるという社会関係の基礎を体験することができる。

(2)　言葉での交渉

【事例2】お話があるんだって

3歳児　12月　保育室

　降園前，皆が集まるひとときのことである。それぞれが椅子に着き始めたころ，S太が突然大きな声で泣き出す。「どうしたの？」と聞くと，椅子を指さして，「ココ，ぼくが座っとった」と泣きながら一生懸命言う。D夫が座っている椅子を指さしている。D夫は隣の友だちと話していて，S太が泣いていることには関心をもっていないようである。私には，確かにさっきまでS太が座っていたことと，少しの間S太がロッカーの方へ行って席を離れたことが目に入っていたので，その間に何も知らないD夫が座ったのだろうと考える。D夫のふだんの様子から考えても，席があいていたから座ったようで，こだわりを持って座ったり，S太を押

第3章　対人葛藤における社会化―自己創出を支える　　*119*

しのけて座ったようでもないと思われ，自分が関係していると思っていないと予想がつく。「そういう時は，D夫くんに，ここぼくが座っとったんよって言ったらいいんだよ。S太くん，今ロッカーの所にいってたでしょう？だから，D夫くんには，ここにS太くんが座ってたって，きっとわからんかったんだと思うよ」と言い，D夫に「S太くんが座ってたんだって，知ってた？」と尋ねる。D夫は首を横に振る。私は「ね，わからんかったんよ」とS太に言い，D夫に「S太くんがお話があるんだって」と言ってから，「『ここ始めぼくが座ってたから代わって』って言ってごらん」と言う。S太は，私が言ったのと同じように繰り返してD夫に言う。それを聞いて，D夫は「いいよ」と言って席をかわる。「お話ししたらわかってくれたね。よかったね。」と話す。
　付記：気持ちが優しく折り合いのいいS太が，自分の思いを出し始め，泣いたりできるようになってきた頃のこと。

　これは，保育者が子どもたちの状況を読みとって，やっと自己主張をし始めたS太を励まし，自分で交渉できるように場を整えている事例である。保育者は相手のD夫に対しても，状況を理解しながらS太に応答できるように支援している。最後に保育者は「お話ししたらわかってくれたね。よかったね」と，これからもそうしたらいいし，話すとわかってもらえるのだと，自分と相手への信頼を伝えている。またその言葉には，かわってくれたD夫への感謝も込められ，そのことでS太がうれしい思いをしていることも伝えている。
　3歳児は特に，場の状況を捉えることは難しい。自分にトラブルが起こったときにただ相手が悪いと考えるだけでなく，落ち着いて状況を捉え，相手には悪意がないこともあるのだということも体験している。また自分の状況を言葉に転化していくことも難しい。ここでは保育者が相手にどう伝えたらいいかを，具体的な言葉で教えている。それが同時に状況の把握につながる。
　単純な拒否的表現では，相手はその拒否そのものに反応してしまい，トラ

ブルが大きくなってしまうことがある。「○○だから××」という依頼や要望の基本の形，根拠を添えての主張は，一歩進んだ交渉の仕方である。そのときに子どもは状況を理解する必要に迫られる。保育者が，このように丁寧に教えているのには理由がある。それはいつも相手に譲ってばかりいたＳ太がようやく「泣いたりできるようになってきた」時期で，Ｓ太自身が交渉の言葉を考えるのは難しいと判断したからだと思われる。Ｓ太が交渉を体験すること自体に意味があり，できればその交渉が成功してほしいところだ。Ｄ夫には話を聞いてほしいと伝え，Ｄ夫にも自身で判断できるように状況の説明をしている。Ｓ太は保育者の言葉を借りながら自分で交渉を試み，Ｄ夫はＳ太を理解し，受け止め，問題は解決した。問題が解決した体験は，自分への自信と相手への信頼につながっていく。

　人と交渉するときに，自分の思いを過不足なく表現できたらどんなに余計な軋轢を避けられただろうと思うことがある。その場に必要な言葉をもっと具体的に教えてもいいのではないかと思う。それは単なる手続きとしての言葉ではない。自分を表現し相手を理解する言葉を得ることは生涯の課題であり，そのスタートが幼児期ともいえる。

(3)　遊びへの周辺的参加

【事例3】おれ，鬼はせんよ！

4歳児　10月　園庭

　「先生，かくれんぼしよう」と子どもたちから声をかけられ，私も一緒に遊んでいたときである。Ｋ太が「仲間に入れて～」とやって来る。「いいよ，Ｙちゃんが鬼だからね」

　Ｋ太も一緒に園庭の裏の方に走って行き，木やままごとハウスの後ろにそっと隠れている。何回か後，Ｋ太が最初に鬼に捕まる。

　「今度は，Ｋ太が鬼だよ」「ちゃんと，20 数えてよ」と口々に言う友だちに，突然，「おれ，鬼はせんよ！」「鬼になるんやったら，やめる」

と顔をふくらませる。友だちから「K太君が鬼やけ〜」「鬼はみんなを捕まえるんよ」と指摘されるが，K太は「せん。もうやめる！」「鬼にはならん」と言い張っている…。遊んでいた子は，その場に立ちつくしている。

　私は「K太君は，鬼が嫌なの？　逃げるのが楽しいのかなあ？　鬼もやってみたらおもしろいんだけどなあ」「先生と一緒に鬼になってみる？」とK太に声掛けをする。K太「嫌やもん！」そのうちに，「僕が代わりに鬼になっちゃるよ」「私もなりたいよ，鬼に〜」と言う子も出てくる。K太と仲良しのH介は「K太君，鬼に僕もなっちゃるけ，一緒にしようや」と言っている。しかし，K太は動かない。小さな声で，「だって，鬼は嫌やもん」と。私は，「そうか…，K太君は隠れるのがおもしろいんだね…。鬼は嫌なんだね，でも困ったな。鬼がいないとかくれんぼができないや〜」と独り言のようにつぶやくと，H介が再び，「僕がK太君の代わりに鬼になる」と大声で叫ぶ。私「じゃあ，H介君に鬼をお願いしようかね」とH介が鬼になって，かくれんぼが再開する。

　K太は，すこし困ったなという表情に変わった。私が声を掛けても，仲間には入らず，しばらくかくれんぼの様子を見ていたが，かくれんぼの遊びには戻らず，固定遊具の方へと歩いていった。

　K太の鬼にならないという強い意思表明は，不安の強さをも表しているように思われる。その不安を受け止めた保育者や他児から「鬼を一緒にやる」という提案がなされたが，K太はそれも受け入れられない。K太も鬼の必要性はわかっているであろうが，自分が今それを引き受けることはできない。鬼が交替し遊びは再開されて，問題は解決したようにも見えるが，K太は自ら遊びから撤退した。自分には負担にしか思えない鬼役を友だちが引き受けたことが，K太を無邪気に遊び続けられなくさせたと思われる。
　かくれんぼは大人になってもその記憶が残るほど印象的な遊びである。他にも様々な鬼遊びはあるのに，多くの文筆家がかくれんぼについて様々な記

述を残している[46]。杉本厚夫は，かくれんぼは遊び手にとって怖い遊びのひとつだと言っている。孤立に耐える遊びだからである。現代の子どもにとって，鬼になって独りぼっちになってしまうことは自分を失ってしまうことに等しく，辛いことなのだという。この孤独から逃れる法を身につけるのは，子どものころにかくれんぼのような遊びで，十分に孤独感を味わい，そのことに逃げずに向き合って初めて獲得するものであるとしている[47]。

鬼になれる子どもは，たとえ鬼になってもなんとか持ちこたえ，子を捕まえることで，孤独から解放されることを知っていて，それを引き受け，取り組めるという自己への信頼を体験しているのだと思う。

鬼ごっこをし始めた4歳児たちは，まずは一人で鬼になる不安を留保して，もっぱら子役として鬼との駆け引きを体験する。逃げ続けるおもしろさや逃げおおせた達成感を体験する。遊びへの部分的周辺的参加である。その駆け引きで鬼と向き合う力をつけて自信を得て，鬼役も引き受けられるようになっていく。

鬼ごっこの空間構成や人的構造は，その時空間の中で役割を付与され，ルールに従って行動するという社会体験と通じるものがある。それが遊びであることのメリットは，遊びが終わればリセットできるということである。時間が来れば終わるし，物語を変えてもよい。自ら遊びから抜けることもできる。だからこそ安心してその関係を体験できる。いわば遊びによる実社会の時限付きシミュレーションである。その体験が，遊びといえども，子どもたちのアイデンティティに影響を与えていく。

かくれんぼが怖いもう一つの理由に，子や鬼が視界から消えるという問題がある。幼児の鬼ごっこは，高いところに登ったらつかまらないという高鬼，捕まえられそうになったら体の動きを止めてしまう氷鬼，指定された色のものに触れていれば鬼に捕まらないという色鬼など，多様な形があるが，どれもみな相手が見えている。しかし，かくれんぼだけは相手が見えない。鬼になり目をつぶり再び目を開けた瞬間に，さっきまでそこにいた仲間が忽然と姿を消している情景に出くわすのは，怖いものである。相手の喪失とともに，

自分の足元が消えたかのような不安に陥る。見捨てられ不安である。さらに鬼から子は見えないが，子からは鬼を見ることができるという，監視しているようで監視されているという複雑な関係もある。

　捕まえるべき相手が見えていれば，作戦も立てられ駆け引きもできるが，見えない相手にそれをするのは意志と想像力と思考力が必要だ。不安を超えさせる知の力が必要だ。それに耐えきれない時期は，鬼だけでなく，子役ですらも隠れきることができず，途中で自ら姿を現してしまったりする。

　視界を遮る遊びは独特の魅力がある。「かごめかごめ」を1歳児のクラスでやったことがあるが，鬼になりたい子どもが大部分で，10人ほどの鬼がニコニコと中央にしゃがみこみ，周りを回るのが数人で手もつなげないという状況で遊んだこともある。鬼になりたいのは，しゃがんで目をつぶり，自分の周囲を誰かが回ってくれるのがおもしろいからである。「いないいないばあ」も似た要素がある。視界を消すことの中に，存在そのものにかかわる心理的体験があるのだと思う。

　遊びは自由で自発的で，もっぱら快を求める行動とされている。そこにルールを持ち込むことにその快楽原理に反している。制約を持ち込むことになるからだ。遊びの教育的意義の一つとして，ルールを学ぶすなわち他者との協調性などの社会性の獲得があげられることがある。結果的にはそういえるのだが，それを直接的なねらいとして保育に取り入れると，遊びが遊びでなくなる。遊びをおもしろく進めていくために，必要なルールを自ら運用し体験していくことの方に意味がある。幼児も見よう見まねでサッカーなどのルール性の強い遊び（ゲーム）をしたがることがある。実際には単純なルールしか運用できないのであるが，その中でトラブルに遭遇しながら，お互いの行動に制限を加えていくことでよりおもしろくなっていく。制約の中での高度な自己実現である。年齢が上になるにしたがって，ルール性の強い遊びに発展していくのは，この制約下での自己実現の手ごたえが，自身のアイデンティティをより鍛えていくからではないかと思う。一方，ルールがあることで，それさえ了解すれば，誰でも参加できるというメリットも生まれる。そこで

は，個人は個を捨象した抽象的で対等な存在となる。不特定多数の中の自己を体験する。他者への部分的・機能的関与のはじまりである。

　この事例のようにルールを受け入れるようになるまでは，周辺的な参加という段階が必要であり，それを許容できることも，しなやかな人間関係の重要な側面である。

（4）　拒否されて自己を見つめる

　遊びへの加入や仲間関係の問題は，相手への好き嫌いも関連していて，第三者が簡単に介入できない複雑な面をもっている。二つの事例で考えてみたい。はじめが4歳児，二つ目が5歳児である。

【事例4】　途中でいなくなるから

4歳児　2学期

　紙粘土でクッキーを作った。お店屋さんを開こうとL子とH子が準備をしている。そこへT美が「入れて！」とやってきた。二人は「だめ」と言う。T美は私のところへ「入れてほしいのに，入れてくれないの」と言いにきた。私「どうしてダメなの？」と聞くと，T美は「知らない」と言う。私は「どうして？　聞いてみたら？」と伝えた。T美はL子とH子のところに行き，「どうしてダメなの？」と聞いた。するとL子は「昨日一緒に遊んでいたのに，途中でいなくなったからいやになったの」ときっぱり言う。それを聞いたT美はハッとした表情だった。再びT美は私のところにきて言われたことを話す。私が「T美ちゃんはどうしたい？」と聞くと「入りたい」と言う。「L子ちゃんとH子ちゃんが言ったことは本当？」と聞くと「うん」とうなずく。「そっか。そしたらどうしたらよいと思う？」と聞いた。T美は「ずっとクッキー屋さんする」と言う。私「それを二人に伝えてみたらどう？」と伝えた。T美は二人に話し　再び仲間になって，クッキー屋さんをして遊び始めた。

ここでの保育者は，拒否された子どもになぜ入れてもらえないのかを相手から聞くように促し，どうしたらいいのかを自分で考えることを援助している。T美は話を聞いてその理由に納得し，自分で結論を出し，行動を変える決心をした。

 遊びの加入をめぐる仲間関係のトラブルは，その原因となる別のトラブルが存在する，いわば二次的なトラブルともいえる。仲間として受け入れたくないと判断するに至ったいくつかの行動がある。その時々で解決していれば，拒否的な関係にならなかったであろうが，未解決や回避を重ねていると，感情が蓄積されて相手への拒否感につながってくる。具体的な原因が本人にもわからなくなることも起こる。仲間関係のトラブルに，第三者が何か支援をすることができるとすれば，その原因になった具体的な行動を一緒に考えることであろう。そこで，何らかの合意や改善に至れば，拒否感は減少したり解消したりして，相手を受け入れ一緒に遊ぶことができる。それは，互いに自己を見つめる契機になる。

 遊びの途中で抜けるという行動について，一緒に考えることもできる。本人は現段階で「ずっと続ける」という一つの解決法を出したが，やめたくなったときにどうするかということも一緒に考える必要もあるだろう。加入だけでなく離脱にも作法が必要だ。また，やめるという判断の前に，自分の思うようにならない状況にどう向き合うかという課題もある。自分の思いを伝え相手の気持ちを聞き，そこで折り合うことができれば，遊びの継続も可能になる。たとえ離脱することになっても，相手への理解は残り，関係までは切れずにすむ。

 4歳児は，様々なことを考え，自分なりの判断をし始めるが，比較的紋切り型の考え方をする。5歳児は，状況や相手に応じてしなやかな判断ができるようになっていく。次の記録は，5歳児が自分たちで関係を修復していった事例である。

【事例5】　自ら行動で解決する

5歳児　2学期

　A子は，朝から「泥団子屋さんでーす」と泥団子を竹の皿にたくさん並べて女の子3人で楽しそうに遊ぶ。そこへK代が「仲間に入れて」とやってくる。A子「だめ！」K代「なんで！」A子「だめだったら，だめなの！」K代「もう，だめだけじゃ，意味わからないよ。もう，いい！」といって違うところに遊びに行く。しばらくするとK代はレストランをつくり「レストラン屋さんでーす。なんにしますか？」と遊び始める。A子と泥団子作りをしていた子どもたちは「レストランに行ってみようよ」とK代のもとへ行くが，A子は動かない。A子はK代のレストランをずーっと見ている。私「Aちゃん，どうしたの？」と言うと，A子「ううん，なんでもない」と言う。それでもレストランが気になるらしく，団子を持ったまま周りをふらふらする。私はレストランに加わりたいのだろうと感じながら様子をみる。

　私「A子ちゃん，先生と一緒にレストランにご飯を食べに行かない？」と言うとA子は「いい，行かない」と団子作りの続きをする。私はA子と一緒に団子を作り並べる。レストランの品物を「先生，食べて」とK代たちが持ってくる。私「お返しにお団子いかが？」というと，K代たちは食べる真似をして「おいしい」という。K代が「A子ちゃんのは何団子？」というとA子は「ゴマ団子だよ」と答える。「K代も一緒に作る」というとA子は「いいよ」と返す。

　5歳児になると自他のずれをあからさまに問題にせずに衝突を回避しようという動きが出てくる。K代は自分を拒否する相手になぜかと問いを出すが，理由は示されず決裂した。そばにいた保育者は二人の思いを感じ取り，仲介を試みるが，それは拒否された。A子には，自分でこの問題に取り組みたいという気持ちがあったのだろう。その後，K代が意志的に言葉をかけ，A子がそれに応じることで関係を自分たちで修復した。

このように，自分で問題を受け止め意志をもって行為していく姿は子ども自身の社会化の一つの姿と捉えることができる。保育者はこの二人の姿を心にかけながら見守り続け，修復しようとする二人の意志を見届けている。

(5) 推測と追及

【事例6】　H君が言ってたから

5歳児　10月　園庭

　リレーの練習で，アンカーはT夫とS次。バトンを受け取ったとたん，T夫はバトンを落としトップから2位に。ところがトップを走っていたS次もあわててバトンを落とし，そのすきに再びT夫がトップに立ってゴールした。

　片付けを終えて，クラスにもどったところ，「T君が泣きよる。M君が泣かした！」と教師に子どもたちが訴えてきた。それによると，M夫がT夫に「T君がS君にぶつかったから，バトンを落として，S君が負けたんよ！」と詰め寄ったらしい。

　私「T君が泣いてるけど，どうしたの？」。M夫「ぼくが泣かした」。理由を聞くと，「T君がS君にぶつかって，S君が負けたから」。「そうだったの…　ぶつかったの？」と確かめると，「H君が，S君にぶつかったって言ったから…」「先生ね，その時ちょうど見ていなかったから，わからなかったけど…　M君見てたの？」「…H君が言ってたから」「M君も見ていなかったんだね」「うん…でも，H君が…」。

　H介に聞いてみると，「ぶつかったと思うけど…」と自信なさげ。すると，まわりの子どもたちが「ぶつかってないよ。だってS君は，T君のず～っと前を走ってたもん」と猛反撃。H介もだんだん自信がなくなり，とうとうわからなくなってきた。

　「先生はね．M君が自分で見て，そう思ったのなら納得するけど，見てないで，そのまま言うのはどうかな？」K太「H君は何も言ってない

のに！」「そうね。S君もH君も，T君に何も言わないのは，どうしてだと思う？」H介「T君も一生懸命に走ってたから，わざとじゃないから…」「先生も同じ，そう思うよ。言われてうれしいことならともかく，言われて悲しくなることって，涙が出るよね。そんなことを言う時には，もっともっと考えてほしい」M夫「うん…」。

　私「T君，まだ泣いてるかな？」　M夫，道具棚に顔を付けて泣いているT夫のところに行く。M夫「T君，ごめんね。ぼく見てなかったし，わからんかった」。

　M夫がT夫を責めたのは，M夫の思い込みからで，それも自分で見た事実ではなく伝聞であった。それもまた事実ではなく状況から推測したものであった。認知能力が発達してくると，推測で判断することも可能になるが，勝敗などの強い情動がある場合，それが認知に影響を及ぼす。相手に対する先入見があるときにも起こりやすい。いつも事実を確かめながらものを言うのは大変なことだ。他者を否定する情報については事実と照合する理性が必要だ。意図的ではないにせよ，それが相手を傷つけることになることを，何度も苦い体験を繰り返しながらわかっていくことでもある。H介にとっても，自分の情報が思わぬ形で展開していくことを知る機会になった。
　またM夫は，自分が泣かしたと明言していることから，相手が悪いのだと自信をもっていることがわかる。負けて悔しいという感情もあったであろうが，自分がみんなに代わって，T夫に制裁を加えたのだと考えているように思われる。いわば「義憤」に近いものである。
　この事例では，保育者が状況を把握できていたこともあり，問題の発生過程を明らかにしていく作業を丁寧にしていくことができた。その作業の中で，M夫やH介も自分の間違いに気づいていった。自分の非を認めることは容易なことではない。保育者は「T君，まだ泣いてるかな」と，T君がつらい状態になっていることに気づくようにした。M夫も自分の行為が相手を苦しめたことを理解した。ごめんねという謝罪だけではなく，「ぼく見てなかったし，

わからんかった」と，その事実を伝えている。そのことを自身でも了解したということだ。

　成人でも，自分の非を認めることは難しく，子どもだから素直に謝れるというわけではない。事実を見つめ，相手と自分に対して率直になることで，M夫は自ら関係を修復することができた。それができたのは，保育者に責められることなく，自身が思考することや納得する過程があったからであろう。

　また，T夫の方も大きな体験をしていた。T夫は誤情報に基づく「義憤」に直面させられた。一方的に責め立てられ，自分に起こったことの状況もつかめないままに，理不尽な扱いを受けてしまった。M夫のように自信をもって向かってきた場合にはそれを覆すのは容易でないことも体験したであろう。このときは泣くしかできなかった。T夫の経験を保育者がどう受け止めたかはこの記録からではわからない。その後の様子を特に記述していないところを見ると，T夫も落ち着いて自分を取り戻したのだと推測する。

　M夫に悪意があったわけではないが，集団内ではこのような情報の錯綜がよく起こる。受け入れられない事態を他者のせいにすることはよくあることだ。それによって，自己が免罪されることもある。こういう場合，どこかで誰かが整理していかなければならないが，それがリーダーや第三者の役割である。この場合は保育者や周囲の子どもがそれを担っている。

　熟練の保育者は，トラブルの解決に周囲の子どもを巻き込んでいくことができる。周囲の子どもたちがその場で一緒に考えることで，当事者と共に経験を重ねていく機会になる。それがいつか自分に起こったときの予備体験になる。トラブル場面は問題解決の場であるだけでなく，それをどう捉えていくかという価値の伝達の場になる。相手を許したり，補って動いたりするなど，ルールをしなやかに運用する力にもつながっていく。

3. トラブル場面での保育者のかかわりと自己生成

いくつかの事例をもとに，幼児間のトラブル事象を捉えてみた。子どもたちは人とのかかわりについての多様な経験をしていた。次に，保育者はこの場面に介入することで，子どもたちに何を育てているのかについて考えていく。トラブル場面の保育的意義と発達的意義である。

基本的にトラブルは，子ども自身が対処していくものであり，そこで何かを学習していく。それは肯定的なものであるかもしれないし，逆に否定的な状況で終わっているかもしれない。それを第三者が捉えることは困難である。

一方，保育の場では保育者が子どもの苦境に気づいたり，子どもが援助を要請してきたり，また介入した方がよいと判断できる場合がある。保育者の介入は様々な意味をもつが，それによって，トラブル体験が自己生成の契機になる可能性も高まる。自分の思いを表現できない子どもが保育者に必要な言葉を教えられて相手と向き合うことができたり，相手を傷つけていた子どもが，保育者に指摘され，気づいたり考え直したりすることなどである。子どもたちにとって保育者の援助を受けて，意識していなかった自分の行動を見つめ直す機会にもなる。

保育者がその際，具体的にどのような支援を行っているのかは，必ずしも明確にされてこなかった。筆者らは，保育記録の記述を分析することによって，トラブル場面における保育行為を分析し，保育者がこの場面で子どもたちに具体的に何を教えているのかを捉えることを試みた[48]。

（1） トラブル場面への4つの支援

筆者らは，500余の保育記録の記述を対象とし，そこに記述された保育行為を分析した結果，16種類のかかわりを抽出し，それを目的や意図を考慮して4つに分類した（図表1-3-1）。

第1は，「自己回復」支援である。トラブルに陥った子どもが気持ちを立

図表1-3-1 トラブル場面における保育者のかかわり

(1) 自己回復を支える	(2) 共生の体験を支える
気持ちの受け止め 　抱く／背中をさする／手当てをする／頭をなでる 　びっくりしたね／痛かったね／それはいやだったね／悔しかったんだね／悲しかったね／悪かったって思ってるんだね／おいで／こっちへきてごらん 身体制止　間に入る／止める／引き離す 認める・ほめる　優しかったね／ゆずってくれてありがとう／おにいちゃんだね 場面切り替え　おべんとうにしようか／こっちにおもしろいものがあるよ／あれは何かな 見守る・待つ　（少し様子を見る）	交渉・話し合いの提案 　たたかないでお口で言ってごらん／お話ししてみたら？／どうしてか聞いてごらん／そういう時は「貸して」っていうんだよ／「あとで」って言ってごらん 気持ち・要求の代弁　嫌だったんだって／悲しかったんだって／痛かったみたい／負けて悔しかったみたい／Sちゃんと遊びたかったんだって／Aちゃんが好きなんだって／一緒に遊びたいんだって／どうしてもこれがいるんだって 謝罪の提案　謝ってくる？／先生が代わりに謝ってあげようか？／わざとでなくても謝ろうね 仲直りの提案　仲直りできるかな／二人で握手／仲良くね
(3) 解決法を探す	(4) 価値・規範を伝える
状況の把握　（保育者が状況を把握する） 状況・原因を尋ねる 　どうして泣いてるの？／どうしてケンカになっちゃったの？／どうしてたたいちゃったの？／誰かお話しできる人いる？ 状況を子どもに説明する　二人とも使いたいんだね／知らないで使ったみたい／ぶつかっちゃったのね／誰も悪くないね／聞こえなかったんだね 子どもに相談　どうしようか？／こんな時はどうしたらいいかしら 子どもが解決　（子どもが解決策を提案） 解決策の示唆・提案　広くしてみたら？／お母さんは二人でどうかしら／他にないか探してみよう	説諭　（教え諭す）たたいたのはいけなかったね／そんなことを言われたらどう思う？／見ていないのに言ったらどうかしら／ゆっくりお話しする人もいるから待っててあげてね／ほしかったらとってもいいかな／わざとじゃなくてもそういう時はごめんねって言うんだよ／約束を守るのは大事だね，でも守れないときもあるんだね／譲ってあげる人がやさしい人だよ／人に叩けって言わないの／それはいじわるだよ／心の強い人が我慢できるんだよ 説得　（提案を受け入れさせる）Sちゃんに貸してあげてね／小さい組だから譲って／待っててあげてね／Aちゃんの言う通りにしよう

友定啓子・入江礼子ほか「子ども同士のトラブルに保育者はどうかかわっているか『人間関係』の指導に関する研究」2009, p.4

て直してそれに向かい合うことができるように，生理的心理的基盤を整えるものである。第2は，言語化を促すことによる「共生」支援である。子どもがトラブルの相手に自分の気持ちを伝え，相手の気持ちを聞き，交渉や相談をするための援助である。言葉によるコミュニケーションを促しているが，それによる相互理解と受容という感情レベルでの解決も重視している。第3は，「問題解決」支援である。何が問題なのかを明らかにし，解決の方法を状況に応じて子どもと一緒に考えるものである。最後に，「価値・規範」の教示である。保育者はトラブルに応じて，その原因やそれに対する考え方を教え，子どもに対する思いや願いを伝えていた。これらのほとんどは，基本的に子ども自身がそのトラブルに直面し，解決できるように行われる支援である。

この4つの支援には，大まかな順序がある。まずは「自己回復」をはかり，次に子ども同士が応答し，相互理解や交渉への相互志向を目指す「共生」の支援，続いてトラブルの内容の確認，共同思考など「問題解決」のための支援，さらに必要に応じて，保育者が「価値・規範」の教示をするという流れである。子どもや場の状況に応じて，「自己回復」だけで終わるときもあれば，それは行われずに「共生」支援や「問題解決」支援に進むこともある。「価値・規範」の伝達も状況による。

これらは，基本的に成人のトラブル解決と共通である。幼児の特性として，自己回復の困難さや認識の弱さ，言語化の不十分さなどがあるとしても，その支援があれば幼児でも当事者同士の解決が可能であり，それによって子ども自身がトラブルを生きる主体となりうることを示している。

具体的な保育行為は図表1-3-1に示したが，保育者は状況に応じ，これらの方法を多彩に組み合わせ，時には一つのトラブルで10以上の方法を用いることもある。保育初心者はこれらの支援スキルの持ち合わせが少ないのが特徴である。

これらの保育行為がどの程度行われているかを，表したものが図表1-3-2である。自己回復支援では，「気持ちの受け止め」が最も多く，共生支援で

第3章 対人葛藤における社会化―自己創出を支える 133

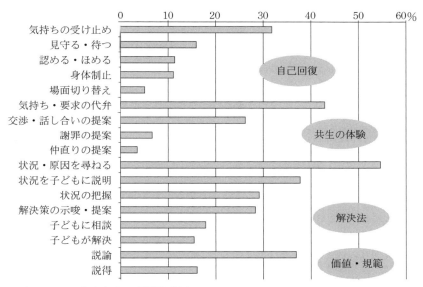

図表1-3-2 かかわりの種類と頻度
友定啓子・入江礼子ほか「子ども同士のトラブルに保育者はどうかかわっているか―500枚の保育記録から」(ブックレット) 2009, p.5

は「気持ち・要求の代弁」が最も多く,次に「交渉・話し合いの提案」が続く。解決支援では第1に「状況・原因を尋ねる」,次に「状況を子どもに説明」「状況の把握」「解決策の示唆・提案」などが続いている。「価値・規範」の教示では「説諭」が多くみられた。全体的にみて,解決法にかかわる支援が多いということがわかる。これらをみると保育者は,子どもたちが自身で問題に臨めるように援助を組み立てていることがうかがわれる。

　子どもの年齢によって保育行為は変わってくるが,「気持ち・要求の代弁」「状況を子どもに説明」「解決策の示唆・提案」は,3歳児に多く年齢が進むにつれて少なくなることから,子どもの表現力,理解力などを保育者が補っている様子がうかがえた。

(2) 自己回復を支える

　自己回復には，問題に対処するために立ち直ることとともに，思うようにならない状態を受け止めて立ち直るということも含まれる。保育者は，トラブルという不本意な事態に追い込まれて不安定になった子どもの感情を受け止め，身体的にも心理的にも落ち着いた状態に戻していく。保育者と共に立ち直り，自身が否定的な感情を受け止め，問題解決に踏み出す下地をつくる。子どもは自己の感情に気づき，整理し，自己への態度を経験していく。

① 身体的接触

　子どもが立ち直るときの具体的なかかわりの一つに身体的接触がある。子どもは泣き叫ぶだけで，言葉をかけても耳にも心にも届かないことがある。時には感情に駆られて攻撃的行動に出ることもある。そういう時，保育者は身体を用いて受け止めている。子どもは保育者に身をゆだねながら，自分が受け止められていることを感じ，それによって身体や心が落ち着き，自分を取り戻すことができる。記録に多くは出てこなかったが，身体的かかわりは無意識のうちに使っている可能性がある。特に子どもの月齢が低ければ低いほど，また年齢が上がってもその子どもにとって理不尽で解決不可能といった困難が大きければ大きいほど，身体接触による回復過程に意味がある。

　この他に意識的に用いられるものとして「身体制止」がある。そのまま置いておくと，子どもがさらに興奮したり，相手や自分を傷つけると予想される場合に保育者がとる緊急予防的かかわりである。

② 場面切り替え

　似た効果をもつ保育行為に，「場面切り替え」がある。いわば心理的にその問題から遠ざけるものである。「きょうはここで終わりにしよう」などと，子どもが非常に疲れていて先に進めないとき，時間がないとき，その子が状況を理解することは難しいときなど，気持を切り替えたほうがよいと保育者が判断したときに行っている。また低年齢では気持ちが続かないこともよくあり，別のことに気持ちを向けて，感情の立て直しを図るという自己回復支援である。

③ 感情の受け止めと表現

　自己回復支援として，最も多く使われているのは，言葉を用いて「気持ちを受け止める」行為である。「痛かったんだね」「悲しかったね」「それはいやだったね」などと　その時，その子どもが感じているであろう感情を保育者が言葉に表現することである。その言葉で子どもは自分の感情に気づき，同時に理解されたと感じる。

　特に，否定的感情の認知は重要である。これが認知されないと，深刻な事態になる。児童虐待などで被虐待者が無表情になることが知られているが，自身のつらい体験を感情や感覚を閉ざして認知しないという防衛のメカニズムが働くからである。それが日常化されるとそこに自分はいないという感覚につながる。感覚や感情は自己の主要な構成要素であり，それを閉ざしてしまえば自己の成立は困難になる。前章で自然空間を取り上げたが，自然体験の特性は自己の感情を解き放つことによって自己を認識できるということであった。感情を解き放つとは，感情のまま行動することではなく，それをきちんと認識するということである。

　自己の否定的感情を認知することは，コントロールの出発点になる。乳児は不快な情動をそのまま表出するだけであるが，それに養育者が応答することによって，子どもは自分の感じているものが何であるかを意識することができる。自分の情動に一緒に寄り添って共感したり，鎮めたりしてくれる人がいれば，乳児も情動に対処する経験を積むことができる[49]。

　人と人との親しい関係は，互いの感情を受け止め合う関係ともいえる。そうした過程を支えてもらって自己回復の安心感を経験した幼児はやがて，他者に依存する他律から自分自身で葛藤を解決し回復する自律へと変化していく。逆に，その安心感がなかったら，依存度を増し，子どもが問題解決できる自分への自信を弱めていく。

　一方で，私たちは，子どもに「痛くないよ」「それぐらいで泣かないの」「気にしなくていいよ」という感情を否認する言葉をかけてしまうことがよくある。これには二つの相反する側面がある。一つは，子どもが感じていること

を否定し，状況から目をそらし，子どもがその問題に向かい合うことを妨げてしまうという面である。子どもは，これはほんとうだ，わかってほしいとさらに強く主張したり，抗議したり，泣いたりすることになる。自分の状況や感情を相手に認めてもらうという別の課題が生まれることになる。相手に自分の状態を認められないという体験が日常的に続けば，表現することへの無力感につながり，ひいては自分や他者に対する不信感につながっていく。

　しかし，ときには子どもとの関係によって「泣かないで」「痛くないよ」など，その感覚や感情を否定することもある。子どもがそう感じていることを踏まえたうえで，その言葉が子どもの心をふるい立たせ，悔しさや悲しさを越えて自力で這い上がろうとする気持ちを後押しする。子どもとの関係ができている場合，保育者は子どもの状況を見極めたうえで，あえて使うことがある。そこには，この子は這い上がれる，この困難に立ち向かう強さがあると子どもを信じる保育者の感性がある。そこに，子どもも保育者の言葉の強さが這い上がれると信じてくれる言葉と受け止められる関係がある。言葉は，関係や文脈の中で意味を変える。言葉のもつ多義性を踏まえながら，この状況でこの子どもにこの言葉はどういう意味をもつのか，保育者は考えながら使い分けている。

　子どもは，感情を表す言葉を知らないことも多い。その感情がたとえば「いやな」ことであり，「寂しい」ことであり，「悲しい」ことであるというように，感情に言葉が与えられることは，他者に理解されるという体験になる。その体験が自身の状態を他者に表現していくことにつながる。言葉の習得期に，感情や感覚を表す語彙に出合うことは，自他を理解し共有していく力になる。

　反面，保育者が言葉を与えてしまうことの危険性もある。特に否定的な意味合いをもつ言葉は，ときに相手を自己規定してしまう作用を及ぼす。他者の感情の言語化については慎重であらねばならない。「今，その時の感情」として受けとめ，子どもの人格にまで広げてはならない。

　自分の気持ちをうまく表現できないことのかげに，言葉を知らないだけで

なく，自分の感覚や感情を表現すること自体への不安や抵抗をもっている場合もある。表現すること自体を止められたり，無視されたり，決めつけられたりすることによって自身を表現する機会を奪われていることもある。

言葉が感情と行動の間に介在できれば，そこで意味が生まれ自己生成につながる。さらに他者との共有の可能性が生まれ，関係も変わりうる。言葉によって感情や感覚の内容も変化する。

自己の感情を意識すること，すなわちメタ認知が，衝動を乗り越える可能性を開く。怒りや攻撃も言葉に変換することによってコントロールされる可能性が生まれる。攻撃性の制御は，個人にとっても生涯に及ぶ課題でもあり，また社会的歴史的な課題でもある。物事を身体的力やその延長である武力で決定するという行動は，いまだなくならない。力が強いことはよいことだというヴァイオレンスファンタジーもまかり通っている。子どもたちは人を殴ることはいけないことだと教えられながら，時と場合によってはそうしてもいいし，そうするべきだとメッセージを送られ続けている。ヒーロー・ヒロインが最終的に力で決着をつける物語は，私たちのまわりにあふれ返っている。その両価的な状況の中で，けれどそれは決して本能などではなく，言語によってコントロール可能なものとして，克服の努力が個人レベルでも社会レベルでも行われている。

一方で，身体的攻撃が成長とともに言語による攻撃にも変化していくことを考えると，単純に言葉に転化するだけで済むことではないことも明らかである。ただ，言葉に転化することで，自他が損なわれない解決の可能性が広がることは確かである。

言葉もまた二面性をもち，自他を欺くこともできる。感情の表現は言語だけではなく，行動による表現もある。ときには，口で言えない困難さやもどかしさを理解し見守り受け止めることも必要である。複雑で深い背景をもっている場合には，口で言いなさいという指示自体が，幼児が自己表現したいという感情を抑えてしまうことにもなる。感情をどう表現するかは生涯を通して続く課題である。他者を損なわない多様な表現方法を伝えていく必要が

ある。

(3) 共生の体験を支える

　保育者たちは，子どもたちに交渉や話し合いを提案し，またそれが困難な場合には，子どもの気持ちや要求を代弁して，相手に伝えている。
　「たたかないで口で言ってごらん」と，子どもの思いを認め，それを言葉で表現するように励ます。「お話ししてみたら？」「どうしてか聞いてごらん」と交渉することを勧める。ときには「貸して」「あとで」などの具体的な言語スキルを教えている。その問題を担うのは自分であることが伝わり，そうできるように励ましている。
　この過程は，言葉で表現することの必要性や効果，その具体的スキルを習得することによって，コミュニケーションの力を育てる機会になる。しかしこれだけでなく，表現することで相互理解が可能になることの体験あるいはその喜びを通して，自他へのすなわち人間への信頼を育てることにもなる。もう遊ばない，あの人は嫌いだ，自分はダメだと，拒否感や忌避感あるいは自己否定感で終わるのではなく，トラブルにはなったけれど，あるいはなったからこそ，話すことで相手を理解し自分も理解され受け入れられるなど，肯定的体験に転化することを願っている。危機の克服と関係の修復である。それは，譲ってあげても大丈夫，譲ってもらえてうれしいという気持ち，許してあげようという気持ち，許してもらえてよかったという気持ちなど，互いに補い合う関係へとつながっていく。保育者は，子どもたちが相互に受け入れ合っていく心地よさを体験し，自己の広がりや他者への信頼を感じることができるように，子どもたちの思いをつないでいく，すなわち共生の体験になるようにかかわっている。
　しかし子どもが言葉で表現できない場合も多い。保育者は子どもの思いを代弁し，相手に伝える。「いやだったんだって」「悲しかったんだって」などの言葉である。その子どもの思いをそのまま言葉にして相手に伝えているところに意味がある。それを聞きながら自分が今何を感じているかに気づき，

また相手がどう感じているかに気づいてほしいという保育者の願いがそこにある。自分の行動が相手にとってどういう意味をもつのかに、まったく気づかない子どももいる。年齢が低い場合、身体が語る言葉についても、保育者は媒介をすることがある。たとえば「○○ちゃんの顔を見てごらん。悲しかったんだよ」と、相手の気持ちに気づくようなかかわりである。

相手を求めているのに、意に反して相手を否定するような行為をしてしまうことがある。保育者はその複雑な思いを汲んで「あなたと遊びたかったんだって」「すてきだから欲しくなったんだって」と行動の奥にある気持ちを代弁することもある。そのような時に、保育者の言葉によって、自身や相手の人とつながりたいという思いに気づくこともある。互いにわかり合う体験へとつないでいくことができる。

子どもがトラブルについて状況を理解し、自分に非があることや、相手が傷ついたことなどを理解したときには、多くの場合「ごめんね」という謝罪の言葉が子ども自身から出る。しかし、謝ることに抵抗がある場合もある。何かのわだかまりがあったり、気持ちはあってもその言葉を言えないときに、保育者が「謝ってくる？」とひと押ししたり、状況によっては「先生が代わりに謝ってあげようか」という代理謝罪もある。当の子どもが謝りたいという気持ちがあるのに言葉にできない場合や相手に謝罪の言葉が必要だというときにも使われる。

また悪意はなかったが結果的に相手を傷つけてしまったときには、謝罪するということも教えている。またこれに対応して、意図的でないときには許すということも教えている。この謝罪の提案は、本人が納得していない状態で、行われても意味がない。子どもによっては「ごめんねって言ったよ」と形式的に受け止めるだけで終わる場合がある。

トラブル場面で、幼児は様々な他者に対する感情を体験する。痛さや悲しさ、悔しさを味わいながら、終結までの過程で緊張感、安堵感や、やさしさ、うれしさなども体験する。保育者に支えてもらいながら、不信の危機から信頼を取り戻し、ふくらみのある関係へと進み、しなやかな共生の体験になる。

(4) 問題解決を支える

　保育者は，トラブルの内容に踏み込むときに，「どうして泣いているの？」「どうしてけんかになっちゃったの？」「だれかお話しできる人いる？」などと，子どもにトラブル状況や原因を尋ねる。その問いに答えるために，子どもなりに言葉に転化していくことが問題理解の出発点である。子どもの理解に合わせて，全体の状況の整理や説明が必要になることも多い。そのうえで，子どもに解決策を相談する場合もある。子どもの力で解決できないときは，解決策を示唆したり，提案をしたりする。

　問題解決支援で最も多かったのが「原因や状況を尋ねる」であったが，この「質問」が事実を確認するためではなく犯人探しのために行われることがある。保育者が問題を裁定し，善悪の判断をしようとすると，子どもは問題解決に取り組まないどころか，保育者の顔色を窺うだけになる。保育者の意図や感情は語調などで伝わっていく。子どもは自分が責められていると感じると，自己弁護をしたり，警戒して何も話さなくなったり，その場から逃げてしまうこともある。

　そうではないと安心できれば，保育者の質問に答えながら，何が起こったのか，自分はどう感じているのか，どうしたらいいのかを考えることができる。保育者の表情，語調，身体動作，過去のトラブル場面での自分や他児に対する対応など，すべてが言葉以上に語るものをにじませる。直観力の優れた子どもたちは，言葉より保育者の身体を読んでいく。

　トラブルが悪意に基づいて起きることは稀であり，誤解があったり，互いに自分は悪くないことを主張したりするために，相手が悪いと言い合っていることもある。状況がわかるということは重要である。「どっちも悪くないね」という一言で無用な争いから解放され，安心して問題に取り組むことができる。

　状況がわかったところで，子どもに相談することは大きな意味がある。「どうしたらいいと思う？」と尋ねられて，子どもは自分で考え始める。解決するのは自分だと気づく。子どもたちが対話をしながら解決策を見いだしてい

くこともある。解決策が保育者から見て不十分なこともよくあるが，子どもなりの解決の過程や試行錯誤に付き合っていくことが保育者の役割である。子どもの手に負えない問題や状況によっては大人が代わりに解決することを否定はしないが，子どもの問題は子どもが解決する，子どもの問題を保育者が取り上げないという「問題所有の原則」[50]は，子どもを育てていくうえで重要な原則である。

　トラブル解決法の多様性を経験することは，思考の多様性を獲得することにつながる。たとえば，低年齢児でのモノの取り合いに際して，保育者は「先に使っていたものに優先権がある」という先行所有の原則で対応することが多いが[51]，発達につれて様々な解決法が可能になる。あとから来た方に譲ること，待つこと，代替物を探すことも考えられる。公平にするためにルールをつくったり，例外をつくったりすることもある。多少の揺らぎはあっても，基本原則は，当事者の決定への民主的参画であろう。生活の中で状況に応じた多彩な解決の体験を重ねることで，子どもたちは思考の幅が広がり，しなやかな状況判断と方略を身につけていく。保育者がステレオタイプなかかわりをすれば，子どもはそれしか学べないだけでなく，思考や他者への想像力を介在させない表面的な見方しかできないことにもなる。トラブル場面は多くの矛盾を含みながら，個々の生活の中で，モノと人に対する多面的な捉え方を学んでいく場になっている。

(5) 価値・規範を伝える

　保育者はトラブル場面で，子どもに言い聞かせていることがあった。「気持ちはわかったけれど，たたいたのはいけなかったね」，「そんなことを言われたら嫌な気持ちになるね」などと諭していた。ときには，「ルールを守ることは大事だけれど，相手の気持ちも大事だね」と，少し複雑なものの考え方を教えていた。幼児も具体的な場面であれば考えることができる。

　トラブル場面では，子どもは保育者から倫理・道徳・価値を学ぶ。現代の人とのかかわりにおいて，何をよいとし何を悪いとするか，人とかかわって

生きていくうえで重要なことは何かを，保育者が状況に即して教えていく場面でもある。保育者の介入率は幼児期後半になると低くなってくる。保育者がかかわることのできるケースは貴重でもある。トラブルのすべての過程を通して，保育者がどのように対処していくかを子どもは共に経験していくことになる。それが結果的には保育の場のもつ価値や文化の継承につながっていく[52)53)]。

　モノの取り合いのような単純な場面でも，双方が状況を理解してもなお対等に主張し合えば，決着はつかない。そこに保育者が「譲ってあげる人がやさしい人だよ」という別の価値を示すことで，子どもは新たな倫理を学ぶ。譲ることに利益という点ではマイナスであるが，人との関係はそれを超えたところにもあるということを知る機会になる。自分よりも小さな子どもに譲ることができるのは，そういった別の倫理に支えられている。このように，トラブルの中で利害だけではないものや人の捉え方が伝えられている。

① モノの共有と自己

　家庭では，遊具など自分に与えられたモノは自由に使うことができ，他者の使用を認めるかどうかも自分で決められる。成長とともに少しずつ人にモノを貸すことができるようになるが，それには，最終的にはモノは自分のところに戻ってくるという見通しが必要である。初期の自己意識は所有物の総体でもあるからだ。これは家庭保育でも起こってくる問題だ[54)]。成人しても，自己と所有物の関係は，第三者からは計り知れない深い意味をもつことも多い。この私有財産制の社会にあっては，私有物は自己の存在基盤そのもので，それが脅かされると自己が危うくなる。

　保育の場では，少しの例外を除いてほとんどのモノが共有である。共有物は基本的に自分のモノではないが，自分が使ってもよいモノである。子どもは葛藤に追い込まれる。共有物をめぐって，子どもは自己主張と自己抑制の間を揺れ動く。そこで自己は絶対的存在から相対的な存在となっていく。モノを通して，他者と自己が同等に存在を認められるという民主社会の基礎的な体験をする。

② 人を傷つけてはいけない

　保育者が子どもに伝えていることの中心に，人を傷つけてはいけないという道徳がある。身体的暴力だけでなく言葉による暴力についても同様だ。幼児が相手を故意に傷つけようとすることは少なく，その多くは自己防衛による。自己の衝動のままに行動することが，相手を傷つけることになる場合があることを，保育者は教えている。この時にもち出される道徳は「黄金律」と呼ばれる「自分がしてほしくないことを人にしてはいけない」という倫理である。これは相手と自分は同じ感覚をもち，同等の存在であることを教えていることになる。

　その一方で，自分には快感でおもしろいことでも，相手を傷つけることがあるということも教えている。行動の意味が，自分と相手は違うという事実を伝えている。それによって，自分と相手は異なるということも同時に知っていく。異質な他者とのぶつかり合いの体験を重ねながら，人によってものの捉え方や意味が異なることを知り，年長児になると相手の特性を考慮して行動することができるようになっていく。人と自分は同じであり，一方で異なるという複雑な人間理解を重ねていくことになる。人によって，ものの感じ方や見方が違うことを具体的に知っていくことは，多様な価値観の存在に気づくことだ。それは，社会的な視点への出発点でもある。

③ 謝罪と許容

　トラブルはかんちがいや過失によっても生じる。自分が否定的状況になったときに，それが偶発的な場合や過失による場合にどう受け止めるかという問題である。年長児になると対人葛藤において，相手の意図を斟酌して事の善悪を判断し始める。それも状況を理解するという知的操作を重ねることによって可能になっていく。

　逆に，意図せぬことで相手を損なう場合もある。故意でなくとも，結果的に相手にダメージを与えた場合は，それに対する責任があることを教えている。幼児に責任という言葉は重すぎるが，謝罪をすることを通して伝えている。謝罪によって，相手のダメージと自己の非を認めることとそれを相手に

伝える体験を重ねていく。それに対して「許す」ということも学ぶ。それは，人は失敗をするということを受け入れることであり，自分にもその可能性があることを知ることでもある。一定の限度はあるにしても，許すことは，自己と他者の違いを受け入れることにつながる。

④ 自己の対象化

ルールは，自分の判断を棚上げすることでもある。自分で鬼はやりたくないと思っても，遊びを継続するにはそれを受け入れるしかない。またそれを受け入れると遊びが継続することも体験する。自分の感覚や感情とは独立した規範があることを受け入れ，行動化や内面化をしていくプロセスでもある。4歳児でルールをめぐるトラブルが増えるのはその移行期に相当するからである。葛藤の末，自己が内面化したルールを他者が無視することに受け入れがたい気持ちも強くなり，シビアになることもある。そのうえで，個人的な思いとルールとの葛藤を受け止め，柔軟な運用を考える段階へ進む。状況に応じて，年少の子どもにゆるやかにしたり，個別的に例外を認めたり，必要とあらばルールの変更も行っていく。この時の思考は，異なる他者を考慮した社会的思考でもあり，自分たちの集団を再構成していくことにつながる。これらは，自己を相対化することで可能になる。集団の中で，すべてのメンバーが同等に扱われるという社会的公正さの感覚を養っていくことにつながる。

トラブル場面は，様々な形で自己と他者の関係を内面に深く刻みつける場面ともいえる。

§2 保育の知を探る

1．保育の実践知

　「知」(knowing) は，「知識」(knowledge) として保存されているものでもあるが，力動的な機能でもある。保育者と幼児の応答は，身体・感情・認知の三つのレベルで同時に行われている。特に，人間関係にかかわるときは言葉として表現することが困難な感覚や感情に応答することが多い。生命的な応答を繰り返しながら，その中で知識や言語的理解として保存されるものもある。しかし，より必要なものは「今，ここでの知」，すなわちその子どもが今この状況で何を感じ，考えているかについて知る方法であろう。保育者は子どもとかかわりながらその子どもについて知り，それとほぼ同時に応答する。その応答がさらなる理解と応答を引き出す。実践は理解と行為の往還的な営為である。行為することと省察することが時間的に重なり合いながら進むことが，保育の知の特性であり，保育行為は同時に知の方法でもあるといえる。

　行為しながら思考し理解していくという点では，生活世界の知と共通するものともいえるが，保育の実践知は幼児という特性に応じて専門性をもつ。幼児という非言語的世界認識のただなかにある異質な他者との，間主観的で省察的な応答の中に知が生成する。生活世界の知に埋もれているかに見える保育の専門性を捉え直していくことが，保育者に必要とされる「知」の生成への第一歩であると考える。保育者はその作業現場において自身が行った行為について，語り，記述するという知の作業を介して，蓄積と伝達を行っている。そこに聞き手や読み手が成立し，次代に保育の実践知をつなぐことができる。そこで引き継がれるのは，知の内容だけではなく創造的な知の方法である。

(1) 臨床の知

中村雄二郎は，これまでの「実証性」に基づいた「科学の知」に対して，「臨床の知」を提唱した。「臨床の知」とは，「個々の場所や時間の中で，対象の多義性を十分考慮に入れながら，それとの交流の中で，事象をとらえる方法」である。従来の知の典型である「科学の知」は「生命現象」と「関係の相互性」を無視してきた。さらに「実践とは，各人が身を以てする決断と選択をとおして，隠された現実の諸相を引き出すことなのである。そのことによって，理論が，現実からの挑戦を受けて鍛えられ，飛躍するのである」[1]と，実践と理論の弁証法的関係について述べている。

保育の場においても多くの「科学の知」がある。しかしそれは，実証性や客観性を重視するあまり，一般的すぎるか，逆に断片的で限定的になっている。またその多くは第三者が保育を外から捉えて得たデータに基づいている。それらの学問的知見や科学的な情報はそれとして意味があり，保育を支え実践に貢献していく。しかし，幼児との間主観的な応答を中核とする保育実践において，それらを簡単に応用できるわけではない。保育現象の多元性の前にそれらはかすんでしまう。結局のところ，実践者は眼前に日々展開する事象を自身で捉えていくための別の知の方法をもたないことには，それらを生かすこともできない。

(2) 暗黙知

マイケル・ポラニーは，「客観的」で「科学的」な知に対して，非言語的な知である「暗黙知」の存在と重要性を指摘している。「我々が語ることのできない知識」が存在すること，それは相手が発見するかどうかにかかっており，知的な努力によって埋めなければならない性質のものがあることを示した[2]。非言語的な世界に大部分が属している幼児との応答は，特にこの非言語的な暗黙知を抜きに語ることはできないであろう。人との間主観的な応答の中で成立する知は，その多くは保育者の感覚や感情や直観に根源をもち，なかば無意識的な身体知として蓄えられる。

（3） 行為と知

　ドナルド・ショーンは，その著『専門家の知恵』において，伝統的な知は「技術的合理性」にその基準を置いており，その応用が実践者の役割であるとみなされてきたと指摘したうえで，実践者にはそれとは異質な知が存在することを明らかにした。それらは「行為の中の知」「行為の中の省察」と名づけられるもので，行為と知が密接な関連をもって同時進行的に起こっているものである[3]。

　「行為の中の知」について，ショーンは，「（私たちは）日常生活の行為という特に意識しない直観的な行動にとりかかる時，ある特殊な仕方でよく分かっているようにふるまっている。――（中略）――私たちの知は通常，行為のパターンや扱っている素材に対する感情の中に暗黙に存在しており，不明瞭なものである。私たちの知は行為の"中"（in）にあるといってよいだろう」[4]と述べ，「行為の中の知」は，「生活知」や「暗黙知」に近いものと捉えている。「有能な実践家は皆，合理的に分別されたり完全に記述することができない現象を認識することができる」[5]とし，これらの知が実践的専門家を支えていることを示している。

　また，それを進めて「行為の中の省察」について，「行動しながら行っていることについて思考することができ」，「省察は，行為の結果，行為自体，そして行為の中の暗黙の直観的な知が相互に作用しあって，焦点化されていくことが多い」[6]と述べ，行為と知が若干の幅をもちながらも，同時的に進行していくことを示した。

　筆者は保育実践の中に独特の知の働きがあること，そこに大きな魅力を感じつつも，それを言語化していくことに困難を感じてきた。第三者が外から観察したのではわかりえない多彩で微妙な感覚や複合的判断に基づいて保育行為が行われていることは理解できるが，ではそれが，具体的にどのように遂行されているのか，それを第三者が知りうるのかが疑問であった。そのためにも，まずは当事者の語りや記述が必要であり，それを抜きにしては第三者に伝えられないと考えてきた。筆者自身も時折訪問する保育の場において，

子どもとの応答を通して感じることや考えることが確かにあり，子どもについて語るときは同時にそれと応答する自己の感覚を語ることにもなり，第三者から見ればある種の個人的経験になり，その内容の普遍性に一抹の不安を覚えることもある。しかしそこに自身がいて，知を働かせていたということは確実にいえる。それを事後的に省察し，自身がさほど意識せずに行った行為の中からも，改めて自分が何を考えていたのかがわかることも多かった。

中村は先の著『臨床の知とは何か』において，次のように述べている。

> 実践はまた，すぐれて場所的，時間的なものである。われわれが各自，身を以てする実践は，真空のなかのような抽象的なところでおこなわれるのではなく，ある限定された場所において，限定された時間のなかでおこなわれるからである。まず，場所の中でおこなわれるということは，実践が空間的，意味論的な限定を受けているということである。先に述べた決断や選択にしても，それらがまったく自由に，なんら拘束されずにおこなわれるわけではない。個別的な社会や地域のような，ある具体的な意味場のなかで，それからの限定を受けつつ，現実との接点を選び，現実を拓くのである。その上にさらに，時間的な限定を加えれば，実践は，歴史性を持った社会や地域のなかでのわれわれ人間の，現実との凝縮された出会いの行為だということになる[7]。

2．保育の知の特性

時間や空間に制約を受けた個々の場面の中で，保育者が応答しながら省察しているのは，一人ひとりの子どもの欲求の把握，情動，友だちや教師との関係，知的発達の状態，身体的技能面の発達，遊びの意味などである。遊びの意味もまた個々に異なる。これらをもたらす保育の知の特性について考えたい。

（1） 非言語性と間主観性

　保育者と幼児との応答は，その場にいなければわからないような間主観的な関係のもとに行われる。この子はただそばにいてほしい，この子は一緒に同じことをしたい，この子はやりたいことが見つからないなど，子どもの思いを保育者は感じ分けている。これらのことを子どもが直接訴えてくることはほとんどない。泣いていてもその泣きが何の表現であるのかは，その場の状況やその子どもの特性に照らし合わせてみなければわからない。一つの感情をとっても多彩であり，保育者は幼児の感覚や感情や欲求を察知しそれに応答しなければならない。そこには「暗黙知」や「身体知」が大きく介在している。幼児自身も明確に意識しているわけではない淡い思いである。保育者はそれに応答していくうえで，ある程度意識化していく必要がある。記録の中にも「なんとなく」という語がよく出てくる。子どもがおぼろげながら感覚的に受け止めているであろうことを保育者が感知していることの表現でもある。第三者には捉えにくく，場を共有することと相手への深い関心をもつことによって生まれる間主観的な把握ともいえる。幼児の感覚的な捉えに合わせて，保育方針自体も「なんとなく楽しいと感じられるように」と，ゆるやかで非支配的な方向性になっている。

　幼児の遊びの大部分は物質や空間のイメージなど，感覚運動的なものに支えられている。第三者には無意味に見えることが，幼児の感覚的な世界認識では魅力的なことも多い。ただひたすら穴を掘ることや，単純な物質や生命との出会いに子どもたちが深層で魅かれていることも多い。また，言葉にはできないが具体的なイメージをもっていることもあり，それを他者である保育者が推察して応答していくという側面もある。彼らの非言語的な世界観を保育者は受け止め，応答している。

（2） 個別性

　保育者は同時に複数の子どもを視野の中に入れている。一つの場にいながらまったく違う文脈に同時に応じることも多い。全体を把握しながらも，そ

の子ども独自のものの見方や環境へのかかわり方を理解し，それに応答している。それがその子どもが安心して環境を受け止め，遊びに参画していく基盤になっていく。

また，その子どもが行動などで自分らしさを表すことやそれを受け止められることを保育者はうれしいと捉えている。そこから保育者と子どもの関係が個別につくり上げられていく。それらを背景にもつことで，子ども同士の関係の後方支援が可能になる。

保育者は，他者との関係の中で浮かび上がってくる個人の課題を捉え，必要に応じてスキルを教えたり，励ましたり，様々な援助を行う。子どもたちの間に問題をはらんだ関係が生じることもある。そのような場合，第三者が外部から集団や関係を直接変えることは不可能で，また子どもの自己生成にとっても意味がない。しかし，集団に直接働きかけることは不可能であっても，問題や課題を個別化してくことによって，一人ひとりへの援助の方向が見えてくる。個を関係の中で捉えつつ，子どもが自身の課題に取り組むことを支えるための知が必要である。関係を捉えるには「行為の後の省察」も重要になる。

(3) 過程性

個別の子どもの行動の意味を捉えるときの一つの視点として，過程性がある。過程性とは，その子どもの行動の意味を時間軸の中において見ることである。過去からの連続と変化，そして未来の姿へと時間の視野において捉えることである。

保育者は子どもの行動の意味を瞬時にキャッチしている。それは瞬間的でありながら過程的である。その瞬間にその子どもの過去と未来を見ている。たとえば，破壊的な行動が遊びに参加したいという意味だと判断できるのは，それまでのその子どもの姿を見ているからである。直前のこともあろうし，長いスパンのこともあるだろう。それに加えて，どのように変わってほしいかという未来像も加えて保育者はかかわっている。長期間，生活を共にして

いるものだけが可能になる生成的な視点といってもよい。
　行動を過程として見るということは，その子どもを自己生成の主体として認めることにつながる。問題を抱えた子どもや友だちとの関係について現在の姿だけを問題にすると，それだけが浮かび上がり，他者である保育者が解決に乗り出したくなる。問題についてその子どもの過去からの変化を捉えることができれば，子どもの主体が見え，未来への一過程として一つひとつの援助が位置づき，子ども自身が問題に取り組むことを認めることにつながる。幼児の変化の過程は他の時期に比べて格段に速く，大きな可変性をもっている。保育者は，過去からの連続と変化，そして未来への願いを乗せて，現在の行動の意味を捉えている。

(4)　多面性と総合性
　人間の行動には多面性がある。幼児でも対象や環境が違えば振る舞いを変える。その子どもを支援しようと思えばその多面性を考慮し，それぞれが子どもの中でどのような意味をもつのかを考えなければならない。またアプローチ自体も多面的である。生活や実践は複雑な網の目の中にある。自己コントロールの難しい子どもへの援助は，当人だけでなくまわりの子どもを育てていくことなど，別の方向からの援助も必要である。一つの現象の内部や周囲で起こっていることを，複数の視点で分析し，総合していく必要がある。
　大森は，子どもたちの人間関係で課題を抱えたときに，次のように述べている。

　　保育者として，私がこの子どもたちにできる最大の援助は，これらの事実をきちんと押さえ，知っておくことのように思いました。ついいじわるしてしまう宏太の気持ちも，宏太のたくさんの魅力的部分も，史也の悲しい気持ちも遊びたい気持ちもあこがれの気持ちも，龍二や昌彦や航が何とかして仲間になることで精一杯のことも…全部受けとめ，知っておくこと。その上で，それぞれの子どもたちの今ある状態を少しでも

揺さぶるように，地道にかかわっていくこと。私にできることはそのくらいのように思いました。私のかかわりが子どもたちを直接変える訳ではないけれど，かかわり続けていくことは子どもたちが変わるきっかけになって行くだろう，変わろうとする子どもたちが互いにかかわり合うことで，また新たなかかわりや関係が生まれてくることだろう，こうやって行くことの積み重ねが保育なのではないかと思いました[8]。

　また，保育は場面の中で展開されるが，場のもつ偶然性や特殊性にも左右される。たまたまその時に起こったことやその場に居合わせた子どもの特性などが，事態の展開に大きな意味をもつことがある。実践はいつでも制約の中で行われ，特殊な場面や偶然の中で展開する。保育者はそれを引き受けつつ，判断し行為している。

(5) 多義性と肯定性

　多義性は，多面性と類似した概念である。多面性とは物事はいくつかの側面で成り立っているということを意味し，視点の複数性に重点がある。多義性とは多様な意味を同時にもつということで，意味内容の違いを問題にしている。人間の行動が多義性をもつことは前提であるが，実践には不可欠な視点である。

　特に，一見理解しにくい行動や否定的な行動についてはその捉えが一義的になりやすい。たとえば「たたく」という行為は，一般的には攻撃ととれるが，場合によっては親しみの表現にもなりうる。幼児の行動を一つの表現としてみることによって意味は変わり，保育者のかかわりもそれに応じて変化する[9]。また事後の省察で意味が変化することも多い。行為と省察の往還関係の中で，その多義的解釈が再検証され，実践の幅が広がっていく。

　多義性の中の一つの形態で両価性（アンビバレンス）がある。同じ現象の中に正反対の意味を同時にもつというものである。特定の子どもに近づきたくもあり，遠ざけたくもあるなど，相反する意味を同時にもつことをいう。

人間の行動は，アンビバレントな側面をもつので，行動の意味を正反対の方向から考えてみることは価値がある[10]。たとえば非常に強い印象を受ける子どもが実は弱さを抱えているということもよくある。

　肯定性とは，その両価性の中でプラスの側面に依拠してかかわるということである。遊びを壊す行為とみれば止めたくもなるが，その子どものこれまで出せなかった遊びへのかかわり方の一つと過程的に捉えれば，建設的な意味をもつ行為とみることができ，かかわりが広がる。否定的な行動の中にも肯定的な側面を見取り，そちらに依拠してかかわるような，子どもを育てていくときに不可欠の視点である。成長への信頼の視点ともいえる。子どもは自分が肯定されることによって，自分を信頼することを学ぶ。他者を損なう行為は認められないまでも，その行動に含まれる相手とつながりたい気持ちや，よきものでありたいという気持ちまで否定するわけにはいかない。自分の建設的側面すなわち肯定的側面を見てくれる人のもとで，子どもは伸びていく。

　子どもたちのトラブル場面でも，相手と決裂したり，全面否定の言葉を言ってしまったりしても，相手とつながりたいという意志があることは否定できない。それがなければかかわることも言葉をかけることもないだろうし，そこにとどまることもしないだろう。保育者は，そこに含まれる子どもの肯定的思いに依拠して，子どもたちをつなぎ相手を信頼する場をつくっている。

　倉橋は，心理学上の客観的事実をそのまま持ち込んだのでは教育にならないとし，「共鳴の教育効果」を重視していた。

　　幼児の心中には，育ててやりたくないものがある。―（中略）―ここで考えれば，悪には無頓着にしてどうかして善だけを育てる方法を考えたい。その場合，悪は見向きもせずに，善のみを育てる光線が欲しい。即ち伸びようとする善に共鳴を与えて，善の力で悪を殺してしまうようにするのである[11]。

(6) 集団性と相互関係性

　集団保育を単純に家庭保育の延長とみてしまう考え方がいまだにある。集団保育の場でも，一人ひとりに即してとよく強調されることから，外部の者には単にその総和だと過小評価されることも多い。しかし，集団は一つの社会であり，その複雑さは家庭保育とは量的にも質的にも比べものにならない。単に多数の幼児に応答するということでも，困難が生じる。20〜30人の子どもが園内で自由に遊ぶとなると空間的にも分散する。誰がどこで何をしているのかを捉えておかなくてはならない。それを捉える知が必要だ。保育初心者には大きな壁である[12)][13)]。一度に複数の要求に答えなければならないことも始終起こる。今，自分がどこに位置し，何を見，聞くかということから絶えず判断して動かなければならない。

　集団であることの最大の利点は，子どもの相互関係が多様に展開することである。この相互関係を支えていくことが，子どもの人とかかわる体験を豊かにすることであり，子どもの自己生成の支援になる。遊びの場で，一人ひとりが自己の中に他者を少しずつ取り込んでいけるように，その体験を下支えしているともいえる。保育者と子どもの信頼関係は保育の基礎であるが，子どもが保育者の支えを受けて，自分らしく自己生成していくことを支えることによって可能になる。子どもは保育者への信頼と自身への信頼を獲得していく。

　幼児の人間関係の複雑さとダイナミズムについて，大森は次のように述べている。

　　　子どもの世界のできごとや子どもの仲間関係は，こうなったからこう，ああだったからこうなったというような，因果関係のはっきりしたものではないのだとつくづく思います。いろいろな事実が複雑に絡み合っていて，同時進行的にいろいろなことが起こっていて，それが相互作用的に働いているのです。どれかだけが真実なのでなく，どれも真実であるのです。保育というものもまた，ある一つの事実に対して保育者がこう

かかわったらこうなったというような，すっきりしたものではありません。いろんな子どもの姿を丸ごと受けとめながら，試行錯誤しながら子どもにかかわる保育者がいて，それをまた受けて保育者や友達とのかかわりを織りなす子どもたちがいて，さらにそれをうけて新たなかかわりを生み出していく…というようなひと言では言い表せない相互作用的な営みが保育だと思います[14]。

保育者もこの相互関係の生成に参画し，多様な経験の中で子どもたちが自己や他者への信頼の体験を積み重ねられるように支援していくことが，保育の中心課題と考える。

第 2 部

歴史的身体知による人間の関係

　人間の関係は，社会的文化的な様式の模倣によって安定性が保持される。それは，社会が暗黙に了解し保有する慣習・慣例，道徳的規範に習うとともに，法律によって意味づけられた生活様式を意味する。この関係は，ある閾値に達すると崩壊現象をもたらすが，大局的にみればそれが人間の生を活性化させ，類を存続させる叡智へとつながっていく。

　第 1 章では，家族，地域社会，国家の形成と，そこに生まれる社会的な関係の変遷，そして，教師と子どもの関係に自由と責任を拘束するしがらみが生まれた過程を洗い出しながら，人間関係を社会契約の最初に戻すことによって自律的に自由と秩序を回復する必要性に注目している。

　第 2 章は，学校や幼稚園・こども園等の集団教育施設内の関係構造のありようを，共同体のもつ枠組みと教育課程基準にみながら，子どもの社会化に果たす集団の意味およびそれにかかわる教師の役割に視点を当てている。多くの先人が教育実践の中から見いだした子どもの社会化への仕組みに学ぶことが，激変する家族，社会の中の就学前教育を考えることにつながるだろう。

第1章

人間関係の根本にあるもの

§1　自然的家族と政治の関係

1．関係の崩壊と創造

　人の集合体がある生活様式を生み出し，それを共有する人々が国家を形成し，国家がその関係を法定化して安定を図っても，それはいつか崩壊する。関係の崩壊は物の崩壊と違って再生を意味し，新たな現象を生み出す。その混沌とする中を必死に生きる人々の暮らしがあり，その地勢や時代に即した暮らしから共通する生活様式や生活態度が生み出されるからである。その現象を共有する人々がより大きな集団，国家を形成して，日々新たな社会現象を生んでいく。すでに現代として形成されている国家に生まれた者は，人々によって了解された枠組み，生活様式を文化として暗黙裏に受け入れながら継承発展させて，自己および国家の安寧を願って創造に向かおうとする。

　本節では，人間が利権を競い，自然災害や都市の疲弊によって発生した諸々の疫病と戦い，関係の崩壊と創造に導いてきた歴史に学びながら，多民族が

第1章 人間関係の根本にあるもの　　159

共生する場所（トポス）をどう模索してきたのか，家族がどう人間の関係をつくってきたのかを捉えていく。なぜなら，集団施設教育における子どもの人間関係は，社会文化的な背景に依存しつつ，社会の関係のありようを背負っているからであり，帰属する家族との関係を抜きに，集団教育の場における人間関係を語れないからである。またその巨視的な視点がないと，親や教師だけでなく子どもも，狭い関係が生み出す現象に囚われて，真に生きることを見失ってしまうからである。

(1) ギリシア・ローマ盛衰物語

日本列島が活発な火山活動期を迎えて地震や火山噴火が続く不穏な時代に突入している。地球が宇宙の法則に従って自律的に躍動する自然界のありように人間は手出しができない。現に小笠原諸島西之島が噴火によって拡大する様は，「大八島の国」「淡路之穂之狭分の島」「伊予の島」「隠岐の三児」「九州」を生んだ神話の世界[1]を「さもありなん」と思わせる。数百年後には，西之島に人が住み，地勢を生かした産業や生活様式が生まれ，島民による教育が行われ，島の文化が形成されることもありうると想像すると，火山による島の破壊・崩壊は，新たな島の創造ということになる。

このように，何百年と続いた国家，町や村はいつか関係の崩壊の時を迎える。その世界観は自然と共に生きた人々の経験によって予知されたもので，インカ帝国の崩壊[2]，アステカ文明の崩壊やマヤ帝国の滅亡[3]も，周期をもった一つの文明の崩壊によって新たな関係が再構築されるというものである。つまり，ある国家が成立し300年ほどかけて成熟すると，疫病が流行ったり，社会を維持している仕組みが合わなくなり内輪もめが起こったり，生きる場を拒絶する自然破壊が起こったり，外敵から攻撃を受けたりして旧来の関係の維持が困難になる。科学でも証明できないこうした崩壊現象を予見する終末思想は，太陽暦，太陰暦，金星暦など複雑に計算された周期と類をつないできた物語を暦としてきた。

こうした世界が破滅と再生を繰り返す物語は，古代ギリシア，ローマの歴

史にも色濃く残っている。現在，経営危機に陥ってEUからの離脱か援助かで揺れ動いているギリシャは，ミケーネ時代には王国は分立し奴隷制が敷かれていた。生得的に奴隷として遇される場合，アリストテレスによれば「人間でありながら，その自然によって自分自身に属するのではなく，他人に属するところの者，これが自然によって奴隷である」[4]とする所有物としての人間もあれば，略奪や戦争による敗者が奴隷となって使役される場合もあるが，女性がより多く使役される運命にある。奴隷の子どもはまた奴隷で，その関係を越えることは困難であった。こうして栄えたミケーネ文化もクレタ島のクノッソス王宮炎上により衰退すると，北方から南下したドーリア人，ギリシア人がそれに取って代わる。混沌とした暗黒時代の末，誕生した新しい秩序をもつポリス（共同体連合）は，言語，生活慣習，宗教の共通性によって民族としての一体感を形成していく。さらにギリシアの叙事詩が精神的関係をつなぎ，支配，被支配ではない貴族と農民の関係を築き上げている。

閉鎖的なスパルタに取って代わったアテネは，下層市民の台頭によって民主制を実現していく。国と国の関係も，人と人の関係も，覇者の血統から商人の財産級へ，重装歩兵市民へ，海軍に従軍した下層市民へと変わる[5]。やがて通商で栄えたアテネの政治的・社会的な自由と平等は形骸化し，覇権をマケドニアに譲り，紀元前二世紀半ばにはローマの軍門に下ることになる。その民主主義の崩壊過程は，衆愚による欲望が剥き出しの時代の到来でもあった。

このように，民主制であれば，安定的な国家になるかというとそうともいいきれない。プラトンが哲人政治・哲人国家を描いた架空の物語[6]を批判的に見たアリストテレスは，ポリスの現実を見るところから政治学を説く。物事が成長する始めに，一対の男性と女性があり，「日々の用のために自然に即して構成せられた共同体が家であって，―（中略）―日々の用ではない用のために一つ以上の家から先ず最初のものとして出来た共同体は村である」とし，その村が集まって国ができ「もろもろの国は最初には王によって治められていたし，また今になお未開民族はそうである」[7]とする。国は，ある

種の共同体で，共同体に向かう衝動，徳はすべての人に備わっているので国も自然のものである。「家や国を作ることの出来るのは，この善悪等々の知覚を共通に有していることによってである」[8]として，自然的であっても国が善き生活のために存在することを基本とする。共同体の終極目的は，自然だからである。

それでは何故，争い事が絶えないのか。「人間は思慮や徳が用いる筈の，武器をもって生まれてくるが，この武器は特に反対の目的のために使用せられることも出来る」[9]。つまり，この最も善いものが，法や裁判から孤立させられたときには最も悪いものとなる。善き生活のために存在する国が，徳を欠けば最も不遜で最も野蛮という悪しきものになるという理である。

権力・経済力拡大を目指す国家の衝突は，本来，万人善き生活のためという目的があったにもかかわらず，徳を欠いた野蛮へと進み，覇者が入れ替わりながら人間関係をつくり，言語や生活慣習，宗教などの共通性をつくり出したうえに支配・被支配といった上下関係，あるいはゆるい水平の関係がつくられている。

ローマの起源は，ギリシア軍によってトロイアの町が灰燼と帰した際，トロイア人の生き残りの子孫の娘が神によって孕み生んだ二人の子が成人して革命を組織し，祖父の王位を取り戻したものの，二人の間に闘争が始まり兄が弟を殺してローマを建国したという逸話に始まる。紀元前753年のことといわれる。神々の協力によって創立された国としての神話を信じていた時代は，ローマ暦（古代ギリシアの太陰暦を元にしてつくられた暦法）が使われ，ローマが世界の首都であり続けた[10]。王政時代とはいえ，王は人民から選ばれ，最大の決定権は人民にあったという。興味深いのは，ローマ全市が3部族（サビーニ，ラテン，エトルリア）に分かれ，各部族は10の区に，各区は10の氏に，各氏は家族に分けられて無階級絶対民主主義という人の関係を構築したことである。民族の区分けと小集団への帰属が社会的関係の基本にあるからである。しかし，人口が増えるに従い，王の任務を分担する官吏が誕生し，仕事を分担する官僚をまとめる内閣が生まれ，最後に常備軍が置かれた（30

の区に各100人歩兵部隊と10人の騎兵隊)。王は人民の受託者として凶兆には供犠を行い，国家と共同社会に対する犯罪には死刑を与える仕事以外は決定権がなかったといわれる。

　ローマは，農民王としての小さな国家から，やがて戦争が産業を刺激していく。エトルリア系の富める商人たちによって都市が栄え，人が集まってきて人口が急増すると，王宮が建てられ，大下水溝が掘られ，道路が整備され，城壁が張り巡らされた。職人が仕事にありつき町が膨張すると，解放奴隷に市民権を与え税を徴収し，戦争費用を捻出する。その間もサビーニ人，ラテン人，エトルリア人の権力争いは激しく，王政は7代にして終わり，紀元前509年(ローマ紀元246年)共和制に移行する。これでローマが安泰になったのではない。その後も戦乱は続き，読者諸氏が知るハンニバル戦記やガリア征服，カエサルに対するブルトゥス(英語読みでブルータス)と軍の裏切り，アントニウスとクレオパトラの話などポンペイ最後の日まで，戦乱の日々は絶えない。

　そして，西暦(イエス・キリストが生まれた翌年を元年〈紀元〉とした紀年法)もすでに2000年余が経過してなお，人々の関係の崩壊と創造は続いている。人の欲望と生きる営みがあるかぎり，これは避けられない人類の宿命なのであろう。

　ローマという都市の成立，肥大化，そこで誕生した区，氏，家族の区分・枠組は，人間の関係をつくる一つのユニットである。たとえば，当時のローマの教育にみる人間の関係は，誕生から始まっている。女児や虚弱児，障害児は戸外に棄て死なせてもよい権利が父にあったという。誕生の8日後，個名と氏(姓)，苗字(家の名)を与えられる。家族は一個の軍団で，厳しい規律のもとに養育され性格形成された後，6，7歳から父親か家庭教師による知育がなされる。ローマの教育内容は読み書き，算数，歴史と物語である。子どもでも多くの時間を労働に使い，教育の総仕上げは16歳で徴兵される軍隊で行われたとされる。このように，生まれが男か女かによって生死が左右され，家族の厳しい規律の中で絶対服従を学ぶ親子関係を基盤にした後，

10年ほど読み書き計算といった初等教育がなされる。親はここでも教師であり父権は絶対である。そして兵役について、国家のために上官との厳しい戒律の中を生きる。自由を得るのはその後であるが、この経験の中で人間の軸は確立していて、戦時に備えた思想も形成されている。こうした関係を生きることができなければ、社会からはじかれて自ら関係の崩壊を招くことになる。そこで父親は、崩壊を招かないような細心の注意を払って自らのもつ父権を、慈愛に代えて子どもを育てたともいえよう。

(2) 日本の歴史にみる人間の関係

人類発祥の地といわれるエチオピアや古代マヤ、古代ギリシアやローマに至る人間の関係が特別だったということではない。日本でも国と国、人と人の関係は、政変や政治、経済、文化とともに変わってきた、というより人の関係が政治や経済、文化をつくってきた。

千年の昔、武士は貴族の傭兵として殺生や盗賊まがいの生業をして仕えていたが、貴族に賄賂を贈り官職につくことで私財を蓄えた。武力と財力は権力に結びつき立場を逆転する。平正盛が白河上皇の院政に入り込み得たのも、機をみて上皇（法皇）に取り入り国守の地位を確保して、同じ武士として台頭していた源氏の義親討伐に成功し、凱旋して多くの人々にその地位を知らしめたからである。その権力は法皇の加護があって息子の忠盛に引き継がれる。忠盛は、延暦寺、興福寺の僧徒制圧、海賊の成敗などにより、西国での地位を固めていく。さらに宋貿易によって巨万の富を貯え、その勢力を拡大している。三代目の清盛も時世をうまく渡り、源氏を壊滅状態にまで追いつめ、平治の乱後、貴族社会のトップに躍り出て安徳天皇の外祖父となった。しかし、独裁は長くは続かない。貴族社会の中で武家の統領から貴族の頂点を極めるには無理があったのだ。武士の不満を担った源氏によって滅ぼされた物語[11]は、諸行無常の世の常を後世に伝えることになる。人間の権力関係など、昨日と今日では入れ替わる泡のようなものだからである。昔から財力、権力によって支えられた家は三代で滅びるとするのも、親族によって封

建する制度の限界と可能性としての教訓であろう。

　こうした諸行無常の歴史ドラマは，源氏と平家だけではない。天下を二分した戦国時代の武士たち[12]も，あるいは経済制裁による平和維持やゲーム理論に基づく経済戦争を闘っている今日の企業人・政治家[13]たちも同様であろう。関係の軋轢を乗り越えるための関係づくりの模索が続いている。

　今日では日常のミクロな人間関係に発生する軋轢に人々の目が注がれるが，歴史的にみれば人間の関係を規定する条件が，政治経済，国家や群落，支配・被支配等の歴史の中に潜んでおり，人間の関係はこれを無視することも逸脱することもできない縛りによって形成されている。

　また日本にも，かつては子どもの養育を放棄したり子殺し，子売りをしたりした親子の関係もあった。災害，疫病と飢饉に見舞われた江戸時代は，親の子に対する監護・教育だけでなく関係を結ぶ言葉も生活様式も，士農工商，穢多，非人によって異なっており，飢饉は疫病を発生させ，立川昭二がいうように"凶作→一揆・騒動→地逃げ・非人化→強盗の頻発・餓死者の発生→疫病の流行による大量死→回復といったプロセス"[14]が繰り返された。飢饉による栄養失調が疫病蔓延の元と知ってもどうすることもできない，間引きや水子として流した記録[15]も多く残っている。そこには，今日言うところの人権思想に基づいた人間の関係はない。

　当時は子棄て，子殺しは暗黙のうちに父権下にあったうえに，家族が生きるために娘を売ることは多くの貧民の手段であり，子どもの権利などといった社会的関係は保障されていない。9～10歳前後で丁稚奉公[16]に出されるのも，女工[17]や労役として厳しい年季奉公に駆り立てられるのも社会的通念であり，つい近年まで子どもの人権は父権下にあったことに変わりはない。「親の子に対する人格的支配の究極的な形態は，子を売り渡す，子を捨て去る，そしてさらに子を殺してしまう，という養育放棄行為」[18]だとして，平田厚は捨て子や子売り，あるいは人身の永代売買を取り締まるたびたびの禁令が効力を奏さない背景に，それを正当化する再生思想（神にお返しする）があったとする。つまり子宝思想はあったものの，生産性，経済性，封建的家長制

が優先するとき，子どもの命は父権下に隷属していたのである。

(3) 親子の関係規定の変遷

わが国に親権概念が入ってきてそれが形となったのは，1872年，1878年，1887年の検討を経て1890年の民法に定められた養育義務に見ることができる。親子の関係を規定する1887年の民法草案は，第6章親子ノ分限の第3節190条に「父母ハ其子ヲ養成シ訓戒シ及ヒ教育スルノ義務ヲ負フ然レトモ子ノ教育宗旨及ヒ職業ヲ定ムルハ親権ヲ行フ者ニ属ス之ニ反スル合意ハ無効トス」とされ，第8章第1節238条に「子ハ成年若クハ自治ニ至ルマテ親権ニ服従ス」とされている。父母の親権が謳われたのは明治民法（1898年）からだが，それとても数え9歳の丁稚奉公や女工，労役・兵役に出るまでのことで，親子の絶対服従関係が変わるのは，第二次世界大戦敗戦によって大人たちが自信を喪失し，新たな国家建設の基礎となった民主主義を子どもと共に学ぶ頃からである[19]。

親権は，居所指定権，社会通念を越えない範囲の懲戒権，職業許可権，子の代理権などの身上監護権と財産管理権から構成されている。しかし，昨今の児童虐待などは親権の乱用に当たり，しつけの行きすぎた暴力や暴言，世話の放棄などは処罰の対象になったり親権喪失の対象になったりする。そして2011年には親権停止条項が国会に提出され成立している。

親権停止条項の骨子は，

①親権者は子の利益のために監護教育をすべきこと（第820条），一方，不適当な親権行使等により子の利益を害する場合は，親権が制限され得る（第834条，第834条の2，第835条）。
②必要かつ適切に親権制限がなされるために，(1) 2年以内の期間に限り親権停止する制度（第834条の2），(2) 子の親族だけでなく検察官，子，未成年後見人，未成年後見監督人も家庭裁判所に対し，親権喪失等の審判請求ができる（第834条）。

③父母の親権が制限され親権者がおらず、未成年後見が開始した場合等は、子の安定的な監護を図るため、複数又は法人の未成年後見人を選任する（第838条、第840条）。

④離婚後の子の監護に関して、面会、その他の交流、監護費用（養育費）の分担を明示。これらは子の利益を最優先して考慮すべきこと（第766条）。

というものである。また2015年には「国民の日常生活や経済活動にかかわりの深い契約に関する規定」を中心に見直しが行われ、120年ぶりに民法が大改正された。法定利率、連帯保証、時効、賃貸マンションの契約保証人、欠陥商品等に関する内容などの賃貸関係が現状に即して見直されたわけだが、ここにも人間の関係を規定する一つの法律がある。

憲法だけでなくこうした国家、社会、家族を規定する枠組が、人間の関係を構築する一つの思想となり条件になる。私たちは、この関係構造を認知し、自分の役割を演じてつながっているのであって、この枠組を大きく逸脱した場合には、その時代を生き抜くことは難しい。なぜなら、前述ギリシアの民主制を維持した「ペリクレスの市民憲法」[20]にしても、日本の明治から現在に至る「民法」にしても、生活様式に見る現実の状況・課題に立脚して描く、よりよい未来の関係のありようであって、それが市民の人権や財産権の安定を保持するための知恵だからである。

しかし、法が詳細に制定され、法によって人間の関係の仕組みが構築され、それが守られれば守られるほど、法を越えた国家的危機、あるいは津波や山崩れ、原発事故のような自然災害・人災による地域社会の崩壊、家族構成員の離散や崩壊が人間関係を硬直化させ、変化する状況に対応できないのも事実である。

2. 家族態様の変化と人間関係

　子どもの人間関係において，つながりのつくり方が変わってきたという感覚を多くの教師が抱いている。それは，家族関係における結びつきが変わってきたということでもある。アリストテレスは，自然に即して構成された共同体を家とし，その成員が「食卓を共にするもの」「飯櫃を同じうするもの」とする知見を披露して，村や国家を成立させている家の成員，つまり社会的最少単位である家族の概念規定をしている[21]。

　ルソーも同様，家族を最初の社会としている。「あらゆる社会の中でもっとも古く，またただ一つ自然なものは家族という社会である」[22]とし，政治社会を構成する基本に家族をおく。

(1) 自然的家族

　同じ釜の飯を食う，食卓を共にする自然的家族は，古代から中世の農耕社会に見られた特徴である。今日では共に汗を流し，食卓を共にし，団らんする家族の風景は失われたのであろうか。もし，食卓を共にすることがなければ，子どもたちが人間の関係のつくり方を学ぶ基盤が崩れたことになる。

　匠雅音は，「農耕社会では個人なる概念はなく，男女すべての人間が生産組織である家に，大家族の一員として属した。男性も女性も，個人では収入の道はなかったので，家を離れては生活ができなかった。つまり群れとしてしか生活できず，一人では生活ができなかった」[23]とする。そこでは，経験則の伝授がなされ，親の言うことを聞くことが生きることだったのである。親といっても今日いう血縁の親だけではなく，鉄親（女性側の仲人），仲人親，名付親など多くの親が存在した。その集団内で人生訓や処世術を学ぶ年長者を中心とした拡大家族である。日本だけではない。世界ではまだ多くの農耕社会を構成しており，また漁労民やツンドラ地帯に住む遊牧民なども自然的家族としての大家族制をとっている。モンゴルの遊牧民は，1年に何度か移

動し，数家族からなる小規模な拡大家族単位でゲルを家として生活する。牧畜を生業としているので，乳製品と肉が主たる食料である。家畜の群れを率い，気候の変動に合わせながら草地が確保できるよう夏営地，冬営地などの占有的牧地をもっているが，ツンドラ地帯の冬の厳しさは格段で，冬を越すために数十から数百の家族単位で集団生活を営む場合も多い。拡大家族の大きさやそこが人生訓や処世術を学ぶ場となっているのは，かつての農耕民族の家族と同様である[24]。こうして，拡大家族で食卓を共にすることで相互扶助して生きるのである。

(2) 集産主義的協同組合にみる家族

イスラエルの生活，教育，文化，政治を語るには，創世記まで遡らなければならないが，ここではキブツについて触れておきたい。石垣恵美子は「キブツとは，"グループ"を意味するヘブライ語で，生産，労働，消費，教育のほとんどの面を完全に集団化したイスラエルにある協同体のこと」[25]だという。1909年，帝政ロシアの迫害を逃れたイスラエル人たちが建設した思想的共同体キブツでは，4つの原則〈生産的自力労働〉，〈集団責任〉，〈身分の平等〉，〈機会均等〉に基づき，農場生産部門は，小麦，綿，酪農，養鶏，柑橘類栽培，バナナ園，養魚場などを，工業生産部門では電子機器や農業機械，プラスチック製品などを生産し，また観光施設なども経営している。

キブツの子どもたちは「子どもの家」で生後6週間ころから高校卒業まで両親と分離されて教育を受ける。石垣は，「これは両親との分離というよりも，消費がコミュニティをひとつの単位として運営されていく中で，その一貫として教育もコミュニティをひとつの単位，つまり拡大された家族の中の営み」[26]としてあるからだとする。子どもの家で眠り，食し，学び，遊ぶのである。しかし，1986年以降は，①キブツ全体が豊かになり母親の労働力をそれほど必要としなくなったこと，②欧米のマイホーム中心の生活が入ってきたこと，③キブツ2世が欧米のような家族単位を望むようになってきたこと，④フロイトからボウルビィへと心理学理論が変わったこと，⑤全体の教

育レベルが上がったことなどから，現在は，母親の就労時間の短縮策がとられ，親との同寝や母乳育児，おむつなどの世話，遊びの時間なども保障されるようになっている。このように現在においても拡大家族にもいろいろな形がある。

  (3) 近代家族
　キブツの集団主義は，工業化が発展すればするほど大きく変容したように，日本の明治期以降，工業化社会になると男性は農地に縛られず個人の収入を得ることができるようになり，農耕社会は崩壊していく。大家族という群れにいなくても工業化社会で生きていく手立てが生まれたのである。ここに近代家族が誕生する。落合恵美子は，近代家族とは何かを次のようにまとめている[27]。

   ①家内領域と公共領域との分離，②家族構成員相互の強い情緒的関係，
   ③子ども中心主義，④男は公共領域・女は家内領域という性別分業，
   ⑤家族の集団性の強化，⑥社交の衰退とプライバシーの成立，
   ⑦非親族の排除，（⑧核家族）（＊日本のような拡大家族を作る社会においてはカッコの必要有）

　そしてこの家族論は，あらゆる社会に共通して存在する「家族」で，マードックがいう「核家族こそ人間社会に見られる家族の普遍的な基礎単位である」とする20世紀を代表する家族論だとするのである。アメリカの文化人類学者マードックは，家族を「核家族」「拡大家族」「複婚家族」の3つに分類し，家族機能を〈性的機能・経済的機能・生殖的機能・教育的機能〉の4つに分類している[28]。ここから，核家族こそ家族の普遍的な基礎単位と捉えた20世紀の家族論が誕生する。
　匠も工業化社会がもたらした核家族が人口を増加させ，経済を活性化させると勘違いした社会を次のように語っている。「大家族から核家族になって，

群れの数つまり大家族の数こそ減ってきたが，全体の人口は増えた。大家族が核家族へと分解することによって，家族が小さくなって世帯数は増えた。そして，より多くの人間が，豊かに生活できるようになった」[29]と。

それが工業生産性の向上に合致したということである。ここに工業化社会の子育て観が普遍として誕生し，夫は外に，妻は家にという分業が始まった。収入をもたらす者が一人しかいない工業化社会では何人もの子どもを受け入れる余地がなく少子化の道も始まる。核家族は夫婦性の家族であり子育ては家族に，特にボウルビィの愛着理論も伴って内にいる女性に委任されていったのである。

(4) 情報化社会の単家族

しかし，近代家族もやがて限界にぶつかる。確かに落合が挙げた①②は変わらない本質だが，近代家族を普遍と捉えたために発生した③～⑦の問題は，家族の孤立化を呼び，情報化社会の進捗と同時に急激な少子高齢化を伴ってその課題が浮かび上がってきた。匠は「情報社会の労働市場は，直接個人を指向する。つまり，個人が労働市場と直接に結びつくような制度を求める。そこでは新たな家族形態を指向せざるを得ない。—（中略）—男性は女性を背負い，女性は男性に背負われる家族形態は，頭脳の自由な発想を妨げ，情報社会の生産性向上に障害となる」[30]と。

そこで，男女が生産労働に直接かかわる家族形態に変わっていく。今や家事労働は最少になり，食事も洗濯，掃除，育児，介護もお金さえあればすべてが外注でき，男性も女性も一人で生きられる。男女が共同生活する必然もなくなっている。落合はこれを「家族の個人化」と称し，匠はこれを「単家族」と称して個人を核とする新たな家族形態だとする。「核家族が男女の対を単位としたとすれば，単家族は性を問わない一人の成人がその単位である。単家族なる概念は，個人と同じではない。子供のいない核家族があるように，子供のいない単家族が個人なる概念と重なるに過ぎない」[31]とする。そして一対の男女が同居していても単家族が二組同居しているだけだとする根拠を

課税法で説明する。村や家が課税単位だった農耕社会から，夫婦単位で課税した工業化社会，そして個人単位へと課税の基礎を移したスウェーデンにみるような情報化社会である。「単家族の登場は，専業主婦を優遇する税制を飛び越える。単家族は，男女が完全に平等である」[32]と。今日，夫婦別姓，国民総背番号制（既実施），あるいは同性婚なども取りざたされるのはこの家族に対する考え方が，個人となったところに起因する。

落合の問題意識は多くの研究者を生んでいく。伊田広行は"シングル単位社会"と呼び"個人が社会・生活・経済の単位で性差や結婚というものが一人の人間を見る上で無関係になる社会"[33]とする。落合の列挙する④に拘束される主婦の解放とでもいえようか。それはまた，弱者を家族から解放する，つまり育児や障害者の介護・家事などを家族から解放に向ける社会の到来である。

では，単家族に生まれ，単家族を生きる乳幼児はどうなるのか。匠は収入のある女性にとっては男性もおもちゃであり，子どもの位置づけも「より多くの楽しさの対象＝偉大なおもちゃ」[34]だというのである。子どもが欲しくなければ中絶もでき，欲しければ人工授精もできる。将来生みたければ卵子凍結もできる，つまり子どもは女性だけの意志でもてる。育児においても女性の人格の確立が先行する。男性がしてきたように女性も自分の人生を自分のために生きる。フルタイムワーカーとしての職業人たることを女性も選択し，子どもが自分の存在証明となる。「子供は労働力だとか，老後の保障だとか，そんな身勝手な子育てをしてきたのは，人間だけである。動物たちが，本能的に行ってきた無償の子育てに，今やっと人間も到達したのである」[35]という匠は，子育てについて次のような見解を述べている。「単親の子供は，託児施設や公的な住宅への入所は優先的に扱われ」「この託児所は24時間にわたって開所する」といった様々な援助システムが用意され"子どもは社会が育てる"という社会体制へと移行するという。

キブツの集団主義が工業化社会によって変容した道の逆，つまり，社会が子どもを育てる集団主義の国の制度[36]に日本は移行するのであろうか。単

家族の時代の良さも歪みも，子どもを巻き込んでいくのは必定である。

3．多様化する家族像と権利をもった子ども

　シングル単位社会は，子どもも一人の人格をもつ者としての単位をもっている。世界に先駆けて制定された「児童憲章」は，第二次世界大戦敗戦直後の子どもの置かれた悲惨な状況の中で，子どもの未来に対する大人の責任と夢を描いたものであった。しかし，これほどに家族観の変化が起きるとは予想されない中での理念法である。1994年批准の「児童の権利に関する条約」の頃は，すでに時代はシングル単位社会に移行しており，家庭においても学校や園などの公的教育においても，あるいは社会においても子どもが諸々の権利を保障されることを謳っているのは当然の成り行きだったといえよう。「障害者の権利に関する条約」の批准も2014（署名は2007）年になされている。すべての人間が，対等に権利を保有し，最善の利益を実現しながら生活する。それがシングル単位社会の命題であり，私たちはその未知の世界で発生する現象に向き合いながら，四半世紀が経ったといえよう。

（1）　日本の文化とシングル単位社会

　単家族は，果たしてそれをどんな姿形として実現してきたのであろうか。核家族化と双系化（父系，母系の双方）がなぜ起きたのかを制度的側面と情緒的側面に注目して研究調査した施利平は，日本社会に存在し続ける家族形態は，従来の枠組みを残しつつ多様化しているとする。それは日本の家制度から近代家族へと変容する過程で生じた限界は，直系家族制度の存続と双方的親族関係の持続によって日本的な姿形を生み出しているということを意味する。

　たとえば，直系家族制度として引き継がれる長男と親との同居も存在すれば，非父系的・双方的な娘との同居，妻方の親族との密接な交際・援助関係といった共存と持続の関係もある。施利平は，「同居は，相続・継承と扶養・

介護と密接に関連し,親子の権利と義務を表すものであるのに対して,援助・交際は親子の連帯と協同を表すものである。前者は父系的／父系傾斜的,または1子優先／男子間の均分（相続と負担）というような傾斜配分であるが,後者は夫方と妻方が対等（または妻方優位）の傾向があり,またどの子どもも子どもの性別や続柄にかかわらず親とほぼ同等な連帯と協同の関係を結んでいる」[37]とする。シングル単位社会になったといっても,この配分には親子関係の制度的側面と情緒的側面（風土・慣習・歴史的文化等）の二つの側面の共存がみられる。これが儒教文化圏を背景とした国々の共通項としてみられる特徴といえよう。しかし施は,韓国では父系親族規範が最も強く残っているが,中国と日本では制度的側面と情緒的側面のゆるい関係で多様化しているとする。

　匠がいう単家族の行きつく末が,はたして近未来に訪れるのか,あるいはそれを押し止どめて日本流の新たなシングル単位社会の未来をつくり出すのか,今になってもわからない。儒教文化が現れる墓の継承の考え方や,自然災害の多い日本の地勢を生きる知恵や,人の絆を求める連帯の必然,経済的裏付けや政治的安定といった要因が他国とは異なるからである。風習からではなく,個々の選択による封建時代の大家族や拡大家族の形もあれば核家族を色濃く残す形もあり,今様の単家族の形もある。しかし,食文化や古人が歩いた道,近代社会の歴史遺産,大地震や大洪水などの恐怖と連帯など,それぞれが情緒的な結びつきを通時的・共時的な調和の中に見いだそうと模索しているのが現代と考えることもできる。

(2) 核家族が生み出した心の闇

　第二次世界大戦後,日本人はウェットで他律的で,恥が最高の地位を占めているといわれてきた[38]。また,高度経済成長期から内,外の場を重視する人間関係が日本人の特質とされ[39],夜の酒場付き合いが父親が家庭にいる時間を奪っていった。それは,やがて母子関係の問題として浮上する。母子の密接な結びつきによる甘えの構造や心理[40],切断する父性に対して包含する

母性が平等性という言葉で母子一体を促進した原理[41]として，関係の病理が指摘されたのである。幼稚園や保育所などの場にも，過保護・過干渉によって身辺自立が遅れたり情緒的な不安定さを抱えたりする幼児が見られる。今日では母子共に集団教育・福祉施設への依存度の高い状況を呈しているだけではない。食事，排泄，睡眠，着脱や清潔といった基本的生活習慣は，核家族の中では自立に向かわせられず，逆にネグレクトによる忘れられた子どもたちも発生しているのである。

　表に見えない核家族内の関係づくりで発生した，親の過保護や過干渉，児童虐待や家庭内暴力，子どもの反社会的・非社会的行動は逃げ場がない。『毒になる親』[42]『アダルト・チルドレンと家族』[43]『機能不全家族』[44]の誕生は，閉鎖的な核家族から発生した問題というより，すでに単家族に移行している過程でアットホームな核家族の幻想を求めた家族像の崩壊と捉えることもできる。しかし，一方で自然的家族がもっていたアイデンティティ形成の土壌が失われたとする説も多い。岡田尊司は，発達障害として診断されている子どもの背景に愛着障害があるとする[45]。愛着のパターンには，安定型，回避型，抵抗／両価型，混乱型があり，安定型以外は発達途上で何らかの不安要因が発生し，パーソナリティ障害を引き起こすおそれがある。それが今日では，子どもだけの問題ではなく大人になっても愛着形成の不確かさを引きずっているというのである。これも単家族が抱える困難な課題かもしれない。

　筆者の教育相談に訪れる親たちの悩みは，病気やけが，発達的課題だけでなく，夫婦間の軋轢からわが子を叩いてしまう自責の思い，深夜遅くまで親子が起きている長い1日への疲労，睡眠不足による生活リズムの不調，著しい偏食やまったく口を開かない子どもへの不安，4歳過ぎてもおむつが取れない，10歳になっても夜尿が続くなど多岐にわたる。また家族外の人間関係の悩みも多く，近隣から無視されている，ママ友に入れない，逆にママ友から抜けうれないといった訴え，子どもがいじめられた，嫌と言えない，喧嘩して叩かれたといった相談も多い。母親たちは井戸端でおしゃべりする人も相談する人もいない，孤立化した状態に置かれているといえよう。

(3)「人間愛」という紐帯

大家族制下の嫁姑問題から解放された近代の核家族へ，核家族の閉鎖的な母性が説かれた関係から解放された単家族へと抜け出た先進国が，自然愛としての「家族愛」をテーマとするのも，シングル単位社会を生きる知恵の一つではなかろうか。制度や慣習に縛られることなく，単体として尊重する，そこに人間愛というテーゼがあると思うのである。世間体より愛情に忠実に生きるメッセージを発した 1992 年の「迷子の大人たち」（監督ビーバン・ギドロン）を皮切りに，早老症の子どもの外見ではなく本質が輝く「ジャック」（1996，監督フランシス・フォード・コッポラ），多国籍の人々の思惑が織りなす「イングリッシュ・ペイシェント」（1996，監督アンソニー・ミンゲラ）など，次々と人間愛の命題に迫る映画が制作されていった。制度や形式と内容を大切にしてきたかつてのドラマから，年の差もゲイやレズビアンといった同性愛も国籍も越えて，その単家族の構成や中身・精神，人間同士のつながりにドラマの軸が動いているのである。

こうした単家族，シングル単位社会の到来は，驚くことに 1957 年，梅棹忠夫によって予見されている。彼は言う。

> 今後の結婚生活というものは，社会的に同質化した男と女との共同生活，というようなところに，しだいに接近してゆくのではないだろうか。それはもう，夫と妻という，社会的にあいことなるものの相補的関係というようなことではない。女は，妻であることを必要としない。そして，男もまた，夫であることを必要としないのである[46]。
>
> 人間は，もはやこのほこるべき伝統にかがやく一夫一妻的家族を解消するほかない。完全な男女同権へのつよい傾向は，必然的にわたしたちをそこへみちびいてゆくであろう。──（中略）──男を主権者として，それに子どもを配する男家族と，女を主権者として，それに子どもを配する女家族とが，ときに応じていろいろなくみあわせによって臨時の結合をする，というようなことにでもなるのだろうか，わたしにもよくわか

らない[47]。

　キリスト教やイスラム教などの宗教の教えがアジア圏の儒教同様，欧米の文化的土壌にあるとしても，人はそれだけでは生きられない。シングル単位が結びついて家族を形成し，そこに「人間愛」というテーマをおくことで自己存在を確認し，乳幼児期の愛着形成や自立への道を確かなものにしていくという知恵である。近代家族が女性は内に男性は外にと二分した役割を，シングルを単位とした家族の合意によってワーク・ライフ・インテグレーション（自らの人生観を軸に，職業生活と個人生活を柔軟，かつ高い次元で統合し，ワークとライフそれぞれの充実を求めること。それによって，生産性や成長拡大を実現するとともに生活の質を高め，充実感と幸福感を得る働き方をいう）を目指す。それが，次の時代の課題であるならば，子どもを産むのも自由なら育てるのも自由といった個体と個体の結びつきを意味づける「愛」という紐帯（ちゅうたい）が必要なのである。紐帯がなければ，単家族はばらばらになるのだ。いつの時代も社会が変革する過程で，忘れられ，捨てられ，迷子になるのは子どもたちである。

（4）　関係の構造認知と役割認知

　関係を結びつけるものは「愛」だけではなく「構造と役割」がある。人間関係は，法的にも文化的にも，あるいは時間的にも習慣的にもすでに関係のありようが埋め込まれている場所（トポス）で綾なされるのは前述の通りである。人々は，その埋め込まれた関係のありようを構造として認知し，集団における自分の役割・振る舞いを模索して行為する。ギリシアやローマの歴史から見ても，勝者は覇者ないし市民となり得ても敗者は奴隷となる関係は，次の戦いで勝者になるかどうかに持ち越される。その繰り返しの中に人々の生がある。

　それは古代ギリシアやローマだけの話ではない。ルーマニアやブルガリアのように激変の現代史を刻んでいる国々もある。古代から多くの覇者が入れ替わって支配し，ルーマニア王国が成立したのは1878年である。しかし，

ソ連に占領されその一部領地はロシアに割譲し，王制から社会主義共和国に，チャウシェスクの独裁政権下で共産主義に，1989年，ルーマニア革命によって民主化され2007年EUに加盟するという激しい，国と国民との関係の再構築である。生活する土地の政治の枠を越えることはできない人の運命は，今も多くの国々で避難民を発生させ，明日の命さえわからない状況をもたらしている。

1960年代以降，独立を勝ち取ったアフリカ諸国の人々も，かつては奴隷として使われ，今日に至っても紛争地域では勝者と敗者で，生命与奪の危機に立たされる厳しい関係構造の中にある。関係は，ある構造をもち役割をもつことで安定するが，この構造や役割が強制され情動の限界を超えると反乱や亀裂が入るのである。

自然的家族の時代は，共同生活の必然が関係を生み出す原動力となっていたが，核家族として構造に即した役割が強制されるようになると，その役割は個人としてつぶれてしまうほど重いのである。封建時代の嫁姑の問題もそうである。核家族時代の子や夫に奉仕する妻の役割もそうである。そこからも解放された単家族は，新しい人間関係の課題を抱えながら，人生を再構築していく新たなチャレンジ過程にある。

国や民族間の関係，同じ民族でも他者との関係だけでなく，親子の関係構造も時代によって大きく変わる。「父母ニ孝ニ兄弟ニ友ニ夫婦相和シ朋友相信シ」とする道徳が説かれた時代は，『南総里見八犬伝』[48]の〈仁・義・礼・智・忠・信・孝・悌〉の関係が親子，兄弟，夫婦，朋友に求められ，忠臣・孝子・貞婦の行いは報いられるが，佞臣・姦夫・毒婦の行いは罰が下されるという儒教道徳が関係をつないでいた。勧善懲悪の思想は，紐帯として関係構造を支えているからこそ，幼児期に物語として聞き，善によってつながる社会を構成してきた。民主主義といわれる今日，親子の関係も親の養育義務と子どもの養育される権利との関係の中で，憲法，児童憲章，教育基本法，民法など様々な法律によって維持されている。この親子の関係構造に対する人々の認知は，自ずからそれぞれの役割を生み出していくことになる。

谷川俊太郎の絵本『わたし』[49]は，その関係を次のように表している。

　　わたし　おとこのこから　みると　おんなのこ
　　あかちゃんから　みると　おねえちゃん
　　おにいちゃんから　みると　いもうと
　　おかあさんから　みると　むすめの　みちこ
　　おとうさんから　みても　むすめの　みちこ
　　おばあちゃんから　みると　まごの　みちこ

と続く。他者との関係によって同じ「わたし」なのに呼ばれ方が違う不思議を子どもの眼で語る。また呼ばれ方が違うだけではなく，それに伴う振る舞い方も異なる。赤ちゃんに対してはお姉さんぶった振る舞いをする。母親や父親には子どもとしての振る舞いを，祖父母に対しては孫の振る舞いをするといった　誰かが無意識的・意識的に教える関係によって同じわたしの表し方を変えていく。つまり子どもを受け入れる側の振る舞いが，子どもに関係構造の中での表し方を教えていくのである。3世代同居，多世代同居の場合には，この関係構造はもっと複雑になる。親といえども舅や姑に仕える役割があり敬語を使って関係の潤滑油とする。嫁姑関係の問題が離婚の原因になるほど，血肉の関係は他人より難しい。それは30年以上，時空を離れて身体化し振る舞いとして現れる道徳観や文化観，人間観など，それぞれの世代，個人のもつ価値観が異なるからである。

(5)　県民性・郷土性をつくるもの

恥の文化をもつ日本が，その精神性を支え，家族形態を支えている見えない紐帯に歴史や文化，宗教などがある。

かつての会津藩では，1665年に士庶の学問所ができ，やがて講所で六科糾則（りくか きゅうそく）が定められ，教育所としての日新館（1799～1801年建設）に引き継がれ教科目も編成されている[50]。藩の印刷所が出した『日新館童子訓』の「幼

年者心得の廉書(かどがき)」には17項目にわたる心得が載せられている。それは，町内の数え6歳から9歳の子ども10人前後でつくっていた「什(じゅう)」に投影され，やがて自然的集合体での遊び，規律，年長者の役割に掟が生きることになる。什長は年少者に7つの教えを説き，自分たちの生活を振り返る文化である。

　　　一、年長者（としうえのひと）の言ふことに背いてはなりませぬ。一、年長者にはお辞儀をしなければなりませぬ。一、嘘言（うそ）を言ふことはなりませぬ。一、卑怯な振舞をしてはなりませぬ。一、弱い者をいぢめてはなりませぬ。一、戸外で物を食べてはなりませぬ。一、戸外で婦人（おんな）と言葉を交へてはなりませぬ。ならぬことはならぬものです[51]。

　幼年期に言葉を唱えて身体に刷り込む他者との関係のつくり方は，会津地方の歴史文化として人間の精神の軸を形成してきた。什の教えに背いた場合は，「無念」と言ってわびる「竹篦(しっぺい)」で，手の平か手の甲を叩く。最も重い「絶交」になると父兄が詫びに来ても仲間から許されなければ什の一員に入ることはできないという定である。これらは，代々引き継がれて子ども世界の約束事になり，関係の結び方の具体的な振る舞いの基本になっている。今日では男女交際のありようなど消えている内容もあるが，会津地方の市民の道徳性を支えていることに変わりはない。

　また，宗教が民族の同質性をつくり出して，挨拶や食物などの生活様式から祈りの仕方，家族の形までを暗黙裏のうちに規定する。民族の根底に流れている規範意識も，宗教に拠っているのは世界共通である。宗教が異なる場合，争い事がいつ勃発しても不思議ではないという状況もある。同じイスラム教でもシーア派とスンニ派では諍いが絶えないように，キリスト教とイスラム教も神の所在が違い，相容れないものがある。

　八百万(やおよろず)の神が存在する日本では，神道も仏教やキリスト教も共存していて正面から宗教的対立を引き起こすことは少ない。時代が変わり家族形態が変

わっても，長い年月をかけて人々の意識の底にしみ込んだ日本の歴史や文化が八百万の神をまとめているといえよう。それぞれの地域によって積み重ねられてきた精神の軸が，関係のつくり方を支えているからである。

　かつて経済産業省が発表した豊かさ指標に富山県が浮上し，2015年調査の「地域の生活コスト『見える化』システム」でも，上位に北陸の真宗篤信地方が上がっている。安丸良夫は，富山県の特徴を，①家屋がとても大きい，②冠婚葬祭が派手，③一家みんなでよく働く，という特性の背景に，北陸地方の浄土真宗信仰を挙げている。そして歴史を紐解きながら，仏教信仰の割合が42.5％，真宗寺院率一位という地域性は，「真宗信仰による殺生の忌避と勤労のエートスも人口増加の要因」[52]として，近世以降の人口増加と経済活動の隆盛にみている。富山県の「米作生産力は，近世後期から近代にかけて全国的に見たばあいもっとも高い水準にあったと思われ，またもうすこし一般化して，北前船を利用した日本海沿いの経済活動が全国経済に占める比重は，其の後の社会通念よりずっと大きかった」[53]という。そして，「実力主義で個人の努力を重んじ，そこに生まれるさまざまの優劣や差別もやむを得ないものとして肯定する傾向があります。女性にはその役割分担を内面化して素直でよく働くことが，他の地域よりもいっそう強く求められています。家族の規範と求心力が大きく，また一般に権威と秩序を重んじる傾向が強くて，その意味では現状維持的だともいえます」[54]と安丸がいうように，見えにくいが歴史的身体がもつ県民性が自意識をつくり人の関係をつくっているといえよう。

　「勤倹以て肉となし，忍耐を以て骨となし……晨（あした）に出でて夜に帰り風雨寒暑を避けず艱難辛苦を厭わず」[55]という近江商人の心得は，真宗門徒の「掟こころえ歌」として，人々の心に忍耐力を培うものとなり，その県民性・郷土性が地域社会をつなぎ，人間の解放されたい自由を縛る一方，関係を円滑にして暮らしやすい条件をつくっているのである。北陸や東北地方の忍耐強い県民性，「信濃の国」の歌を誉れとしてもつ長野の県民性，奄美や沖縄の県民性など，南北に長い日本の地勢を生きる人々が関係を心得や唱え言葉，

音楽として集団同調性をつくってきたともいえよう。

(6) 発達を左右する社会的集団性

　今日，コミュニティが崩壊した地域では，人間関係の根底にあった無意識の家族の役割構造，役割分担，あるいは歴史文化観や宗教観が揺らぎ始めている。関係が見えないことは，役割が見えないことである。それはこうしなければならない，こう振る舞わなければならないといった縛りから解放される一方，相互扶助してきた親族の見えない支えや，近隣の人々との関係が崩れて「結い」や「互酬」といった農事だけでなく，育児・介護などの直接的，具体的な相互扶助先を失うという現象が発生している。

　匠がいうコミュニティに代わる支援機関として求められる保育施設は，現在，日本の緊急の課題としてある。しかし，近代国家がつくった男社会の働き方に女性が参入し，保育の外部委託化をすればするほど，単家族を時間的にも空間的にも分離する。血縁の有無，家族の形はどうあれ，飯櫃を同じうする成員がいなければ，次世代の子どもは人との関係を結ぶより電子機器との関係を結んで生きるしかないという現象も発生する。そこまでいった時，果たして社会自体が存在するのであろうか。そこには混沌があった，という神話の時代に戻るようにも思われる。

　すでに子ども時代は消滅したというポルトマンは，その要因の一つとして「電信はまた，歴史を背景にしりぞかせ，即時的，同時的現在を増幅した。しかし，非常に重要なのは，電信が情報を管理不可能なものにする過程のはじまりだったことである」[56)] という。「子ども期の維持は，管理された情報と発達段階別の学業という原理に依存する」[57)]，その依存枠組が管理不可能になったという意味である。ポルトマンはもう一つ，社会的表現であるマナーについても「読み書き能力が，高度の自制心と，衝動をおさえることを要求もしうながしもした」[58)] ように，マナーも肉体が精神に従うことが必要で，相当長期の学習の産物であるからこそ秩序が維持されてきたとする。これが近世から現代まで子ども期を護り維持してきた要因である。確かにリテラ

シーを学ぶ学校文化が言葉や文化の共有と忍耐を培ってきたことは確かであり，リテラシーを学ぶことによって社会に参加できる希望も描けたといえよう。しかし情報媒体による伝達の速度，ばらばらな情報とその情報量の多さ，感情に訴える映像が知らないうちに単家族の生活に忍び込んで，子ども期を維持してきた枠組みを壊している。

一方，ハリスは「文化は古い世代から新しい世代へと，家庭ではなく，仲間集団を通じて受け継がれる。子どもたちが身につける言語や文化は仲間たちのものであり，(もし違うものであれば) 親や教師のものではない」[59]といい，親子関係の引き継ぎという思い込みが発達心理学を惑わせたとする。詳細な論拠を挙げながら，子どもの仲間集団，親の仲間集団，聾の仲間集団といったある集団の文化の一員として受け継がれていくものがあるという。同じ家族でも，別の文化圏に移動するとまったく違う結末が子どもを待ち受ける。文化の流れは，子どもが子どもに伝承しているというのである。普遍の家族への思い込み，親から子への文化の伝承の一側面にしか気がつかない社会の固さが若者たちの反乱としてあふれ出る。

子どもの犯罪が度重なり，残虐になってきたのも情報によって子どもが大人の犯罪行為情報を真似て，子どもから子どもに伝承する文化圏をつくるからである。アメリカ社会において「子どもによる社会秩序への暴行とならんで，子どもにたいする大人の暴行が存在する」として，双方の関係破壊が取り上げられたのも大人から子どもに，子どもから子どもに受け継がれる要因だからであろう。1979年の子どもへの暴力件数は 711,142 件という[60]。

2014年度の日本の学校内外での暴力行為の発生件数は 54,242（59,345）件，いじめの認知件数は 188,057（185,803）件，不登校児童生徒数は小中で 122,902（119,617）人・高校で 53,154（55,655）人，高校の中途退学者数は 53,403（59,923）人，自殺者も 230（240）人（文部科学省「平成26年度児童生徒の問題行動等生徒指導上の諸問題に関する調査」※（　）内は前年）と，ここ 10 年ほど増加曲線を描いており，また児童虐待数 88,931（73,802）件（厚生労働省「平成26年児童虐待の現状」※（　）内は前年）も年々増加している。

浮遊する子どもや閉じこもり状態の子ども，あるいは表面には出ないが内面に危機感をもっていて，いつ暴発するかわからない不安を抱える子どもの数は計り知れない。園や学校などでの子どもの人間関係が危ういのも，教師の指導法のみに責任を帰すことができない情報化社会の闇の苦悩であり，ハリスのいうように多様な自己カテゴリーを行き来する学校でのわれわれの一員としてのありようである。

　私たちが生きている時間は，歴史的にみればほんの点のようなもので，その時代のわが身を取り巻く狭い社会の人間関係しか見えないし感じられない。それがすべてとして見えているかのごとくに感じるのは，今という共時性の中にどっぷりと浸かっているからである。乳幼児期の愛着形成もままならず，人間の関係構造も見えない，役割も秩序も，歴史も見えないままにシングル単位社会を生きている現代の子どもたちの苦悩は，まだまだ続くといえよう。

§2　学校・園社会の人間関係

1．教師と子どもの関係

　学び合う教師と子どもの関係，学校における子ども同士の関係が生まれたのは，藩校や家塾，寺子屋のころからである。それまでは家族労働や地域社会の中に目上の者との関係があり，子どもの遊び世界に子ども同士の関係が築かれていた。国家が国民教育を担い，近代化を促進する過程で生まれた学校・園における教師と子どもの関係，子ども同士の関係は，紆余曲折しながらも時代のありようを映してきた。本節では，学校・園社会の人間関係の変遷と課題に焦点を当てながら，その関係の歪みを解放する視座を捉えていきたい。

(1) 学びにおける師弟関係の始まり―藩校・家塾，寺子屋

　藩校や家塾は自学自習を基礎とした自由な学びの場である。そこでの師との関係は今日のそれとはほど遠い。藩校は藩士の子弟に漢字の教養を施すことを目的にしたもので，学習の形は，素読，講義，会読・輪読，質問という独学を支える学習形態の藩が多かったからである。

　藩校で最初に取りかかる素読は，文字を読み文章をたどる初等段階の独習で，素読を終えて初めて教師の講義を受け内容の理解をする。この基礎のうえに，互いに問題を持ち出し討議し，解決できないところは指導をあおぐ共同学習ともいえる会読・輪読の仲間に入る。会読・輪読は塾生が主体となるもので，家塾・私塾（緒方洪庵の適塾・木下順庵の雉塾・荻生徂徠の蘐園塾(けんえん)，吉田松陰の松下村塾など当時の最高学府）では自治的な学習組織をつくってこのゼミナールを成立させていた。一人で考え課題を自分で選べるようになると問題点を教授に質問する段階に進む。独看，質問は自由研究としての色合いが濃いといわれている。独学を支え，高い専門性と先見性をもった師との関係が築かれていたといえよう。

　庶民の，それも主として男子が学んだ寺子屋は，読書や習字（手習い），生活に要する技能（商業地においては算盤，娘たちには裁縫，お茶，活花，琴，三味線など）を教えるところではあったが，寺子屋の風俗図絵からみても，自由感のもてる空間だったことがわかる[1]。また，丁稚奉公先や就労先でも読み書き計算の手習いがなされていたことから，師は市民にまで広がりをもって学びの関係をつくっていた。幕末には藩校や家塾に庶民も入校するようになっていた（会津藩のように初めから士庶とした所もある）ので，すでに身分階級の維持が困難になり社会は変動していたことがうかがえる。

　適塾で枕をしたこともないほどに仲間と学び合ったという福沢諭吉が著した『学問のすゝめ』は，「天は人の上に人を造らず人の下に人を造らずと言えり」に始まる。「万人は万人皆同じ位にして，生まれながら貴賤(きせん)上下の差別なく，万物の霊たる身と心との働きをもって天地の間にあるよろずの物を資(と)り，もって衣食住の用を達し，自由自在，互いに人の妨げをなさずして各々

安楽にこの世を渡らしめ給うの趣意なり」[2] という。このように士農工商といった封建身分から，公然と四民平等の人間関係が生まれたのは，近世になってからである。しかし，明治時代中頃までは，まだ身分制度の残りもあり貧富格差は激しく，学制が敷かれたとはいえ等級制で，親は子どもを学校に行かせるより労働を求め，就学する子どもは少なかったので，教師と子どもの関係も緩やかなものであった。

(2) 国の子どもとして教化される師弟関係—教育勅語

親が子どもの就学への責任者と位置づけられたのは，「学齢児童ヲ就学セシムルハ父母及後見人等ノ責任タルヘシ」とした1879年の教育令からである。そして，1890年の「教育ニ関スル勅語」によって教育は兵役，納税と並んで国民の三大義務として確定する。「父母に孝に兄弟に友に　夫婦相和し朋友相信じ　恭倹己れを持し博愛衆に及ぼし学を修め業を習い　以て智能を啓発し徳器を成就し　進で公益を広め世務を開き　常に国憲を重じ国法に遵い　一旦緩急あれば義勇公に奉じ」[3] として，学を修めることも滅私奉公の天皇制擁護に収斂するという国との関係である。つまり国がナショナリズムに芽生えたことによって強国をつくる目的を教育に及ばせ，インドクトリネーション（人々に特定の教義や価値を内在化させること，国が教化すること）が行われたのである。それ故に日本は富国強兵を目指し，それを実現することで近代化の促進が可能であったということもできる。第一次，第二次世界大戦と二度にわたる大戦も，教育勅語によって正当化されており，国と子どもの関係が教師と子どもの関係の上位にあって，教師は子どもを戦場に送る立場に置かれていた。また，教師と子どもの関係も等級制度をとっていた当時は，進級試験に合格できなければ落第するというもので，評定者と評定される者という関係にあった（試験が全廃されたのは1900年）といえる。

もちろん，戦前の教師と子どもの関係は，権力構造だけではない。綴り方教育にみるような共に社会の課題を捉えその解決のためにどう生きるかを学び合う関係[4]，あるいは平田のぶ，池田小菊，平野芙美子のような教室の家

庭化への実践[5]，さらに教育を児童のうちに打ち立てようとした多くの教師たちの実践[6]がある。また，実践現場では善良な教師・保母たちによって"治安維持対策の一環としての慈善救済事業"といわれる労働者のために行われていた託児所でも献身的なケアが行われていた。しかし，それらも軍靴の下では取り締まりの対象となっていくだけで，戦時体制の中では子どもたちも戦場に送られたり軍需工場で使役されたりすることを逃れられなかったのである。

明治に始まった四民平等の関係は，教育勅語によって国民を教化し，国への忠誠に反するとみなされた者は治安維持の名目で逮捕される，あるいは国の命令や暗黙の空気感のもとに少年たちまでも戦場に送られるという，厳しい言論統制の関係に傾いている。

(3) 学び合う対等の関係―教育基本法

この教育勅語が廃止されたのが第二次世界大戦敗戦後の1948年で，新憲法下で1947年に制定された教育基本法がこれに代わることになる。敗戦直後は，国の権威も落ち，銘々が生きることに精一杯という時代である。ある意味，一番，国の縛りもない代わりに保障もない，動物的に生き抜く必然が生まれ，弱肉強食の関係が闊歩した時間・空間ともいえる。教育基本法は，こうした混沌を教育によって問題解決していこうとするもので，人々に希望を与え，人間の関係のありようも根本から変えていくことになる。

1946年，新憲法が制定され，主権在民が基本として据えられる。この主権在民は，"民主主義というイデオロギー"として善かれ悪しかれ生活の隅々にまで浸透していくことになる。民主的で文化的な国家，つまり民主主義の根本は，「人間の尊重」という精神的態度にあり，政治，経済，社会や家庭，学校などすべてにその精神的態度が求められるところから始まる。それは親や教師であろうが，子どもであろうが，あるいは政治を司る者であろうが，万人が人間関係という精神的態度の根本に置くものである。それが旧教育基本法（1947年）の前文に掲げられている。

われらは，さきに，日本国憲法を確定し，民主的で文化的な国家を建設して，世界の平和と人類の福祉に貢献しようとする決意を示した。この理想の実現は，根本において教育の力にまつべきものである。われらは，個人の尊厳を重んじ，真理と平和を希求する人間の育成を期するとともに，普遍的にしてしかも個性ゆたかな文化の創造をめざす教育を普及徹底しなければならない。

　これが政治，経済，社会，教育や福祉すべての人間の関係において，民主主義が態度として現れることを目指すのである。「民主主義を体得するためにまず学ばなければならないのは，各人が自分自身の人格を尊重し，自らが正しいと考えるところの信念に忠実であるという精神」で「自らの権利を主張する者は，他人の権利を重んじなければならない。自己の自由を主張する者は，他人の自由に深い敬意を払わなければならない」[7] という態度である。この他者への好意と友愛の精神が行き渡っている社会，つまりこれが人間の関係の中に現れるのが民主的社会ということになる。
　これを実現するための学校における教師と児童・生徒の関係として，新しい教育の方針では，「生徒の勉強に自主性と自発性を与えるように努める」「生徒の興味を刺激して，その個性と才能とをじゅうぶんに発揮させる」生徒も「自分からすゝんで知識を求めていく」[8] ことが謳われている。また，「先生の教え方にも自主性を認める」として，「先生が自分で教育のしかたをくふうし，自ら教材を集め，郷土の地理や歴史，あるいは，時々の社会の問題や経済問題のような生きた教材を織りまぜて，生徒の知識欲を満足させるように指導していくことができる」[9] としている。その学びの関係は，「先生も生徒も同じく人格の持ち主としてまったく対等であり，その間に本質的な上下の差別はない。—〔中略〕—それぞれの個性を伸ばし，自分の受け持つ責任をまっとうしていくべき立場に立つ点では，師弟の間になんのへだてもない。そのように先生と生徒とが，同じ人間としての立場に立ってこそ，お互いの間に深い親しみがわき，信頼と愛情とが通い合うようになる。先生と生徒と

が人間としての信頼と愛情とによって結ばれてこそ，日々の学校生活を明かるい楽しいものに築き上げていくことができる」[10]というものである。そのために，先生の担う役割，生徒の果たす役割が挙げられている。

軍国体制から民主的関係に切り替えるために行われた1947年のワークショップは，その学びの関係を学ぶ研修会である。4週間にわたって東京大学と文部省共催で行われ，全国の大学，高等師範学校，師範学校の教授らと東大教授，他大学の教授，文部省，CIE（連合国総司令部　民間情報教育局）のメンバーで構成されていた。ワークショップとは「民主的な会議の運営をするための方法であり，明確な目的を持った問題解決を志向する手法」[11]で，具体的事例検討を通して，教師の自律的な共同的学びを支援するものである。"同じ人格の持ち主としてまったく対等"という関係の学び方を教育界のリーダーに体験させて全国に広めていくことにより，教育によって憲法，教育基本法の理念を実現しようとしたものである。

こうした民主的な人権を尊重し合う社会に必要なものが，新しい礼儀と秩序である。封建社会には階級差別による秩序，村民による村八分といった秩序維持のシステムがあったが，民主主義における秩序は主権者全員が自覚してつくり出さなければならない。民主主義を学ぶというのは，新たに「先生と生徒との間の人間としての責任と尊敬とを基礎とする民主的な秩序」[12]をつくり出すためであり，「生徒とともに真理をつきとめようとする共同研究者の立場」をもち，教師の「真理に対する燃えるような熱意」を示していくことが，子どもに尊敬されるという関係である。

マックス・ウェーバーは，"秩序とは慣例（あるサークルの内部で効力を認められ，違反には非難が加えられるということで保障されている慣習）と法（遵守の強制や違反の処罰を本務とするスタッフの行為による肉体的あるいは精神的強制）"[13]だとする。慣例と法によってつくり出される秩序は社会的なものだが，外的保障のない慣例としての道徳的基準も秩序の重要な位置にある。第二次世界大戦敗戦後の天地が逆転するほどの秩序の転換は，法に基づき教育から始めることは，明治の学制と同じであり，どこの国も体制変革時は教育

によって新たな人間の関係・秩序をつくり出すことになる。当時，飢えと死によって敗戦を身にしみ込ませ，占領政策に怯えた人々は，新しい関係から生まれる秩序に期待もしていたのである。

2．民主的関係のアポリア

　この責任と尊敬を基礎とする民主的な秩序・関係への挑戦は難しい。占領政策から国産へと向かう過程の意気込みは，就学前教育の指導要録の作成，指導書の作成，幼稚園教育要領の告示と続き，希望に満ちた民主主義的な関係構築が実現する時代を彷彿させた。しかし，それもつかの間，1951年の学習指導要領以降，学校教育は"教師の知識の伝達と子ども受動の関係"に傾いていく。それでもデューイの思想に基づいたCIEのワークショップの精神が生かされた島小学校の教師集団[14]や国分一太郎の生活綴り方[15]，他多くの教師集団[16]のように，学習媒体を研究し合う教師と子どもの関係を築こうとした実践も見られた。

　しかし，政治活動に参加したとして中学校が高校に送る内申書にそれを記載し，すべての高校が不合格になった少年の内申書裁判[17]を皮切りに，教師と子どもの関係が再び大きく変わり始める。

（1）『教育亡国』として現れた歪み

　林竹二は『教育亡国』の中でこの事件について次のようにいう。教育が教師と子どもの関係によって築かれるのではなく「麹町中学校の教育は，教委と警察という二つの支柱に支えられていた」[18]と。

　第二次世界大戦の敗戦による第2の教育改革（第1は明治の学制）は，軍国主義から主権在民によってすべての子どもが持っている最善のものを引き出すことが教育の仕事になった。林は，「それぞれの子どもが千差万別に，それぞれに持っているかけ替えのない資質（宝）があるわけです。かけ替えがないというのは，すべてが生命の証しだからです。それを探って掘りおこ

すことが教師の仕事になったのです。戦後，教師に課せられた仕事は，戦前より百倍も千倍もむずかしい仕事になったわけです」[19]という。筆者も当時，千代田区内に勤務していた。60年安保闘争から10年，70年安保闘争を目にする子どもたちは，毎日「全学連ごっこ」をやっていた。幼児は登園すると鉢巻きをして箒やはたきを手に玄関に集結し「あんぽはんたい」と唱和しながら廊下を練り歩くのである。学校現場に警察が介入する事態は，騒然とした社会の一つの反映であり幼児にも深い関心がもたらされ，それが遊びに反映している。

百倍も難しい，その難しさの一つは国家による教育行政を国民による教育行政に切り替えるための方法が，国から地方教育委員会に，地方教育委員会から学校長に，学校長から教員にという上位下達の関係をつくったことによる。この経緯について林は，教育基本法案の作成者，文部大臣田中耕太郎の願った教育権の独立，つまり教育は私的，民間的性質を有し，教育関係（教育者と被教育者の関係）は「芸術家と作品との間のものと同様に，極めて個人的の関係であり，そこに国家の介入を許さない」[20]というものだったが，田中二郎がいうように"人民から教育を取り上げた""文部省は教育に仕えるものから教育の支配者になった"という，第2の教育改革の抱えた課題があったということである。

二つに，これによって教師も悩み，迷い，主体性を失って子どもとの直接的な対話が成立する関係を築けなくなったこと，子どもも教師に信頼を寄せなくなったことである。保坂展人がこのままでは「中学生総反乱」だと言った現象が，1年後にはやってきた。校内暴力，学校間抗争といった表に現れた衝突が，1985年以降になるといじめや不登校といった見えない子どもたちの現象として現れるようになったのである。

三つに，親やマスコミが学校を叩き，教師を叩く関係が悪循環をもたらしていったことである。林のいう問題提起は教育行政のあり方にあったが，いじめによる自殺，神戸連続児童殺傷事件，金属バット事件など従来の価値観では想像もできないような事件が発生するたびに，マスコミによる世論がつ

くられていった。河上亮一は，現場から変わる子どもの実態を次のように報告している。「子どもたちは根本のところで変わってしまった。他人を受け入れない，固くて狭い自我を持った子どもたちの登場である。社会的な自立が極めて困難になった子どもたちと言ってもいい。不登校，はげしいいじめ，自殺，そしてナイフ事件。これらのさまざまな問題は，圧倒的多数の"ふつうの子ども"たちが起こしていることである」[21]「日本の学校はこれまで生徒を基本的に信用することでやってきた。――（中略）――これまで平和にやってこられたのだが，戦後五十数年たってそれが崩れてきたのだと言っていい。学校もだんだん街中と同じになってきたのだ」[22]と。

さらに河上は，世間は「子どもの自由・人権を第一に考えろ」「押しつけ・強制はまずい。自由にさせておけば子どもは自然に育つ」という方向にいったという。1989 年，文部省も「教授から援助へ。やる気を重視せよ。叱るよりほめよ」と現場を指導し始めた。そうした「自由・放任の方向は，生徒の自主・自立を生み出していない。社会も家庭も，社会的自立を子育ての目標にしていない。子どもの側も，自主・自立という困難な道を行くより，大人に面倒みてもらったほうがずっと楽だと思って，自分から一歩踏み出そうとはしない」[23]と。

悪循環の波に巻き込まれたのは地方教育行政も同じである。"児童が校長に土下座を要求する町"として国立市の小学校の暗部が浮き彫りになったのは 2003 年のことで内申書事件から 34 年経つ。時の教育長石井昌浩は「『人間とは何か』『教育とは何か』，この二つの問いに対する答え方の如何によって，その人の人間観，教育観が鮮明になってくる。この問いに正面から向き合うことを避け――（中略）――美しい建前にすがって，現実を見据える勇気を欠いていた」[24]ために，学校教育制度そのものが危険水域に近づきかねないところまで進行しているとする。これらの問題は管理主義的教育の象徴として学級批判に，学校の存在そのものの批判に展開していく。

(2) 小1プロブレムにみる幼児期の人間関係の歪み

こうした現実は，小学校以上の問題で就学前教育には関係ないということではない。自己チュー，小1プロブレムという言葉で幼児期からの人間関係の問題が顕在化する。小1プロブレムとは，小学校入学当初の1年生が，集団行動がとれない，授業中に立ち歩く，先生の話を聞かない，など学校生活になじめない状態が続くという学級崩壊以前の問題である。2007年の東京学芸大学の調査「小1プロブレム研究推進プロジェクト」[25]では全国の2割の地域でこの小1プロブレムが確認され，他の2割の地域が「以前はあった」と回答されている。これは『学級崩壊』というドキュメンタリー番組としてNHKで放映（1998年）されて全国的な関心を呼んだが，家庭や地域社会の教育力の低下，人間関係の希薄化が子どもの自己をコントロールする力を伸ばしていないことが主たる原因とされた。新保真紀子が教師・保育士1388人，保護者32,000人の回答を得て挙げた親や子どもの変化[26]の概略は，次のようである。

①教師・保育士が感じた親の変化
- 基本的生活習慣の配慮が弱い
- 受容とわがままの区別がつかない
- 過保護
- 親のモラルが低下
- 単親家庭が増えた
- しっかり遊ばせていない
- 学校園所に常識外れの要求する
- 食生活に無頓着
- すぐに他の子と比べる
- 怪我や服が汚れることに敏感

②教師・保育士が感じた子どもの変化
- 自己中心
- 夜型の生活リズム
- おけいこ事が多い
- 片付けや挨拶などできない
- パニック状態になる子が増えた
- 言動が粗暴
- 教職員に甘える
- 早期教育を受けた子が増えた
- 他の子とコミュニケーションがとれない

このような状態で，小1プロブレムが起きるのは当然という認識が幼稚園教師50%，小学校教師・保育士で70%を超えている。

新保は小学校の側から，①チャイムに区切られて行動する不自然さ，②一人の教師対すべての子どもの構図，③教師がすべてを説明しすぎ，急がせすぎ，④新入生の力を信じていない，⑤学校文化と保育所・幼稚園文化の違い，とともに，⑥子どもはくぐらせ期のひらがなや算数指導は面白いと感じている，とする。また親の側から主として，①子育てが母親まかせ，②子育ての相談相手がいない，③子育ては楽しいけれど満足はしていない，④学校・園・所に求めるのは情報公開と子育て相談機能など，を挙げている。また，家庭と学校・園・所の役割分担で，「生活リズム，偏食，忘れ物をしない，挨拶，宿題，言葉遣い，迷惑をかけない」など家庭が主としながらも学校・園・所にもやってほしいという希望が10%から30%ほどあり，その他にも「自分の気持ちを言える」は50%，「いじめの解決」は90%，「喧嘩の仲直り」は70%弱と学校・園・所に解決と協力を希望している。これらの結果からみても，親や子の依存度の高さが浮き彫りにされ，誰かにSOSを発信していることがうかがえる。

新保の調査と前後する1995～1990年，正木健雄らは人間の関係のおかしさではなく子どもの「からだのおかしさ」として保育所から小中高校の調査[27]をしている。アレルギー，すぐに疲れたという，背中にゃ，咀嚼力が弱い，視力が弱いといった身体的側面，授業中も腰が痛い，疲れた，じっと座っていられない，不登校といった報告がなされる。身体の健康維持という根本的なところに起因するこうした実態は，子どもたちの生活が大きく変わってきたことを意味する。体の不調は生活リズムや生活態度の乱れ，生活の乱れは人間の関係のおかしさにつながっていることを世に問いかけている。

教師・保育士も困難に遭遇していると同時に親も子育てに苦しんでいるのである。そして制度への依存度を増すに従い，子育ての楽しさより負担感の方が勝っていくのである。この背景に単家族の時代に突入してもなお，従来

の核家族の枠組みにこだわり，それを切り替えられない社会の仕組みも一因としてある。文部科学省は，義務教育諸学校だけの問題ではないこの全国的な課題に対して，5歳児の義務教育化も視野に入れながら「幼児期の教育と小学校教育の接続について」「食育基本法」など様々な施策を講じることになる。それが，女性の就労を促進し，「子どもを社会でみる」保育・教育システムへの変革と重なってきたのである。

家族の変容は社会の変容を招き，社会の変容は当然，家族や子どもの変容につながり，まず最初に子どもたちの体の不調として現れる。行政が，学校が，親がと責任をなすりあったところで解決しない40年ほどの苦悩の中で，「子どもがわからない」段階から「子どもはもういない」段階に突入しているのだといえよう。人間の関係は，こうした社会現象を背景に常に変化している。そして，その変化に一番敏感に反応しているのが子どもたちである。子どもの実態に即して教育制度や教育内容を見直しても，次に子どもの姿に変化を感じるころには，教育制度や教育内容の見直しはすでに追いつかないといういたちごっこが続いているということである。

第1部で書かれた，就学前教育施設における民主的な子どもと教師，子ども相互の関係づくりも小1プロブレム前後から大きく変わってきている。新保が指摘するように，教師や保育士が親の子育て力の低下を嘆いてみても埒があかない。「『挨拶や最低限の行儀など』をしつけようとした親の子育ては結果的には実を結んでいないことになる。親の思惑どおりに子どもたちが育っていないのか，あるいは親の育て方が空回りをしているということになる」[28]と新保がいう現象が続いているのである。

歴史的にみて，一人ひとりの人権を尊重した関係づくりも欧米に比べればまだ50～70年ほどの経験の浅いものであるということもできる。学校が家庭との境を無くしてすべてを担い，親子を支える・援助するという関係は四半世紀の模索過程にあり，未だに対症療法的である。本来，教育は母子一体を切り離す父子原理が働く作用である。子ども自らが志向性をもって自立に向かう方向を支えるという根本的なテーゼが見失われたことも考えられ

る。そこには，子ども自身が自由に伴う責任を自ら引き受ける経験は考慮されてはいない。それだけに，70年かけて目指してきた態度として現れる人権尊重という理想と現実との乖離，あるいは文字による理念と人間の本性の発露との間には大きな溝があったといえよう。

3．情報化社会の関係づくり

民主主義は，民主主義という名を借りて依存度を高め衆愚が蔓延すると多数の暴挙によって崩壊をもたらす危険がある。ルソーも「真の民主政はこれまで存在しなかったしこれからも決して存在しないだろう」[29] という。多数者が統治して少数者が統治されるということは自然の秩序に反するのがその理由である。ここに民主主義の難しさがある。「民主政もしくは人民政治ほど，内乱・内紛の起こりやすい政治はないということをつけ加えておこう」[30] とルソーは警鐘を鳴らす。"奴隷の平和より危険な自由を選ぶ"市民の自覚とそれを誇りとするだけの実力，忍耐と責任という武装が必要だからである。独裁制も危険なら，アテネが衆愚政治によって滅びたように人権尊重を掲げた民主制度にもアポリア（問題解決できそうにない難題）があり，越えなければならない課題があるということである。

(1) 個性と創造性の重視

1980年代になると国際化や情報化の進展は，学校の存在そのものを脅かし，学校が子どもたちに合わないという批判にさらされて，個性や創造性，思考力を重視する方向に切り替えた。切り替えたというより，第二次世界大戦後に個性や創造性を謳いあげた社会像がある段階まで推移し，次の段階にきたということであろう。これを藤田英典は次のように整理[31]している。（以下，概略）

第1に，個性や創造性や思考力というものは，文化的・社会的なもので，

文化社会の在り方に規定されている。
　第2に，個性や創造性も，学力や能力も，その時々の活動水準・到達水準で見るか，基礎的・潜在的な可能性の水準で見るかによって教育の評価が違う。
　第3に，教育の目標を，エリート主義，個人主義，平等主義のどこに設定するかによって評価が異なる。欧米ではエリート主義と個人主義が，日本では平等主義の傾向が強い社会観・価値観がある。

　つまり個性や創造性，思考力は文化社会のあり方に規定され，家庭と学校がどんな役割を担っているかにも左右される。それが，1950年代と変わってきて平等主義の弊害が現れ，本来，平等主義とは何だったのかを見失ったといえるのではなかろうか。
　就学前教育機関でも，1989年の教育課程基準以降，こうした個性や創造性，思考力を培う方向が示された。しかし，それが文化的・社会的なものだという視点も，それを評価する水準もないままに，末だすべての子どもに平等に個性や創造性を培うという短絡的な思考に陥っている。就学前教育は，幼児の本能衝動が自然に発露され自我が芽生えて統一に向かい始める時期にふさわしい生活基盤型の教育機関である。小学校よりはるかに一人ひとりの特性が表れる場でもある。環境も全国一律ではなく，私学が8割を占めるだけに地域性も個別性も強く，地域社会が保有する文化のありように左右される。
　園庭や近隣を取り巻く地勢や樹木や生物の棲息する自然，そして地域の人々の自然観・人間観・生活感覚を土台に日常が営まれている。大都市周辺では，単に幼児を収容するだけの粗雑な環境もあるが，多くは園舎も地域の自然と調和しつつ洗練された文化を醸しだす空間構成・色彩感があり，調度品や遊具・玩具・道具などの"もの"が，機能的に美的に幼児の五感に働きかける努力がなされている。人々の言葉も振る舞いもその土地ならではの文化社会を映して幼児に取り込まれる。そうした文化的・社会的な条件に暮らしを置いているので，地域社会で発生する問題や課題も共有する必然に見舞

われる。それが子どもたちの学習内容となって生活に変化をもたらす。

　こうした文化的・社会的状況に眼を向けて国際化・情報化との調和を図っていかない限り，単体としての個性や創造性が伸びるということはあり得ない。それが環境評価と関連させた活動水準，つまり潜在的な可能性の水準を明らかにしていくわけだが，発生する現象の結果だけを追う帰納的研究法に偏って慢性化し，今日的課題に正対しない。広く，浅く，教育が私事化しているのが現状である。

　たとえば，人々の意識の底まで行き渡った平等主義は，午睡やトイレといった個別な生理的欲求にまで及んで生活様式を同一にする，あるいは一斉に片付け，一斉に集まり一斉に便所に行くなど行動を同一にする。さらに見える結果を同一にするために，幼児が家に持ち帰る作品に教師が手を加えたり表現を統一したりする。リレーなどの勝敗を同点にし，競争そのものを遊びとしないといった実践もある。自分で生理的欲求を処理する快感情も，作り上げた満足も，負けた悔しさや遊びの痛みも取り除かれ受苦の淡い生活では，経験の差位相が生じず，自分に気づくことが少ないため個性や創造性の芽生えなどは刺激されない。それにもかかわらず保護者もわが子への平等を望んで全体が一律に行動することを求める。給食は同量で残さず偏食のないように，排泄を失敗しないように，衣服を汚さないように，怪我をさせないようにと，わが子の平等と権利の保障を教師・保育士に求めるのである。教師もそれに正対せず，民主主義の本質からずれた一方向の要求に振り回されているうちに自律性だけでなく個性や創造性について考える機会すら失っているということであろう。

　逆にこうした平等と画一化が教師の自律性まで喪失させる現象を批判的に見て，生活様式の同一化を克服するためにバイキング方式の食堂を用意し，食べたいときに食べるようにしたり，行動の同一化を極力減らすために一斉指導を廃して1日中遊べるようにしたりしている実践もある。確かに結果は同一にならないが，個化した家庭と個化した園生活で社会的関係が生まれない。子どもは新しい文化に出会うことも他者との差異に気づくことも，自ら

の経験のずれに向き合うこともないまま同質の環境に置かれると,生活に飽きがきて,破壊的行動に向かう。また,自分のためだけでなく他者のためにも行為する経験が陶冶されず,他者との共感性が曖昧なため,逆に社会化されない無法地帯を呈しているのである。自由と責任のもてない子どもが年々,幼くなっていくことを教師たちは認識しながら,背景にある単家族の認識も,集団教育の意味も見失った,民主主義という名のもとでの"奴隷の平和"を求めた現象であろうか。

時代が生み出した子ども至上主義について藤田は,「広義には,子どもの感性や思いつき,意欲や主体性,個性や創造性,自信や自尊感情,権利や尊厳などの重要性を強調する立場を指すが,狭義にはその重要性を過度に強調し,それを現状批判の絶対的な立脚点とする立場をいう」[32]とする。それが後者に傾き過ぎると子どもに対する過度の許容性を主張し,人間の学習と社会性を軽視した学習・教育の個人化を促進すると警鐘を鳴らす。個性尊重のパラダイスは,味気ない退屈なものでしかないという藤田の言に,前述のような実践現場の退廃的な,惰性化して行き所のない淀みを思うのである。藤田は,「重要なことは,いかにして矛盾や葛藤や悩みのない学習空間を提供するかではなくて,それらをいかにして克服可能なものにするか,いかにして豊かな悩みと葛藤の機会を提供することができるかということである」[33]という。

生活水準が上がり国民が総中流化して差別や偏見も表だっては影を潜め,人権と平等が人々の合い言葉になっている。民主主義を語る抽象的な言葉によって,意識的な心的レベルが先行すればするほど,情動や身体が生み出す現実から離れていく。地域共同体が崩壊し,家制度も崩れて因習や規範から解放されたものの,個性尊重の合い言葉が社会とつながっていた個人をばらばらにしていった側面もある。豊かさによる生活空間,生活経験の個人化は,かつての親子が抱えていた貧しさと戦う悔しさ,悲しさの共有も,共に汗し労働し食する生活の時間・空間の共有もなくなり,生活リズムも個別化していく。この現象は,第二次世界大戦敗戦後目指した通り,生活が豊かになり,

個人志向が拡大し，民主化が進捗したという見方もできる。反面，失ったものも大きいと感じる人々，世代も多いのではなかろうか。その失ったものについて，藤田は「人間存在の証明の問題」「アイデンティティ形成の問題」「それに関わる社会的な制度と仕組みの問題」を挙げている。

　就学前教育においては，特に自然から理性におもむく初発の時期のアイデンティティ形成とそれを支える社会的な仕組みづくりに，保護者や地域社会の〈共同性〉をどうつくり出すかが大きな問題といえよう。人間存在の証明は，他者から認められる自分の居場所とそこでの自己実現であり，アイデンティティ形成の問題も他者や社会とのかかわりに関する身体的な構えや態度の問題である。朝食を食べていない，睡眠不足，指示されやってくれるまで待つ，3歳過ぎてもおむつが取れないといった子どもを，園や学校に送り出している子どもを取り巻く大人たちも含めた問題，そうした大人を輩出する社会構造の問題として考えない限り，解決の方向は見えてこない。個性化・個別化を目指せば目指すほどそれが失われていく社会の悪循環に見舞われている。

　家族が変容したにもかかわらず家族という安定した集団を背景に語られてきた学校の知識や技能の獲得が限界を呈したということであろう。藤田は，単家族の時代の学校におけるアイデンティティ形成を〈きょうどう性〉におく。その〈きょうどう性〉に含まれる4つの要素とは，

- 一つの仕事を協力し協調し合って行う側面としての協同性
- 分業体制・役割体系において協力し合う側面としての協働性
- 集団に同じ資格で参加し，その集団の人間関係や規範を支え担うという側面での社会的共同性
- 共通の文化と（共同幻想＝想像の共同体）にかかわる文化的な共同性

である[34]。この4側面の〈きょうどう性〉を学校という集団生活の中で具現化していくことが，アイデンティティ形成の問題解決の一つのアプローチと

いうことである。
　この視点は，従来から知識や技能の教授ではなくアナログな生活を基盤とする就学前教育においてもっとも心する側面で,筆者も生活の中でこの〈きょうどう性〉がいかに生み出されるかに腐心してきた。教育の対象を"子ども"ではなく，"生活"でもなく，"場所（トポス）"としてきた論拠[35]もそこにある。
　教育がもっとも心すること＝対象を"子ども"とすると，教師対子どもという構造が生まれ，支配・被支配の関係，あるいは１対１の援助関係に陥りやすい。"生活"を教育学の対象とすると，生活という教育の方法が目的と一つになってしまう。つまり，手段としての生活が目的となってしまい目的を見失う。筆者が就学前教育の対象を"場所（トポス）"とし，方法を生活とするのも，社会的相互作用が円環的になされる開かれた共同的学びの場づくりこそ，教育が率先する領分と考えるからである。そして，教育内容が，睡眠や休息と衣食住，生活や遊び，労作と自治から生まれると考えるのも，教科書や教授内容を環境に埋め込んで子ども自身が環境との相互作用で教育内容をつくり出していくと考えるからである。
　幼児が経験する初めての集団生活で，どのような生活を構想したら，協同性・協働性・社会的共同性・文化的共同性が機能するようになるのか，その面白さが就学前教育の神髄につながる。これについては，第２章で詳細しよう。

(2)　自然に還る
　子どもの社会化を促進する場所（トポス）の喪失は，子どもたちの遊び世界の崩壊でもある。子どもの遊びの世界は，〈きょうどう性〉を具体的な体験によって感じていく世界であるが，子どもの人権や個性，創造性や自主性といった言葉の意味する水準を取り違えると，集団生活の場は不自然が不自然を呼ぶ場として,民主主義の隘路にはまる危険もある。ちょうど，情報化の進展によってもたらされた大人と子どもの境界が消えた現象のように，遊びの崩壊に伴って,子どもも教師も人との関係がつくり出しにくくなっているのである。

民主主義が生んだ単家族の行き着く先は，"個"にきちんと対応する社会であり，"個"にきちんと対応する社会は"対"にもよりよく対応すると匠はいう。「個としての男性や女性が，自分の意志で子供をもてる状況こそが，出生率を押し上げる。そして生まれてくる子供たちが，さまざまな人生航路を，自己の責任において選択できるような，個化する時代に対応した社会だけが，新しい生命の誕生を歓迎できる」[36]と。個化する時代に対応した社会はすでに到来している。それを教育においてもみるとすると，生物的にも社会的にももう一度，"自然に還る"ことであろうか。

　今日の学校，就学前教育機関等は，建前としてはすべて民主主義を基本としてきた。子どもや障害者の権利を保障するのも，親の教育権を保障するのも個々の人権尊重のためであり，あるいは教師の資格要件，研修の義務化，体罰の禁止など法的枠組みをしっかり組んで，その職務を保障するのも社会契約としての民主主義実現のためである。このようにもともと民主主義は個化する時代に対応する仕組みを社会契約によって実現するはずであった。ルソーは次のように述べている。

　　人間の行為において，本能を正義によっておきかえ，これまで欠けていたところの道徳性を，その行動にあたえるのである。その時になってはじめて，義務の声が肉体の躍動と交代し，権利が欲望と交代して，人間は，その時までは自分のことだけ考えていたものだが，それまでと違った原理によって動き，自分の好みに聞く前に理性に相談しなければならなくなっている。
　　社会契約によって人間が失うもの，それは彼の自然的自由と，彼の気をひき，しかも彼が手に入れることのできる一切についての無制限の権利であり，人間が獲得するもの，それは市民的自由と，彼の持っている一切についての所有権である[37]。

　ルソーのいう自然的自由とは，単なる欲望の衝動に従う己自身の奴隷状態

をいう。換言すれば動物的な本能衝動のままということになる。この自然的自由と，一般意志によって制約されている市民（社会）的自由をはっきり区別すること，自らを真の主人とする道徳的自由をもつことを，教育は了解し合ってきたであろうか。教師と子どもの関係も社会を生きる自由であるならば，その自由の境界は，"自らに課した法律に従うこと"である。

　市民的自由と道徳的自由という自らに課した法律は，教師であれ子どもであれ同じである。しかし，前述の学校の荒れる現象において，自然的自由と道徳的自由が，親と教師と子どもの関係をつくるテーマとして機能したであろうか。筆者から見たら否である。それぞれが関係の息苦しさの中で個化ではなく孤立してきたように思えてならない。個化する社会をつなぐのは，市民的自由と道徳的自由というテーゼであるはずが，時代の変革期はそれが見えないから親も子どもも教師も苦しむ。そんな半世紀である。なぜなら，社会契約に子どもたちは参加していない。親も教師も選挙という間接的形で参加する機会は与えられていてもその意識は薄い。市民的自由は獲得し護るものでもなく誰かが与えてくれるものと勘違いしている。エウダイモン（意識しなくても善を為す）な善を目指す道徳的自由も，社会の普遍意志として学ぶより教科書によって学習するといったアンビバレンツな状況になっている。今，子どもたちが孤立した社会で学んでいるのは，市民的自由を護り道徳的自由を行使する大人たちの姿ではなく，それらを見失って自信を失っている大人たちの姿なのかもしれない。

　「自然に還れ」とルソーはいう。もう一度，社会契約以前の自然的家族，自然的学びの関係という最初の状態を念頭において，対もの，対人との関係づくりを見直すこと，それが噂や虚構の情報に流されず，地に着いた，市民的自由や道徳的自由によって人の関係をつなぐものになると思われる。

　就学前教育は，人生の始まりの段階の幼児の生きることを扱っている。幼児は，最初の自然の状態からやがて理性，愛という本性において市民的自由や道徳的自由を獲得していく過程にある。こうした過程をゆっくりとしかも確実に生きる時間が人生の基礎を培う。この「自然に還る」には，三つの視

点があろう。

　一つは，生物としての自然(じねん)を発展させることである。人間は生まれながらに昼行性の動物としてのリズムをもち，類から類へとつないできた発達過程をもっている。外界の情報を五感覚によって取り入れ乳を吸い，首が据わり，寝返りをうち，はいはいをしてやがて二足歩行に移行する。アフォーダンス（環境が提供するもの）に自分にとっての価値を見いだすために環境を探索する，またミラーニューロンによって他者の行為を取り入れ共感性という社会を生きる素地を耕していく。さらに，感覚的クオリアと志向性のクオリアを統一して自らを学ぶ主体へと高めていく。その内から発展を遂げようとする自然(じねん)に変えることである。

　二つは，自然(じねん)を生かし，環境と共存するためにできる限り自然環境に身を置くことである。人工的な環境を生き抜くだけの体力・精神力がつくまでは，宇宙と共振する身体の感受性を高めるために，自分を取り巻く自然環境に還る。レイチェル・カーソンが妖精と話せたら「世界中の子どもに，生涯消えることのない『センス・オブ・ワンダー＝神秘さや不思議さに目を見はる感性』を授けてほしいとたのむでしょう。この感性は，やがて大人になるとやってくる倦怠と幻滅，わたしたちが自然という力の源泉から遠ざかること，つまらない人工的なものに夢中になることなどに対する，かわらぬ解毒剤になるのです」[38]という自然であり，「大地と海と空，そして，そこに住む驚きに満ちた生命の輝きのもとに身をおく」[39]という自然である。それが自然(じねん)を刺激し，発展させる。共に生きるものとのつながりを感得させていく。

　三つに，ものとの関係，人との関係が社会契約以前の自然に還ることである。なぜ社会契約が必要か，つまり双方の合意が必要か，市民的自由とは何か，その関係を経験することが関係を結ぶ原点になる。一つのおもちゃを取り合いけんかをする。けんかをしないで順番に，一緒に仲良くという合意はすでに大人たちが決めたルールである。しかし大人はなぜそう決めたのか，それが欲しいという双方の剥き出しの衝動の発露によって争い，双方の欲求を満たす知恵として得たものがルールである。つまり一度の合意が普遍でな

く，一時的契約を実践によって修正し，実践し再修正するという社会契約である。その社会契約の始まりから合意される関係づくりの過程を幼児自身が経験することができる，関係が生まれる始まりにみる自然に還ることである。

(3) 結び合わせるパターンの始め

　子どもが所属する社会はすでに意味をもっているが，幼児期に身近な世界のものや人，事象や現象へのアフォーダンスが十分なものであれば，それらを結び合わせるパターンの原点を感覚的に習得し環境が提供する自分にとっての価値を身体が知っていく。それは自分にとっての価値だけでなく，他者にとって環境が提供する価値は異同様々であることを学習する機会になる。しかし，それらの体験が希薄で，意味を他者に依存していくと自立への欲求が刺激されず，やがて，社会制度や社会・文化的な発展への依存が閾(いき)に達すると，生きる喜びを失っていく。

　関係の崩壊によって新たな価値を生み出すことを知るものにとっては，閾(いき)に達する前に，自然に還ることを自らに課す。こうした自然に還るという視点は，何世紀かに一度は繰り返される教育の命題である。自然界は，関係をどう構築しているのか。ベイトソンは，われわれは「パターンというものを固定して捉えるよう訓練されている。その方がやさしいし楽なことはまちがいないが，それでは意味がない。結び合わせるパターンというものを考え始めるときの正しい道筋は，それがまず第一に（ということの厳密な意味はさておき），相互に作用し合う部分の演じる舞踏なのだということ，さまざまな物理的な限界と各生物体が固有に持ち合わせている枷(かせ)によって固定されるのは二次的なことなのだということ」[40]だとする。生きとし生けるものすべてを結び合わせる思考パターンが，生命世界全体の生存にかかわるところに還るということである。

　その結びつきを語るのは繋がりの糸が集まってできた物語で，物語がイメージをつくり，イメージが情報をつくる。そうした意味で日々，新たな情報があふれる社会は，安定を求めてパターンを固定化させた物語に陥りやす

い。人間も生物も思い込みや消えていくイメージの虜(とりこ)なのかもしれない。ルソーのいう社会的な契約の始めに戻るのと同様，生物学的にみたベイトソンも，思考を開放に向けるには，結び合わせの始めに戻ることだとする。その過程としてベイトソンは 16 の問い[41]を自身の中にもつことを提唱する。私たちがパターンを固定化して捉えている頭を軽くするために，そのいくつかの概略を抜粋してみよう。

①科学は何も証明しない——絶対的確実な予測はあり得ない。一瞬先のことが予測できないのと同様，観察できないものについて事前に知る事はできない。科学は証明せず探索するのみ。
②理にかなわない行動がある——すべての思考，知覚，情報伝達において，報告されるものと報告との間に一種の変換，記号化が起こる。報告と報告されるものとは分類・命名という性格で結ばれているので，人間の行動には理にかなわぬものがある。
③客観的経験は存在しない——すべての経験は主観的である。足を踏まれたとき，私が経験するのは彼による足の踏みつけではなく，脳に届いた神経報告をもとに再構成されたイメージである。
④イメージは無意識に形成される——情報が何らかの界面を通して受け渡される際にはイメージという形になる。
⑤無から有は生じない——新しい秩序またはパターンは情報なしにつくり出せない。文化の伝達は DNA によってではなく学習による習得物で，DNA と学習を結ぶ文化現象として説明できる。
⑥生物界に単調な価値は存在しない——物質や経験の最も好ましいという量が存在し，その量を超えると毒性が生じ，不足すると欠乏感が生じる。
⑦因果関係は逆向きには働かない——結果は絶対に原因に先行することはできない。
⑧言語は通常，相互反応の片側だけを強調する——特性も属性も時間上で

起こる最低 2 組の相互作用の結果で，情報伝達と意味の世界には「もの」の名前と性質と属性（内的，外的な関係や相互反応の報告）によってしか参加できない。
⑨安定している，変化しているという記述は部分である——生命体は変動状態が保たれ必要な変数を安定的に保つメカニズムが存在するように，「外的，内的な変数の衝撃，緊張の下でも変化しない」「時間の経過に耐える」ことを仮に安定としているだけである。

なぜ彼はこんなに多くの問いを向けたのか。現在の教育（1978 年当時）が，学生にまがいものをつかませる一種の"詐欺"だから，つまり時代遅れだからだとする。ベイトソンは，「思考のカタチに潜む，部分的に無意識的な認識型」が時代遅れだとするのである。時代遅れを修正するのは勇気がいる。法律がテクノロジーの進歩から取り残される，年とともに頭が固くなった老人が若者の習俗から取り残されるのは当然で，彼のいう「その個別例を越えて，その奥に潜む，非常に深い個別原理」「生物の進化のプロセスとわれわれの精神プロセスに共通する広大深淵なる原理」[42]に行き着くためには，一つの偏った精神では駄目なのである。一つではなく二つの偏った精神が抗争する方がまだましだが，抗争は強弱によって決着するため妥当な決定は生み出せない。そのため，より広いパースペクティヴをもって出発点に立ち戻ることだとするのが彼のエコロジー・トートロジーである。

ベイトソンは自らの専門である生物学に関し，時代遅れの教育の前提としてこのような問いを向けている。1970 年代から日本の教育界もすでに時代遅れに遭遇していたのは，彼の指摘と同じである。思考のカタチが固定化し，子どもたちと響き合わない，何のために生きるのか，何のために学ぶのかというつながりをもたない現象に見舞われていた。佐伯も，パターンの固定化を「学びほぐし」による異との出会いによって解きほぐす必要を述べている。

「思考発現」と「思考停止」は表裏一体であり，「一方だけ」というこ

とはあり得ない。私たちは，多くのことを「まなぶ」とき，同時に多くの「思考停止」も身につけているのである。——（中略）——私たちがいつのまにか身につけてしまっている「まなびの型」の最大のものは，「学校教育」への過剰適応である。たとえば，知識は「与えられて」得るものだと思い込んではいないだろうか。あるいは，勉強は「遊び」の反対語だとみなしていないだろうか[43]。

　学びの型だけでなく，関係の型も思考停止状態に陥っているから，違いや新たな問題発現に遭遇すると先が見えなくなる。生活の枠組み，集団の枠組みは，私たちの行動パターンや思考パターンを無意識に支配しているため気がつかない。子どもとのずれが顕著になっても自分の思考パターンは変えられないため，相手の価値観，倫理感，習慣や規範意識，道徳，経験則などに問題があると思ってしまう。世代間ギャップと言ってしまえば時代の変化のなせるわざということになるが，時代ではなく自分の身体を流れる時間のなせる因果である。もちろん，それは自分という人間を形成してきた枠組みであり現在を支えているものなので否定することではないが，この枠組みをいかに組み変えるか，パースペクティヴを拡張するかが課題なのである。人々が共同で，個々の違い，背景の違い，役割や使命の違い，経験や目的の違いを，頭ではなく実際を通して理解することから始めようという問いだったと思われる。今いる枠組みから未知の枠組みへと拡張することによって，他者との共感が生まれ新たな人間関係が始まるということであろう。

　すでに固定化したある枠組みを土台に思考するのではなく，生物自体をよく捉えて認識の始まりに戻ろうという提案は，社会契約の始まりに戻ろうということと通底することであり，哲学の始まりに，倫理学の始まりに戻ろうということである。ここに枠組みの拡張が図られ，新たなパースペクティヴが生まれるといえる。すでに情報化社会はそこに行った。しかし，就学前教育は，ベイトソンが言うが如く，"子どもにまがいものをつかませる一種の詐欺"と言われてもしかたがないほど，室内に閉じ込められて本物から遊離

し，ルールや規範が先行し，暗中模索の状態にある。保育・教育システムの大変革に向き合いつつ，教師・保育士・保護者の思考の枠組みの拡張をしていくことがこれからの課題である。

　（4）　自然と自由と秩序
　筆者が提言する「自然に還る」三つの視点により自然に還ることで子どもたちの生得的にもつ生きる力が，市民的自由・道徳的自由と調和し自己発展するのか，自立しつつもウェットな日本人的関係が維持されるのか。ある保育の風景の中にそれを探るヒントがある。

【事例1】
　6月のある日，5歳児が泥場で遊んでいる。泥で何かを作ろうというより，手に泥がまとわりつくのが面白いのだろう。ある子が数分，泥を弄んだのち汚れた手指の泥を教師にもたれかかりながら教師の洋服で拭く。教師はにこにこしながら泥が服につくのを見ている。そこへ別の子どもも寄ってきて教師の服に泥を塗る。教師のTシャツをペインティングする遊びというわけではない。いつものように服に泥を塗っている習慣的な行為である。放課後，教師は洗濯機で泥に汚れた服を洗うのが日課だという。

　この過程でどんな意味が教師，子ども相互の間につくられたのか，つくろうとしたのかである。大都会の子どもに泥遊びを十分経験させたいという教師や親の願いと，それを実現できる場を構成している点において，子どもは恵まれた自然環境で暮らしているといえよう。また泥でぬるぬるする感触を遊ぶのも，子どもの本能衝動を満たすに違いない。まさに，自然的自由である。この園では，教師の服に泥を塗るのも幼児の自然的自由の発露と捉えていて，その受容がプロの仕事という認識である。
　これが"自然に還れ"という自然とのつながり，愛の受容と見るかどうか

は人によって違うであろう。現場を見ていた筆者からすると他者との意味を生成しない無秩序空間である。他人の服に泥を塗る行為は，社会的関係としては不自然である。3，4歳児でも泥を扱う際には，手足の裾をまくったり，自分が汚れてもよい服装をしたりする。また夢中で遊ぶうちに他者に泥が飛んでしまうと，距離をあけたり他者の服装を気にかけたりもするようになる。自分にとっての快を求めるのであれば自分の服に泥を塗ればよい。他者も快とは限らないからである。ここに，泥場で遊ぶ契約を双方が結ぶ過程が生まれるはずである。仮に服に泥を塗られるのが快だという教師がいたとしよう。子どもの喜びは教師の喜びだという理である。しかし，田んぼや池での泥との出会いならともかく，様々な遊びが展開されている園庭では不快だという子どもや教師もいる。それらの子どもや教師の理にも一理ある。教師の洋服に泥を塗ってよいという合意は，一旦契約を結んだらいつでも誰でもいいということではない。体調の悪いときもあれば，すぐに集会などで衣服を着替え始末する時間がないときもある。そうした他者の感情，時間・空間，物語の流れの中で了解し合う過程があってはじめて秩序が生まれる。秩序の形成に対する思い込みを，学びほぐす過程に注目することであろう。

【事例2】
　薄日は差しているがやや寒い5月の連休日の合間，4歳児学級が全員で泥遊びに誘導される。子どもは素足になり泥山に飛び込んでいく。泥山にはホースで水がかけられ，遊び込むほどに全身がどろどろになって歓声があがる。二時間ほどして片付けになる。長ずぼんやタイツをはいていた子どもたちは，自分では脱げない上に汚れた衣類を始末できない。教師が5人入り，一人ひとりを着せ替えさせ，シャワーを浴びさせ，汚れ物を袋に入れて持ち帰れるようにするのに1時間かかる。

このダイナミックな実践に羨望を感じるほど，子どもの歓声は耳に快いし，躍動する動きも開放的である。しかし，やりっ放しの自由，あなた任せの自

由を自由というのかである。これが，南国であったり7月，8月のパンツ一枚で遊べる時期だったら子どもたちにもたらされる困難は少なく，汚れた衣服の始末や洗濯も遊びの連続として楽しい活動になったと想像される。多少寒くても汚れてよい身支度をしていたらよかったのかもしれない。あるいは各自が自分で始末ができていたら，そこに相互合意を感じたかもしれない。秩序は，泥と自分という一つの物語を最後までやりきったとき，つまり自由と責任が行使されたときに生まれるのであって，責任の負えない自由・解放には教師の強制という養護性はあっても，当人自身に自発的に活動している意味も判断の機会も見えないのではなかろうか。

　個化した社会に移行してもなお，就学前教育界には半世紀以上にわたって0歳から6歳までを一括りにしてきた文化がある。世界の多くの国では，3歳未満を保育とし，3歳以上を教育とする。つまり自身が教育され教育する関係ができはじめたときを教育の始まりとする。そこでは，子どもが自発的に自由感をもって，しかも自らの行為に責任を負いながら試行錯誤するのを支えてやる。しかし，3歳過ぎても「養護」「援助」という教師が子どもに直接的に何かをやってやる関係が氾濫しているとすると，自由についての学びほぐしが必要になるのではなかろうか。

　ルソーの『エミール』に影響されたカントは，教育を自然的教育と実践的教育に区分し，「自然的教育とは，人間と動物とに共通な教育，言いかえれば保育である。実践的または道徳的教育とは，人間を自由に行為する存在者として生活できるように陶冶する教育である」[44]とする。

　また，トルストイは西洋の教育理論が教育に養育を含むことを批判し，「養育は教育学の対象ではないが，教育学が注意を向けざるを得ない現象の一つである。教育学の対象たるべきもの，また対象となり得るものは，ただ教育のみである」[45]とする。そして「養育とは，われわれが善人だと思うような人間をつくる目的で，ある人間が他の人間に与える拘束的，強制的な働きかけである。また教育とは，知識を獲得しようとするある人間の要求と，自分がすでに獲得した知識を伝えようとする他の人間の要求とを基礎とする，

人々の自由な関係である」[46]として，教育と養育を明確に区分する。就学前教育においては，当人の責任の伴わない自由も，自由の伴わない責任も教育の範疇ではないという学びほぐしをしないかぎり，この関係は続くのであろう。

　3歳以上になって獲得していく遊びや生活の面白さ，自律に向かう自分への喜びも関係のつくり方によってはすぐにパターン化する。学びほぐす以前の自ら学ぶ欲求を抑制する環境や，固定化を促進する関係がある。それがカントのいう保育であり，トルストイのいう養育である。幼稚園はもともと3歳以上を教育対象としてきたので養育・養護という言葉は少ないが，援助と言葉を変えてこうした責任のない自由を支えている。

　2015年からこども園も明確に3歳以上の教育を謳っているが，子どもとものや人（メディア）との関係の意味をつくり出す過程に保育内容が生まれるとは考えていない。子ども自身が自己を受容するのではなく教師が子どものすべてを受容してやることを学んできた指導者が，子どもができることまでやってやることが援助であり教師の優しさとしているために，子どもの自由と責任を感じる体験が狭められる。泥山の遊びでいえば，季節を読み，自分の服装を考え，遊びの時間を勘案し，居場所を選択し，汚れる衣類の始末のため事前に必要なものを用意して，遊びの始まりから終りまでを楽しみとして責任をもつ経験である。単に泥で遊ぶだけが教師と子ども相互の契約なのか，泥場に入り汚れたものを始末するところまでが遊びの契約なのかわからない子どもたちは，信頼された喜びも，責任をもつ喜びも，始末する技術も経験できないまま，結果として依存して生きる楽な道を選択させられているのである。

　こうした事例は保育の随所に見られる。4，5歳になってもやかんの水をこぼして叱られるだけで，拭いてきれいにし手伝ってくれた友に親しみを感じ気持ちよいという責任の負い方，共感性を学ばない。話をしている最中に横入りしても，受け答えしてくれるので割り込みはよいことと錯覚する。けんかは自分たちが言い分を主張して妥協点を見いだすのではなく教師が裁判

をし解決してくれる。積み木を使い切れないほど出して片付けはしなくても教師が片づけてくれるといった，活動の一連の責任＝秩序を生み出す経験が教育活動に組み込まれていないのである。

　もちろん，社会全体が養護・養育への過敏さをもち，それが逆に無関心・放任にも向かっている以上，園だけで手に負える問題ではない。公園ですら怪我をしないように遊具が全廃される時代である。自分の責任で遊ぶといっても，遊ぶ環境には大人たちの思慮がある。遊びが自発的で自由なものならば，転んだり落ちたりした責任は，自分の能力を見極めずに行為した子どもにもあり，子どもはそれを受苦によって悟る。欧米で，木登りする子の尻を押したり抱き上げて降ろしたりなど大人が手伝ってやったら奇異の目で見られる。自分の力で登れるからこそ降りられるという自然の理を無視した介入だからである。そうした意味では欧米の子育ては厳しい。シングル単位社会を生きる知恵として，子どもが自由と責任の意味を経験する機会をふんだんに用意している。落第する自由も飛び級する自由も保障されている厳しさである。

第2章

関係が育つ集団教育の場

§1　生きるための社会的装置

1．共同体の必然性

　何千年という時の流れの中で，人は生きるための社会的装置をつくってきた。それが群れるということであり，群れが共有する衣食住の営み事である。衣食住を満たすための労働と休息から，やがて食糧調達が安定してくると神と和合する儀式や娯楽が行われるようになり，王を戴くようになる。自然的社会の時代に誕生した覇者は，食糧争奪の戦いに明け暮れ，疫病に苦しみ，貧苦にあえぐ市民を救う象徴としての役割を担っていたといえよう。

　テバイの王となったオイディプスが，平和で幸福な生活を享受してから10数年後，テバイには疫病が広がり，作物は枯れ，家畜は死に絶え，苦しみと嘆きの声が巷に満ちあふれた。オイディプス王の宮殿前の群衆が「衆にすぐれたるおかたよ。国をたすけ起してくださいませ。—（中略）—この地をお治めになろうとするならば，人なき荒野の王となるよりは，民の栄える

国をしろしめすほうを，選ばねばなりませぬ。内に人なく，共に住む同胞のなくして城の櫓（やぐら）も軍船（いくさぶね）も，いったい何になりましょうぞ」[1]と唱う。王政が市民によって支えられ，国の構造が形づくられ王と市民の役割が生まれたギリシアの物語である。彼の出生の秘密が明らかにされると，彼は実父を殺し母を妻として二人の娘を授かるという神に呪われた自らの生に絶望し眼を刺して暗闇の世界に行く。エディプス・コンプレクスとして今日も語りつがれるギリシア悲劇の最高峰である。

本節では，人が生きるための社会的装置として関係をどうつくってきたかを捉えるとともに，社会化のための教育内容を教育課程基準を通して考える。

(1) 衣食住の営みとしての共同体

アリス、テレスは，国について次のように説明する。「国は，現にわれわれが見る通り，いずれも或る種の共同体である。そして共同体はいずれも或る種の善きものを目当に構成せられたものである」[2]と。その至高のものを目指した国が，国的共同体であるという。しかし，国的共同体もその基盤を家族におくことは庶民であれ王であれ変わりはない。

家族を最小単位としているといっても，家族のありようは第1章でみたように時代により大きく変わってきた。大家族から核家族，そして今，単家族へとその態様が変わっても，人は一人では生きられない。生きる場をもち，その営みの基本になるものが衣食である。「倉廩（そうりん）実つれば則ち礼節を知る」（『菅子』（牧民編）衣類や食料などに不足なく，生活に余裕ができて，はじめて人は礼儀や節度ある行動をわきまえる）[3]の諺にあるとおりである。衣食が足りること，そのための必須条件として群れと労働と食があるともいえよう。かつてのオイディプスだけではない，自然的王となった君主でも，選任された統治者でも治世の方法として牧民の衣食が足りることに心した。もちろん，寒い地域では生きるために住居が課題にもなる。しかし，人間は北極圏にまで生活の範囲を広げ，生きる工夫をしてきた。

私たちの祖先が人間になる過程では，食物への適応と労働が必要であり，

祖先はその課題を優れた知力と適応能力で乗り越えた。猿が人間になるための条件として，狩猟具と漁業具といった道具の製造や使用と，自分たちで生産することが可能な菜食や肉食への移行があったこと，植物を再生産し動物を飼い慣らして規則的・安定的な食料確保を実現し，それらの材料を食べる工夫として「火の使用」があったこと，火の使用によって雑食性となったことなど，人間はどんな環境にでも適応できる能力を獲得し，進化を促進してきたのである。エンゲルスは，「動物は外的自然を利用するだけであり，もっぱらその存在によってのみ外的自然に変化をもたらすのであるが，人間はみずから変化をもたらすことによって自然を自分の目的に奉仕させ，自然を支配する」[4]という。人間の食生活が脳を発達させ，感覚器官を鋭敏にし，労働することによって必要となった言葉の発達を促進し，観念的世界観が生まれてきた[5]と。それが，家族，共同体の源だったのである。ホモ・サピエンス（賢い人・味わう人）について筆者は，①労働し食糧を再生産する，②食物を吟味し味わう豊かな感覚的・知覚的・精神的能力をもっている，③共同社会の中で食文化という世界を創り出す[6]，というところにその特徴を見ている。語らい味わう食文化を失うということは，人と人の関係も失われ，労働への価値も見失い，身体が退化していくということであろう。

　共同体の様々な諸形態をアジア的，古典古代的，ゲルマン的とした大塚久雄は，共同体の成立する根本に「大地」をおく。「富の包括的な基礎ともいうべき『土地』Grandeigentum こそが，他ならぬ『共同体』がまさにそれによって成立するところの物質的基礎となる」[7]とする。大地こそ，居住の場所，食糧や生活手段を貯蔵する天与の大倉庫であり，そこを先取して社会関係の基本である共同体を構成する。社会がどんなに発展しても人は生まれながらにして原始的共同体の名残をもつある共同体に属する。アジア的形態は家父長制の家族共同体で，ゲルマン的形態（古典古代的形態はギリシア，ローマでみたように奴隷制に立脚しているが）は共同体内分業・ギルド制度による市場の「自由」と「平等」を特徴とする。大塚はゲルマン的形態にみる成員の私的独立性と私的活動力について「『共同体』がもはや私的諸個人をおしつつ

む一個の『結合体』Vereinとしてではなく，個々の私的個人間の単なる『結合関係』Vereinigungとして現われている」[8]として，マルクス同様の見解をおいている。

　今日のどんな共同体もいずれかの名残を含みながら，衣食住の営みをしている。日本もシングル単位社会に移行し，アジア的形態は少なくなってゲルマン的形態の共同体が増えている。それは従来の共同体の崩壊現象と重なるため，子どもも大人も従来の範疇から外れた事件が多発する自他無為（自他共栄の反義語。嘉納治五郎の「なにゆえに精力最善活用・自他共栄の主張を必要とするか」の反義語で互いに他のためには何もしない意）の時代を迎えている。一人ひとりが権利をもったシングル単位社会・単家族は，個々が好き勝手に行為する，あるいは個々が好きに孤食すると誤解される側面もある。そうではない。単家族だからこそ，私的個人の結合という契約の始めに還って，天与の大倉廩である大地を共有し，共同作業をし，食文化を共有する社会を生きる必然に見舞われているということである。そこに語らい味わう生きる喜びが生まれ，共属感情が培われるのではなかろうか。

(2) 共同体の枠組み

　一般にいう共同体とは，自然的家族を最小単位とした衣食住の営みがなされる相互互助の集団である。そこには共同体意識，つまり共属感情が生まれる。その共属感情をもって生活している人々の生活体，生活地域をさして共同体という。そう考えると，自然的に発生した共属感情が生まれる共同体にはある枠組み，仕組みがある。

　ルソーは，「人間は新しい力を生み出すことはできず，ただすでにある力を結びつけ，方向づけることができるだけであるから，生存するためにとりうる手段としては，集合することによって，抵抗に打ちかちうる力の総和を自分たちが作り出し，それをただ一つの原動力で働かせ，一致した動きをさせること」[9]とする。この力の総和は，多人数の協力によってしか生まれない。しかし，多人数は人を拘束もする。個々の力と自由は，生存のための大切な

手段であるため，個々の自由を害することなく多人数の協力が生み出せるのか，そこにルソーのいう社会契約がある。生きるための社会契約は，「各構成員の身体と財産を，共同の力のすべてをあげて守り保護するような，結合の一形式を見出すこと。そうしてそれによって各人が，すべての人々と結びつきながら，しかも自分自身にしか服従せず，以前と同じように自由であること」[10]とルソーがいうところに根本的なテーゼをもっていたということになる。

学校・園は，共同体なのか。フレネは"学校が子どもたちの役にたち，子どもたちが学校の役にたつ教育共同体"だとした。今日の学校教育も，「学び合う共同体」として，新しい装いを形づくり始めた。そこでいう共同体という言葉をもう少し明確に捉えておきたい。

① ゲマインシャフトとゲゼルシャフト

共同体には，肯定的な関係として形成される総合体のうち，実在的有機的な生命体をゲマインシャフトと呼び，観念的機械的な形成と考えられるものをゲゼルシャフトと呼ぶ。テンニエスは，"すべての信頼に満ちた親密な水入らずの共同生活は，ゲマインシャフトにおける生活"であり"ゲゼルシャフトは公共生活であり世間である"[11]として両者を区分する。

人は誕生以来，家族というゲマインシャフト的生活を送り，家族とあらゆる辛苦を共にする。子どもは保護や養育や指導を受け，母は所有の喜び，服従の喜びを味わう。これは家族という血族におけるゲマインシャフトだけでなく，同じ目的や意図で共同作業，共同管理する精神のゲマインシャフトに発展し，肉親，近隣（村），朋友（精神的な紐帯によって結ばれた者）とも社会的関係を結ぶ。テンニエスは，都市もまた自給自足的な世帯でゲマインシャフト的生命を有する有機体であるとする。「個々の人間の理性的な個性的な行為が芸術であるように，都市が自己自身の健康と力とを保持することそれ自体が一つの芸術である」[12]と。

城壁や塔や城門を作り，そこに芸術と宗教を現すのも，家の竈（かまど）や祭壇，祭祀と同じで，言葉や行為や調度品の調和のとれた心地よさ，節度，リズム

などが神聖な美と平和を感覚的に知覚させる。つまり，宗教や芸術が日常的な生活の内容としてある町も有機体として生きている共同体なのである。人間の身体的行為と言葉で表現されるゲマインシャフト的平和は，都市と分離しているにもかかわらず生を支える大地として深く結びついていて，空気感も含めた親和的・肯定的関係を生み出している。

一方，ゲゼルシャフトは人々が本質的に結びついているのではなく分離していて，他者に対して緊張状態にあり，自己の領分への介入は拒絶する否定的態度が平穏な状態をいう。物の交換によって利を得る，そのために契約する，契約の際に抵当を入れる，負債という債権者にとっての所有権に対し債務者の所有権が制限される，といった関係がゲゼルシャフト的であると捉えている。この法秩序の共同主体が，契約は守らなければならない自然法として認識していれば，あらゆる種類の成文化された規則や契約は協約と呼べる。テンニエスが，「各人はすべて自己自身の利益を追求し，他人の利益は，それが自己自身の利益を促進するものであるかぎりにおいてのみ肯定されるのであるから，万人の万人に対する関係は，協約の生ずる以前やその外においては，──（中略）──潜在的敵対あるいは潜在的戦争である」[13]というように，工業化社会は取引をもとにした商業の領域を世界市場にまで広げる。利益を獲得する術としての商業は，ゲマインシャフト的な生活芸術とはまったく似ても似つかぬゲゼルシャフト的ということになる。

マックス・ウェーバーは，テンニエスのこの区分を彼自身の目的が違うところにあるとしながら，社会的行為が「メンバーの主観的（感情的或いは伝統的な）一体感に基づくような社会的関係は，共同社会関係である」「合理的（価値合理的或いは目的合理的）な動機による利害の均衡や，同じ動機による利害の一致に基づくような社会的関係は，利益社会関係と呼ばれる」と定義する。そして利益社会関係の純粋な類型は，①市場における自由な契約による純粋目的合理的な交換，②自由な契約による純粋な目的団体，③価値合理的動機による信仰団体の三つ[14]があるとする。さらに「多くの社会的関係は，共同社会関係という性格と利益社会関係という性格とを同時に含んで

いる」[15]として，ゲマインシャフトとゲゼルシャフトを区分するのはテンニエスと同様であるが，それを区分しきれない関係にあることに注目する。

② 二項を含む学校・園

学校・園という共同体も，ゲマインシャフトかゲゼルシャフトか，どちらともいえない。就学義務を負った親と国の契約，学校と親の契約と考えればゲゼルシャフト的である。しかし，子どもや教師の側からみて，食卓を共にして暮らし，媒体を通して学び，感化し合う関係とすれば，親和的・行為的な社会関係を結ぶ実践共同体を目指しているといえよう。それが，メンバーの感情的な一体感に基づく共同社会関係の場合もある。しかし，競争や闘争に見舞われ，暴力が振るわれたり諸類型間の淘汰が行われたりして孤立した状況に陥る場合もある。力によって強者が弱者の金を巻き上げたりすれば，契約による利益社会関係どころか，弱肉強食の動物的な社会関係も発生する。マックス・ウェーバーは，集団は「社会的関係の意味内容或いは効力ある秩序が参加を排除したり，制限したり，条件を課したりする場合，外部に対して閉鎖的」[16]になるという。外部と情報を遮断し，内部で戦い合う閉じた世界をつくるからである。そう考えると，学校や園は自発的加入による任意の団体ではなく，ある基準に合致する一切の行為に合わせて効果的に強制される団体であると同時に，生活や学びを共にする相互親和的な団体を目指しているということであろう。

(3) 学びの共同体

教育における共同体，共同性について，藤田英典は，「その要素として，場の共有，相互交渉・コミュニケーション，文化の共有，連帯の絆，の四つが重要である。学校はこれらの点で共同体として存在しているが，そのありようは各要素のありようにかかっている」[17]として，マックス・ウェーバーの二つの性格を併せもつ学校共同体を浮き彫りにする。

学校は，学習と生活を目的とした場で，諸活動が繰り広げられ，相互交渉，文化の取り込み，文化の連帯の絆が育くまれる共同体であるが，疎外的で抑

圧的なものになることもあれば自由で開放的なものになることもあり，憎悪や反感に満ちたものになることもあれば優しさと思いやりに満ちたものになることもある。教師はそれを認識して，学校を〈豊かな学びの共同体〉にすることが重要になる。かつても今も学校は準強制的な生活集団として存在してきた。藤田はそうした抑圧と強制ではなく，許容的な共感と連帯の地平，自由な関心と探求の地平を志向する〈想像の共同体〉を描くのである。

佐伯胖も，拡大・普及するマルチメディア／ネットワーク化が教育の私事化と公共化の二面性をもつことを踏まえ，学びを関係論的に組み替えた新しい時代の学びのネットワークを提案している。1980年代からの教育改革が，各家庭・個人の自由な選択肢を拡大し，市場原理に委ねる方向は，統制のきかない無政府状態をつくる危険がある。幼児教育ではことさら教材パッケージを高額で売り買いする教育まがいが蔓延していること，私事化によって基礎的な内容が身につかないタコツボ化が拡大していること，家族のタコツボ化の促進により地域社会の結合力が弱まり，個人が帰属する共同体を見失ってアイデンティティの危機を招くことがみえている[18]，というのである。

こうした学校の学びの共同体の考え方は，就学前教育にその始まりがある。集団を構成する年齢は低いが，幼児の相互作用が生まれる中には好ましいものも好ましくないものも混在する。子どもの年齢が低いだけに教師のさじ加減一つで，強制的な力による生活集団になりやすく，これに養護性が加味するので，教師が熱心に関係をつけようとすればするほど，子ども相互の親和的な共同体から離れて，個々がばらばらになっていく。教育を一方向的に教授するものと勘違いしていたり，子ども相互ではなく教師対個々の子どもの関係に傾いていたりすると，社会的関係の意味内容・秩序が閉鎖的になるからである。その集団は，「養育者がかくも熱心に児童の養育に従事するのは，ただこの熱心さの基礎に，児童の純潔さに対する嫉妬と，この児童を自分に似たもの，すなわち一層そこなわれた人間につくり上げようとする希望があるからにすぎない」[19]とトルストイが警鐘を鳴らした養護・養育による強制集団として，教師の手の内でコントロールされやすいのである。

管理の行き届いた集団は，一見，まとまりのある素直な子ども集団，規律ある集団に思われるが，教師がつくる学級内の秩序やルールは集団が相互了解によって生み出したものではないため，他律的であって自立には向かっていない。教師の行為する慣習や慣行も，共同体の文化を抑圧はするが創造過程には向かわない。かといって，3歳から5歳の子どもたちだけで秩序をつくり出すことはできない。秩序のない集団は個々がばらばらになり私事化を促進して帰属集団をつくらない。もともと保護者と園の契約であって，子どもの意志で選択された集団ではなく，子どもが希望した生活というわけではないことにも起因している。それだけに，就学前教育は難しくもあり面白い。教育が，自由への道を究めることに向かう始まりにあるからである。

　幼い者たちが養護してくれる時期を過ぎてなお，養護者の権力に従うことは，ルソーが，「自分の自由の放棄，それは人間たる資格，人類の権利ならびに義務をさえ放棄することである」[20]というような経験をもたらす。その方向にいかないように，自我の芽生える3歳前後を境に，集団による相互作用が可能な共同体の一員として参加する仕組みが，家族生活への参加，子ども集団の遊びへの参加，そして就学前教育への参加なのである。就学前教育に，教育共同体の思想を取り込むなら，社会的行為の規則性を踏まえておくことも必要な条件であろう。第二次世界大戦後の幼児教育界は，社会学的視点を忘れ，発達心理学と看護学を基礎として教育を語ってきた。一方で，義務教育諸学校が使う言葉を敏感に取り入れて巧みに使ってもきた。〈共同体〉も然り，何をもって共同体とするかも曖昧である。そこでふたたびマックス・ウェーバーに戻ろう。社会的関係概念を理解しておくことで幼児の関係を研究する視点が得られると思われる。以下，概略を示す。

　　① 社会的関係と社会的行為
　　○社会的「関係」とは，意味内容が相互に相手を目指し，それによって方向を与えられた多数者の行動のことを指す。従って，社会的関係というのは，偏（ひとえ）に，意味の明らかな方法で社会的行為が行なわれる可

能性ということである。
○双方の行為の相互関係が少しでもあることが、社会的関係という概念の基準になる。
○社会的関係には一時的なものも、永続的なものもあり、意味内容は変化することがある。永続的に作り上げようとする意味内容は「原則」という形で表現される。意味内容が相互合意によって協定される場合、「約束する」という[21]。

② 社会的行為の習慣と慣習と利害関係
　　社会的行為の規則性がある集団内の現実の行動によって与えられている場合は「習慣」、この習慣が身についたものであるとき「慣習」と呼び、行為の規則性が合理的に向けられたものであれば「利害関係によるもの」という[22]。

③ 正当なる秩序の概念
○社会的関係は、当事者の側からみて「正当なる秩序」の存在という観念によって支配されている。実際に支配される可能性をその秩序の効力という。違反に対する非難によって秩序が生まれ効力が確認される〈慣例〉と、〈法〉によって関係に生まれる効力が秩序をもたらす。さらに外にある慣例や法だけでなく秩序を生み出す主体の善を志向する道徳的規範もあるが、社会学ではこれは慣例によって保証されると考える。
○ある秩序が効力を認めるのは〈伝統〉、〈感情的な信仰や啓示〉、〈絶対的な価値と信じる信仰〉、〈実定法の合法性〉である。
　　この合法性には、ア．合法性に関する関係者間の合意と、イ．正当と認められる人間間の支配と服従に基づく強制がある[23]。

　就学前教育の場では人間関係を捉えるために、教師と子ども、子ども同士の関係に生まれる意味内容を分析したり考察したりする。その際、「意味の明らかな方法で社会的行為が行われる可能性」の"意味"を、子ども相互で

はなく教師にとっての意味に解釈して教授したり，意味内容が相互合意によって協定されていないのに「約束した」とか「約束した決まり」として従わせることで秩序を生み出そうとする場合がある。また，話を聞く態度や遊んだ後の片付けなどの相互行為がよい子の「習慣」や「慣習」となるよう，教師との「利害関係」で，園の〈伝統〉として，あるいは神の〈信仰〉として子どもに伝えられる。使っていない玩具もよい子は率先して片付ける，この園の子どもはみんなそうしてきたといった語りの一方で，各自に責任をもたせて片付けるときもあれば急げば教師や他児が代わりにやるときもあり，一貫性がないといった矛盾も発生する。「園の伝統として話を聞けない子どももはいない」「悪いことは神様が見ている」といった約束や縛りの語りは，子どもだけでなく教職員も拘束する。

　法であれ慣習であれ約束であれ，関係者間の合意をつくり出す過程が身体的にも相互理解されて機能する条件が前述の①〜③でいう共同体という社会的関係概念であるが，教師の強い保護・養護性の意識が対話を促進しない。子どものためによかれと考えた教授・伝達によって，守ってやっているという強制集団をつくりやすいのである。そうした意味では，社会学の視点，つまり教師自身の社会的行為の意味がみえない限り，集団での幼児との共同性という関係づくりは困難を来すといえよう。集団教育の場ではなく，市井の遊び集団の中にあったら，子どもたちは周辺から参画し，子ども集団のリーダーが参加の了解を与え，自ら演じる立場・役割を感じて共同的行為を行い，そこで修正しつつ集団の規範に同化していく。かつて野にあった遊び集団の方がはるかに民主的でゲマインシャフト的関係を構築していく過程がつくられたといえよう。

2．就学前教育の場所(トポス)の法的関係性

　人間関係は育てるのではなく，育つ仕組みの中に身を置いて，関係のつながり方，逃げ方や距離のおき方，他者の行動様式や興味・関心に対する己の

関心・無関心といった自信を，社会的文化として習得していくものである。かつてソ連が青少年のためのピオネールのキャンプで社会主義思想を培い同朋意識，国家への連帯感をもたらしたように，あるいは，現在も多くの国々の国政の仕組みが，社会的市民を育成し愛国の心情と同朋意識，仲間の絆を培っているように，人間の関係が育つ仕組みが社会につくられている。私たちは日常，自治会といったコミュニティや職場，同級生，近隣の人々といった重層する関係の中に身を置き，相手との関係の中で自分を現していく。

「法は，本来，社会的結合の諸条件以外の何ものでもない。法にしたがう人民が，その作り手でなければならない」[24]とルソーがいうように，その国の教育課程基準が，それに従う者が作り手となっているかといえば嘘になる。人民が立法に関与するシステムをつくり，公衆を啓蒙し，社会の諸条件を規定する意味を最大の力にしていくことが必要なのである。第二次世界大戦後の諸法は人民の代表者と占領国が草案したものであり，1960 年代以降は国民の代表者が，今日では国民がパブリック・コメント（意見公募手続，意見提出制度）に参画する形をとってはいるものの，国民にその意識が弱いという現状，つまり国民の社会参加意識が十分に醸成されていない現状にある。本節では　就学前教育における社会性の発達を方向づける教育課程基準は，どのような歴史的変遷を繰り返してきたのかを整理し，人間関係が育つ学校・園の仕組みの根底に流れる人をつなぐ紐帯を考えたい。

（1）保育要領―幼児教育の手引き―

1948 年に出された保育要領のまえがきには，「今，新しい日本を建設しようとするときに当たって，幼児の育て方や取り扱いについて根本から反省をし，学理と経験にもとづいた正しい保育の仕方を普及徹底して，国の将来をになう幼児たちを心身ともに健やかに育成していく」[25]という決意が謳われている。そして学理に基づいた発達特徴と，①身体の発育，②知的発達，③情緒的発達，④社会的発達の 4 視点を踏まえた生活の指導について詳細されている。

社会性の発達は，快の状態にある身体，基本的な生活習慣（食事，排泄，着脱，清潔，睡眠）などの身辺の自立，喜怒哀楽の情動表現や言葉でのかかわり，一人遊びから集団での遊びへの没我，認知し経験したことの模倣や表現，社会生活への参加など，本来，生活全体と切り離せないものである。
　保育要領の「六　幼児の保育内容―楽しい幼児の経験―」には，園生活自体が関係を結ぶ場であるとともに，「見学」として社会の様子や仕組みなどに興味や関心をもつ内容が押さえられている。

　　　幼児には，広い範囲にわたっていろいろの経験をさせることが望ましい。そしてその経験は，なるべく実際的，直接的でなければならない。幼稚園内，あるいは保育所内での生活はいかに十分の設備と行き届いた教師の指導があっても，どうしても一方にかたよったり，狭い範囲にとどまってしまう。園外に出て行って，園内では経験できない生きた直接の体験を与える必要がある[26]。

　自分を取り巻く自然や社会を学ぶのに，実際的，直接的な経験を得させること，それによって幼児たちは「注意深く見る習慣を養われ，正しく見，正しく考え，正しく行動することを学ぶ」のである。それでは，社会を学ぶためにどこへ行くのか。

　　　場所としては幼児にとって危険がなく，しげきの強過ぎないところならばどこでもよい。町に行けば，花屋・くつ屋・やお屋等の前を通っていろいろの商店が見られ，郵便局・停車場等の公共の施設もあり，その途中には交通を整理する巡査が立っているのに感謝の念がわく。近くの小学校に行って将来の学校生活を見たり，運動会・展覧会を見たりする。公園・遊園地では幼稚園とは違った遊びができるし，植物園は珍しい草木や樹木が幼児を楽しませ，動物園にはいろいろの動物が幼児の来るのを待っている[27]。

つまり，身近な社会に出かけ，そこで町の人々や動物など生きた実態に出会う「見学」が，人とのつながり，社会とのつながり，自然とのつながりといった"つながり"を学習する経験になり，社会市民としての素地になると考えたからであろう。かつての先達たちが，散歩の上手な教師になれと言ったのも，教育が塀囲いの中で孤立せず，社会と連帯するようにという願いでもある。

この直接的，具体的な経験が，子どもの自由遊びの中でも生かされるとする。「話し合いによって観察も深められ，くふうや創造が営まれる」「自分の意志によって好きな遊びを選択し，自分で責任を持って行動することを学ぶ」「子供どうしの自由な結合からは，友愛と協力が生まれる」のである。教師が見る視点は，遊びの種類，遊び方，交友関係などから個性をつかむこと，「グループ遊びが共同の目的の下に秩序正しく行われているかどうか。その中で子供のひとりひとりがどんな役割を果しているか。更に他のグループと交渉を持ち，遊びを発展させてゆくかどうか」よく観察することが指導を方向づけるとしている[28]。

もう一つ，この段階では自然と社会と人々の暮らしは切り離せないものとして位置づいている。「園外に出て，紫外線の多い，空気のよい郊外の野山を，のびのびとした気分で歩いたり，そこで遊んだりすることは，幼児の健康のためにもよい」としている。それは，持ち帰った草花を花瓶にさしたり，木の葉，木の実，貝がら等のくらべっこ，小川で捕ったおたまじゃくしやめだかを池に放したり，野原で捕った蝶やバッタの飼育をするという直接的な自然とのかかわりである[29]。

第二次世界大戦敗戦直後のまだコミュニティが健在だったころの仮想の未来社会の規定といえばそうだが，ここに示された直接的な行動によって得た社会への関心は，遊びにおける関係の結び方や役割，対話による交渉といった中に現れ再体験するという構造である。それ故に，幼児の社会的発達の指導に当たる教師の態度としては，公明・正直，権利と特権の尊重，自己選択・必要感の意味といった生活態度と，静かで肯定的で快い対話技術，そして日

常の自立の促進の他に、わがままや間違いへの原因と結果がわかる対応等[30]、民主的な関係をつくる態度が挙げられている。子どもが善の基準をつくり自立に対する自信を培い、他者を尊重する態度を身につけるうえでの教師の明確な姿勢である。

　民主主義については、保育者集団だけでなく社会全体の責任に帰される。「基本的人権を尊重し、ひとりひとりが自分の能力を最高度に発揮し、権利をわかち合い、責任を取り得るような機会を与えるようにすることがたいせつである」[31]として、集団生活の場を与える意義が強調されている。子ども自身の権利と責任が、教育課程基準に載ったのは、これが最初で最後であり、やがて、子どもの権利は主張されても責任を負うことには言及されないようになっていく。それだけ子どもを幼く見る社会、子どもの尊厳を無視する社会に変わっていったということである。

(2)　幼稚園教育要領領域「社会」

　この保育要領は、1956年に基準性の強い幼稚園教育要領として「健康」「社会」「自然」「言語」「音楽リズム」「絵画製作」の6領域構造のもとに法制化される。領域「社会」は、幼児の発達上の特質を踏まえ、望ましい経験として掲出されている。その望ましい経験の骨子は、

　　①自分でできることは自分でする。②仕事をする。③きまりを守る。
　　④物をたいせつに使う。⑤友だちと仲よくしたり、協力したりする。
　　⑥人々のために働く身近の人々を知り、親しみや感謝の気持をもつ。
　　⑦身近にある道具や機械を見る。⑧幼稚園や家庭や近隣で行われる行事
　　　に、興味や関心をもつ。

というものである。44項目にわたる具体的な行為を通して身体化すること、知識理解すること、見聞し、楽しみ、興味・関心をもつという望ましい経験の内容で、6領域の構造は1964年の改訂時にも引き継がれている。

保育要領と幼稚園教育要領（1956年）の大きな違いは，全体として営まれる一つの生活を六つの領域に分断したことにある。保育要領では，"自然と社会と人々の暮らし"が一体としてあったものを，「社会」と「自然」等に区分したことで，基準が具体的な生活段階から思考を組み立てる拠り所としての段階に移行した。つまり，指導計画作成構想の基準としての段階に移行したことにある。1964年の改訂では，ねらいの項目も立ち，望ましい経験や活動が整理されて，個人生活，社会生活における望ましい習慣や態度の身体化と，身近な社会の事象への興味や関心が謳われ，27項目の望ましい経験や活動内容が掲出されている。また領域「自然」においては身近な動植物の愛護，自然の事象への興味や関心，日常生活に必要な技能，数量や図形への興味や関心をもつというねらいと，それぞれのねらいに対する望ましい経験や活動内容が合わせて21項目掲出されている。これらを他領域とも関連させ組織して，子どもたちの生活や遊びの中で総合的に指導することになる。つまり教師の押さえる観点・視点＝ねらいや内容を念頭におきながら，望ましい経験や活動を構想することによって生活をつくり出し，創意工夫して展開しようとするものである。

　1960年代前半まではコミュニティも健在で，共有する道徳性が見られた時代である。他領域と有機的に関連させながら達成できるように，参考となる指導計画も添えた指導書『幼稚園教育指導書領域編社会』は，現場に民主主義を位置づかせるものとして定着していったかに思われた。しかし，背後にある子どもたちの家庭や地域社会の生活基盤が危うくなるにつれ，区分された観点・視点から総合としての生活をつくり出すことが困難になっていく。現実の生活から課題を捉えて未来への思考を組み立てることは容易だが，教育課程基準に示された6領域の内容によって現実の生活を組み立てる困難は大きい。具体的・直接的な生活体験が減少した世代が教員になるにつれ，総合的な創意ある生活をつくるためのねらい及び内容の観点は，直接的な指導の観点・視点となり，言葉の力も生活性も失われていく。

　その流れに棹さしていくように，核家族から単家族へと社会の態様は変

わっていく。小中学校だけでなく幼稚園や保育所等でも，子どもの体がおかしい，対人関係が結べない，衝動的に動き話が聞けない，夜型になっているといった，"自己チュウ"[32]と総称するような子どもたちが増えたのは第1章のとおりである。それは，子どもの責任というよりは社会の変化に対応しきれない家族や学校・園など多くの大人の悩みの現れだったといえよう。

(3) 領域「人間関係」と教科「生活」

四半世紀続いた教育内容「社会」の基準は，1989年の幼稚園教育要領の改訂に伴い，大きく転換することになる。この教育課程基準改訂では，その内容が「健康」「人間関係」「言葉」「表現」「環境」の5領域に改編された。ねらいは園生活の全体を通じ幼児が様々な体験を積み重ねる中で相互に関連をもちながら達成に向かうものとしている。"生活や遊び"という人間の関係が育つ営みの中で，具体的な体験を積み重ねるという方向性が示されている。しかし，1956年よりさらに抽象度の高い美しい言葉の羅列に終わっている。教育課程基準は，教育基本法・児童憲章・児童の権利条約・障害者の権利条約といった理念法から，学校教育法，設置基準や運営基準，学校保健安全法等，最低基準を示す関連する施策法まで理解したうえでの幼稚園教育要領の内容だからである。法が整備されればされるほど生活世界は細分化され，現場では全体・総体が見えない状況に陥る。領域「社会」から領域「人間関係」に変わった意味をその具体的な内容から捉えてみたい。

① 領域「人間関係」の内容の空洞化

領域「人間関係」は，「他の人々と親しみ支え合って生活するために，自立心を育て，人とかかわる力を養う観点から示したものである」とされている。"人とかかわる力を養う観点"として三つのねらいがある。

　ア．幼稚園生活を楽しみ，自分の力で行動することの充実感を味わう。
　イ．進んで身近な人とかかわり，愛情や信頼感をもつ。
　ウ．社会生活における望ましい習慣や態度を身に付ける。

充実感が得られる生活の営みや自発的な遊びが展開される環境を通して人間関係が育つという論理は，個体能力主義ではなく社会文化的な発達観に基づいている。社会はすでに単家族に移行し，つながりが希薄になっていることから考えて，せめて幼稚園や保育所だけでも，親しみ支え合う人間の関係が育つ社会的，文化的な環境を醸成して，ねらい達成に向かおうということであろう。身近な社会を見学し，社会の構造や役割を学び，善悪含めた人々の生き様や生に潤いをもたらす娯楽を捉え，批判眼をもって次の社会をつくる一員となるより，園内というユートピアの中で幼児期の幸せを実現しようという社会と分離した閉鎖的な視点の内容である。すでに見学するほどの価値を社会に見いだせないということであろうか。あるいは社会の教育機能が従来の視点では見えなくなったのであろうか。教師が指導の観点とするものは，身近な社会への関心でもなく，自然や社会を媒介に学び合う過程でもなく，友だちとの共感，意思疎通，相手の良さ，共同，思いやり，ルールである。これが"人とかかわる力を養う観点"である以上，真面目な教師は，これらを養うための作用を強化する。「いじめはいけない」「仲良く」「自分の思いを出して」「良さを認めて」「力を合わせて」「思いやって」「ルールを守って」いくように直接的な作用として過剰に働きかけることが危惧される。社会契約の始まりに戻るのではなく，大人の価値規範を教えることで道徳性を培おうとする意図も読みとれる。

　人間関係は，大地・場でつながる人々の中で作業・娯楽などを共同することによって自然に育つものであって，具体的・直接的な相互行為の媒体なしに育てられるものではない。偶然であれ必然であれ，人やものとの関係，自然や社会の出来事と自分との関係の総体から醸成される。しかし，ここで示されているのは，家族もばらばらな時間を過ごす，日常生活で町の人々との触れ合いなどもない，また子どもの声が町に響くと迷惑がられるという時世だからであろうか，人とかかわることが下手になった子どもたちに，友だちとの関係を育てようとする，つまり，関係を育てるために関係があるという構造である。

この基準は1998年，2008年と改訂され，保育所保育指針の告示化とともに就学前教育が共有するねらいとなったが，四半世紀のうちにますます道徳的・規範的な"人間関係を育てる"という隘路にはまってしまった。幼児だけでなく青少年や大人も含めて社会全体に他者との関係が希薄になっていく。イヴァン・イリイチが，「価値の制度化が『人間の条件』の引き受けと私が呼ぶものを，知らず知らずのうちにむしばみ腐らせる」[33]という現象に見舞われ，人間関係を育てなければならないといった命題を教育・保育界が抱えたからである。2008年告示の領域「人間関係」に掲げられた内容は，自立への構えと物事をやり遂げようとする気持ち，共に過ごす喜びや悲しみへの共感，相互の意志疎通と善悪の判断，思いやり，創意工夫，決まりの遵守，物を大切に扱う，いろいろな人々への親しみといった道徳的概念が中心である。自分の生活に関係の深い高齢者や地域の人々への親しみの1項目はあるが，具体的な体験・共同作業という関係をつなぐ媒体・媒介は見えにくい。生きるための媒体・媒介を通して得られる感覚，子どもを取り巻く社会との関係，現実の社会の観察という潤滑油を失って，直接子どもに言葉で，友だちとの関係のつくり方を教える現象が続いているのである。

　生活や遊びを中心とし環境を通して行うという教育課程基準の考え方は，3回の改訂によってもなかなか先が見えない。そこには，学習媒体の学習過程の意義が欠落している他に「適切な指導」の概念と「適切な援助」という概念が錯綜しているからである。そして，人間関係を直接的な援助によって育てようと考える園と，園内外の自然環境を豊かにしたり地域社会に出かけたり，様々な社会の事象を学ぶメディアを提供したりして，人間関係が育つ仕組みを環境に埋め込もうと考える園との二極化を生み出している。

② 小学校教科「生活」

　幼小一貫を目指した教育課程として1989年に告示された教育課程基準は，1992年，小学校に教科「生活」を誕生させた。幼児期に先生や友だちとの関係が築かれれば，学童期に身近な社会の事象や自然事象を能動的に学ぶというつながりであろうか。その目標には，以下の5観点が挙げられてい

る[34]。

　(1) 具体的な活動や体験を通すこと，(2) 自分と身近な人々，社会及び自然とのかかわりに関心をもつこと，(3) 自分自身や自分の生活について考えること，(4) 生活上必要な習慣や技能を身に付けること，(5) 自立への基礎を養うこと，である。

　具体的な体験を通すことは，就学前教育も同様，生きる者すべてに共通しよう。見る，調べる，作る，探す，育てる，遊ぶなどを通して，言葉，絵，動作，劇化などによって表現する。身近な社会的事象や自然事象・現象を対象化し，己をも主体・客体化して生活者としての自分を知り，自分の生活について考え，生きるうえで必要な習慣や技術，生きる豊かさの本質を実感しつつ自立に向かうのである。

　自然と社会と暮らしを切り離さず，それによって自己への信頼とともに表現する力にもつなげていこうとする生活である。

　学校の施設，通学路，そこで働く人々への気づきや交流，家族とその中での自分の役割，公共物や公共の施設の活用，身近な自然や四季の変化と暮らし，生き物の生態と生命の尊重，自己への信頼と支えてくれる人々への感謝といった内容が具体的媒体・メディアを通して学習されるという構造である。

　教科「生活」は，1989年に新設された教科である。日本は1947年からはデューイのプラグマティズムを基本にしていたので，座学中心の学校に能動的な合科的学習が入ったのは1957年以来といえる。小学校の観点には，学ぶ対象と環境が挙げられ，他教科の基礎となる総合的な活動となっているので，保育要領に通じるところがある。20年後の2008年改訂の重点は，①小学校生活への適応と幼児教育との連携，②科学的な見方・考え方の基礎の育成，③安全教育や動植物との関わりなど現代的教育課題への対応，④気づきの質を高める，ことに置かれている。生活科の精神は，生きるうえでの「不易」の理念・原理である[35]という認識に立っている点では，幼児教育と通底する。自分とは何か，自分が生きる世界とは何か，自分をどう表現しているのかを知る生活の断片がそこにある。

四半世紀以上続いた抽象的な領域「人間関係」の理解の困難さは，未だに横たわっており，思考を組み立てる構造も見えない。さらに5領域の内容を大学等で学ぶ法的な縛りに左右される悪循環は今日まで続いている。領域「人間関係」は他の領域すべてにかかわる内容で，領域として取り出すこと自体，多様な解釈と誤解した実践を生む。そもそも領域とは何か，その性格を十分理解し得た人のみが，これらの観点から総合的な自然と社会と自分たちの暮らしをつなげる生活をつくり出すことができるのだといえよう。

§2　学び合う共同体の仕組み

1．個と集団の相互作用

　どんな動物も類を存続させるための生得的なプログラムをもっており，社会的動物である人間は，この生得的プログラムと調整しつつ社会的プログラムを習得する。それが生きるということであり，環境との関係をつくることである。すでに法的にも環境的にも文化的にも固い枠組みが形づくられている中に参入してくる子どもたちは，その枠組みの中で挨拶の仕方，物の始末の仕方，言葉や食事・排泄に至るまでの所作振る舞いといった生活様式，文化を享受していくことになる。家庭を始めとして村，町，国家という枠組みがあるように，幼稚園・保育所・こども園や学校という小さな組織体にも，人間の関係を規定する社会同様の枠組みがある。

　学校や就学前教育・保育の場は，育ち合う関係の仕組みをどのように構築し，人間の生命性や発達の有用性に応えてきたのであろうか。子どもたちが置かれた他者との関係を結ぶ場は，常に安全だとも美しいともいえず，共感すら受け付けない自然と人，人と人の厳しさの中に置かれる場合もある。

　本節では，集団の場で発生する現象を重層的にもつ園や学校が，どのよう

に枠組みをつくり，学び合う共同体をつくり出してきたのか，また，これからつくり出していくのかを考えたい。

(1) 関係が育つ教育の仕組み

20世紀の初め，新教育運動が世界中に広がりを見せたのは，国民教育が普及するに従い，モニトリアル・システムからギャラリー方式による一斉教授の教育が行き詰まり，性非行や自殺などの病理的，逸脱的現象が多発してきたからである。柳治男は教育を受ける側の受容先行型の学校から「学習意欲が存在しなくとも就学を強制され」「厳格な行動規制が課される」[1] 供給先行型の学校へと国家が介入したところに中産階級の反発が生じたとする。子どもを惹きつけるために司祭としての教師，迷える子羊としての生徒の関係がつくられ，それも結局は子どもの荒れと教師の不満足をもたらした。

そこで登場した新教育運動の中で，新たな教師と子どもと保護者，子ども相互の関係が築かれて，学ぶ意味の問い直しがなされることになる。欧米では生活を基本にした人間のふれあいと生きる喜びをつくり出す教育が目指されている。

イギリスのレディのアボッツホルムの新学校は，競争原理のみが重視され，協同・協調の精神が欠如し，道徳の頽廃と精神性の軽視によって頽廃したパブリックスクール批判が設立の原動力となっており，ゲーテの教育州を実践化したものとされている[2]。手工的，芸術的，知的，道徳的な人間本質の調和的発達を目指す全寮制のゲマインシャフト的な学校生活である。フットボールやクリケットといったゲームの他，塗装や建物の修理などの大工仕事，雑草取りや農場の整備，園芸など多岐にわたり，子ども自身の協同・協働で経営が行われる教育的価値の高いものだったといわれる。ドイツのリーツも学校が教授学校になりさがったとして，田園教育舎を設立している。「自分自身で認識し，発見し，考察し，対象を吟味しうる」[3] 生活に忠実な学校である。またヴィネケンは自由学校共同体を設立した中で「学校は生きられた共同体であり，特定の表情・容貌を所有している。絶えず感取されるがけっ

して充全に定義することはできない共同精神を持っている。学校は抽象的な規則ではなく，一つの具体的有機体なのである」[4]として，その精神を失った学校は，身体も生命の本能も失っていることを指摘した。また，ゲヘーブは「年上の者も若い者も，皆，どの仲間にも権利と義務を同時に与えられる自治体を私達は，ここに作るのである」[5]として，子どもたちが協同責任を担う自治体，つまり，育ち合う歓び，希望，生活の基本的要求が満たされる共同体を目指している。

　このように教授学校から共同体への移行は，ケルシェンシュタイナーが「陶冶過程の根本公理」に「生活共同体の作業組織」を掲げ[6]，インドのタゴールやガンディーの作業学校に，そして，フレネの教育共同体学校へと発展している。しかし，フレネが主張したのは，労働・作業は，教育の目的ではなく生きる力，社会的な能力を発達させる手段として位置づけることであり，知識の教授も労働も，子どもを拘束するものであれば生きるということにおいて手段が目的にすり替わってしまう危険があるということである。フレネは，「幼い子どもたちがとくに好きな環境は自然である。子どもたちは自分の周りの生命を見ているものである。—（中略）—子どもたちは，単純な栽培，うさぎやにわとりの飼育，原始的な隠れ家作り，山小屋や洞穴に自分たちの飾りをつけたりすることには自然に興味を覚える」[7]として，実際的有用性を感じられる活動環境が用意されることで，知性と理性とがつながるとするのである。

　フレネの教育共同体学校の人間的な環境や学びの共同体に触発された満川尚美は，表現し協同する教室をつくるためには，兵舎から発達した校舎のスタイルを人間が生きる環境にすること，興味の複合がなされる学びの核となるものを子どもたちと見つけ出すこと，経験を表現する言葉をもつこと，そして個別学習と共同学習が同時進行で行われ啓発し合う相互媒介的な関係から学びの深化を図ること[8]だとする。

　イエナプランの創始者ペーターゼンも世界の新教育運動の潮流の中で生活共同社会学校を構想した。彼のいう学校という組織は，学年制によって効率

的に知を伝達する機能体ではなく，共に生活を向上させる共同体であるという主張から始まる。「人間的な共同体の中において人間が無意図的に互いに関わり合いながら存在し，活動しているところに教育が生まれる」[9]として，両親集団および教師集団の協同体的結合に基づいた共同社会意志の陶冶を目的とする学校共同体を目指す。人間の徳（善，愛，誠実，友情，謙虚，真の共感，慈しみ，敬虔，畏敬，責任，献身，犠牲，傾倒，おもいやりなど）によって結ばれた共同社会＝精神的共同社会，デモクラシーに立脚した学校で，教育経営の基本に，A 学校生活の外的組織（施設，設備，人的環境，物的環境，時間，空間的条件），B 学校生活の内的組織，C 生活への習熟，の三点をおいてその精神を具現化する。彼は，どのように理想の共同体を構想したかその概略を捉えてみよう[10]。

「A」．学校生活の外的組織
　①校舎（平屋建て，遊び場，運動場，花壇，全集団の部屋，製作技術室，自然科学作業室，体育館，音楽・行事・演劇のための集会場，幼稚園）を保有する。
　②生徒の編成（最大 400～500 名，下級，中級集団で各 40 名，上級集団で 30～35 名，自由であるが故に多人数が可能）を大きくしすぎない。
　③授業が可能な限り戸外で実施できる教具，作業道具，遊び道具類で，自然に 3～6 名の学習集団ができることを可能にする環境を用意する。
　④内的な活動性から自由に選択される場を基本として固定した場はない。
　⑤また，児童は集団に対して自己の自由の責任を負う。
　⑥全教育課程の中に作業の切り替え，場の移動等の休憩を置く。その休憩には民族的体操，朝食，運動と遊びも含まれている。
「B」．学校生活の内的組織
　①集団：集団による共同体生活の内容をつくりだす基幹集団（1 年～3 年の低学年，4 年～6 年の中学年，6 年～7，8 年の高学年，8，9 年～10 年の青年集団）を構成し，それぞれの集団は教育的状況が配慮された部屋をもつ。

②集団の定義と移行：異年齢で3グループに構成された基幹集団は，精神共同体の一つの社会形式としてあり，自分の能力において学習し得るものに参加することで精神的・身体的発達の諸段階を決定していく。知能程度が判断されるのでなく人間的態度が判断されるので，下級から中級，上級集団へと移行はしても落第する児童はいない。そして集団移行の決定にも児童が参加し自己判断する。こうした児童の内的な諸力の結びつきによって児童は内的変化を遂げていく。

③交際と習慣：部屋での秩序は集団の原則によって維持される。自由が規定されるのは，すべてが同一の権利と義務を有していること，空間への配慮，学習の個別性にある。また各集団がもつ部屋の独自性もその意義を認められている。学びの活動性は，座学から離れて円座形式の読書会，給食，集団授業，小集団の作業と，部屋の形態を自由に変える。児童の中に野生の粗暴さが働いているときは，練習の繰り返しと熱心な働きかけが必要だが，部屋は小鳥や時計や花や壁飾り，児童の持ち物など学校居間として人間形成力のある空間とする。そこで道徳的・人格的教育がもたらされるが，意見の開陳，意見表明の権利，諸事例の取り扱い，忠告や注意，内面性の育成に役立つ交際が重要になる。

「C」．生活への習熟

サロン形式の教授談話・教育的歓談：自分自身の行為を通して得た疑問と問題解決の過程が一般に考えられている学習に当たるもので，児童の本分に即した談話の指導においても児童の自己活動，自己陶冶に付き添っていく教師の姿勢が描かれる。それは教授ではなく「問い」を中心としている。児童・生徒の練習的諸活動の習熟は学習を深化させる重要な形式で，スタイル，文化を付与する。また，共同作業の開放性，教育における助け合い，といった生活の習熟によって，真の社会的陶冶が容易となる。

これら「A」．「B」．「C」．のデザインに基づいて授業の計画が構成される。

238　第2部　歴史的身体知による人間の関係

　そして，教育方法は，現実界との交渉様式として自己教育の基礎形式（熟慮，思索，信仰，祈りなど）と自己が他者と一つになる基礎形式（談話，遊戯，労作・作業，祝祭などの行事）を重視し，時程は午前中100～105分の学習活動に35～40分の休憩が2セットにされ，休憩には軽い体操，おやつ，自由遊びが行われる。

　工業化社会が到来した当初に生まれた学校は，リテラシーの教授に意味をもっていたが，それはやがて子どもたちに受け入れられないものとなり，学校を人間らしく生き，学び合う共同体にすることへとシフトした。柳は，子どもの自発性・主体性を標榜する児童中心主義教育は，「かくあるべし」という教育言説によって「問題をすべて二者択一的問いかけの枠の中に押し込んだ」[11]という。子ども中心対大人中心，経験中心対学問中心，生活中心対教科中心，良い教育対悪い教育の二者択一の二項コードは，思考を単純化する弊害を招いたのである。そして，児童中心主義もいつの間にか学校というハードウェアが不可視化され見えない学校となって，子どもも教師も学校の意味を見失う繰り返しの中にある。人間が競争の関係を結ぶか，協同の関係を結ぶかは，国と国の関係だけでなく家庭においても学校においても，その大きさは別として共通する課題なのである。

（2）〈きょうどう性〉の意味するところ

　新教育運動が目指した，人間の関係が育つ教育共同体，生活共同体は，施設から規模，生活内容，生活の方法といった具体的な構造の中で，自己活動，自己陶冶の実践を目指している。それから100年後，学校が共同性を失って，子どもたちに様々な不適応現象が発現し，それらが学校の問題として浮上したのは，第1章§2のとおりである。子どもの社会経験の基盤が変わって学校が背負いきれないほどの負担を担い，子どもの経験の個別化に対応できない問題が，社会を覆っていく。藤田英典は，意味空間の変質，共同経験の縮小は，「共同の時間，共有の空間を圧縮し，身体的にも精神的にも共同経験の幅と機会を限定し，心身の構えを個別化し，生活のリズムを個人化するも

のであった」[12] とする。様々な教育改革が成果を生み出せないのも，教育の個性化，個別化，学校教育の縮小の方向がアイロニー（irony，表面的な立ち居振る舞いによって本質を隠すこと，虚偽，仮面）に陥って，アイデンティティ形成に正対しないためだというのである。

　つまり従来，学校は近代的な集団の枠組みと役割の体系を基盤に，集団所属への準備や役割取得によってアイデンティティ形成を目的としてきた。学校の集団面や役割面が重視され，人格形成や能力形成というプロジェクトとして展開するのは当然のことであるが，藤田は，"形成という問題以上に現在的な問題"として，「将来を夢みることができる」「未来に希望がもてる」ことが，このプロジェクトが有効に遂行されるための必須条件だとする。「この条件が満たされているかぎり，そのプロジェクトがたとえどんなに厳しいものであろうとも，その参加者の多くはその厳しさに耐え困難を克服することができる」[13]，それが集団アイデンティティや役割アイデンティティの問題に耐える力を与えると。

　その夢と希望を共有するプロジェクトが強制的なものとなり，参加し続けることが苦痛になったところに今日の学校の抱える課題がある。学校がアイデンティティ形成の条件を生み出せないジレンマを，多くの子ども，教師や親も乗り越えられないでいる。教育の始期であるはずの就学前教育の段階から，自我の芽生えを促進する条件すら見いだせないとすれば，夢見ること，希望をもつことというアイデンティティ形成の必須条件は，暗礁に乗り上げたも同然である。

　藤田はこれを乗り越えるキーワードは，〈きょうどう性〉だとする。その一要素は，一つの仕事を協力し協調し合って行う協同性であり，二つ目の要素は分業・役割体制において協力し合うという協働性，三つ目の要素は集団に同じ資格で参加し　その集団の人間関係や規範を支え担う社会的な共同性，そして四つ目の要素が共通の文化にかかわる側面としての文化的な共同性である[14]。

　日本の就学前教育は，多くは生活基盤型を基本としているので，協同性と

協働性は，日々の生活の中で体験されていることを類推できるであろう。日々発生する問題を解決しながら生活を共にする，それが自然から理性に向かうものであれば，共同性も関係の中で自然に芽生えてくるはずである。しかし，現実には生活基盤型でありながら，協働性・協同性，社会的，文化的な学びの共同体が機能するとは言い切れない。それを理解するために，もう少し共同性の意味を捉えておきたい。

藤田は〈きょうどう性〉を次のように整理している[15]。

〈社会的な共同性〉
- 協同性と協働性は，集団における諸活動の編成の仕方と進め方，そこで展開し成立している人間関係に依存する。
- 社会的な共同性は，①集団内の地位と権威の構造，②集団内の人間関係や諸活動を制御している規範や評価原理，③協同性と協働性の水準が高くなれば社会的な共同性も高くなるという関係性，④集団内の人間関係の軋轢や親和性で，敵意や嫌悪感に満ちている場合，集団が小さいほど深刻になる。

〈文化的な共同性〉
- 集団を特徴づけている文化，集団において支配的な文化に依存する。
- 他集団や文化との関係，その集団を取り巻く社会の集団的布置状況に依存する。
- 成員の集団経験の総体に依存する。

　そして，集団における諸活動が，成員にとって積極的に参画し充実したものである場合や他集団の文化との違いが明瞭で集団間の競合性が強い場合は，文化的共同性は高く強くなる。しかし，社会的，文化的布置状況がその集団に対して非好意的である場合は，文化的共同性は強化されるが成員を不安定な状況に追い込む可能性もある。

社会的な共同性については就学前教育もまったく同じ要素をもっている

が，文化的な共同性は，ほとんど教師のもつ文化に依拠するとともに，子ども集団を取り巻く親の集団的布置状況に依存している。そのため，子ども同士の遊びの世界や生活の自治をつくり出そうとしても，乱暴はいけない，喧嘩はしない，騒いではいけない，危険なことはいけない，危険な道具は使わないといった文化に取り囲まれていて，完全に大人に守られた子ども期が演出される。つまり，よい子集団への縛りが強く，文化的な共同性に子どもたちが参加する余地がないほどに閉鎖的である。子どもたちも集団生活の経験は初めてなので，比較対象をもたない単一な経験が基盤になっていて，それを受け入れるだけである。比較対象をもつのは，帰国子女であったり，毎年担任が代わって保育室文化が変わった経験があるわずかな者である。しかし，経験のずれをもち，比較できるそれらの幼児は，集団の違いを敏感に感じ取るものの，それを言葉にして批判したり評価したりすることはできない。

1歳半頃までに養育者への信頼を獲得して能動性を発揮し，身の回りの事物を探索し，自分の中に快感情や喜びをもつこと，幼児期に同年代の仲間とかかわり集団の中で伸びやかに自分を出し，発生するトラブル解決へのポジティヴな体験を積んでいくことが〈きょうどう性〉の素地になる。そのための集団における遊びや生活において〈きょうどう性〉が生まれる条件とは何かを捉えていくことが，集団施設教育の役割であり，人間の関係をみることにつながると思われる。

2．社会化が促進される集団の枠組み

日本の義務教育は，年齢区分によって掲げる目的を明示し，子どもたちが習得する知識や技能だけでなく集団の作用によって得る経験を保障する仕組みを機能させている。0歳から3歳未満の保育と，3歳以上就学前までの教育と保育，そして小学1年（2,3年生までは教育と学童保育）から6年，中学，高校と年齢別（夜間中学，高校以上は年齢的制限はない）に，一つの集団の枠組みをつくったものが保育システムおよび学制である。6,3,3学制は今日4,

3，2，3制などの試行によって変化している（義務教育学校規定については，2016年4月1日から実施）が，いずれにしろ，一律の階段上に集団経験が積み重なるシステムである。その大きな枠組みの中でさらに学年別の同年齢集団を学級として構成することにより，集団の中に協同・共同・共生という民主的な関係のありようをつくり出していこうとするものである。

　就学前の子どもについては，0歳から3歳までは保育として家庭保育だけでなく福祉施策としての集団保育の場も用意されている。満3歳以上就学前の子どもは，教育機関としての幼稚園・こども園か福祉施設としての保育所かを選択することになる。第二次世界大戦後70年たった現在，保育システムは大変革の時期を迎えており，その行方は定かでないが，保護者の選択幅を広げて自己実現の多様性に向けた流れに形を変えている。保護者の選択したところが幼児が置かれる社会的な関係を結ぶ場所となり，幼児はそこの文化の中を生きることになる。教育の私事化が著しい現代は，保護者がわが子の身を置く環境を選択することで，それぞれの経験の質も変わってくる。

(1) 社会化を促進する外的条件

　動物が基体を置く住処や家族をもつように，親から離れて集う幼児が自分の基本的な居場所をもつのが園や学級，仲間の小集団である。社会化が促進され学び合う人間の関係が生まれる場所の仕組み，枠組みは次のようである。

① 園規模

　教育における規模とは，収容する子ども集団の大きさをいう。規模によって施設設備等の環境や教育の方法が左右されるので，規模が教育内容に弊害をもたらさないようにする。園規模が150人から200人程度を超える場合は，小学校のミニ・スクールのように，まずは大集団を何分割かしたユニットを構成する。たとえば300人規模であれば100人程度に区分し，建物を分離したり遊び空間を分離したりする。通園区域を区分して近隣にもう一園設置する場合もある。できる限り集団の無益な軋轢を減らし，社会化への相乗効果が生まれる規模とそれに見合った施設を考えるのである。

生活のユニットを小さくする良さは，教師が全員の特徴をきめ細かく観察でき，子どもも他者とつながりやすく，一人ひとりが自己実現する機会が多いことである。しかし，ユニットが小さすぎると学級替えもできず人間関係が固定化する弊害もあり，人間関係の軋轢が深刻化した場合は逃げ場がない閉塞性が生まれる危険もある。逆に，学びのユニットが大きい場合の良さは，人間関係が開放的で居場所や仲間集団をいくつももつことができ，また集団の迫力を感じることもできる。しかし，施設設備が整わず，大集団に埋もれてしまうと逆に，子どもは自己存在感が得にくく逃避しても誰にも気づかれないといった弊害もある。

ペーターゼンが，平屋建てで，遊び場，運動場，花壇，全集団の部屋，製作技術室，自然科学作業室，体育館，音楽・行事・演劇のための集会場を設け，幼稚園の子どもの編成を大きくしすぎず，授業が可能な限り戸外で実施できるように教具，作業道具，遊び道具類を考えたのも，自然に3～6名の学習集団ができることを可能にする環境を用意したのも，関係が育ち自己陶冶が十分なされ，自らに自由と責任をもつアイデンティティ形成がなされる枠組みをつくる構想からである。

② 施設設備

施設設備は，園や学級の規模および教育内容や教育方法と深く関連するものである。既存の施設設備があって規模が決まる場合もあるが，新設する際は土地と規模と理念によって施設設備が決まってくる。教育共同体としての空間をデザインすれば，当然，ペーターゼンが描いたような視点，テンニエスがいう建物芸術や家の中の竈にいたるまで日常的な生活内容としてある環境の視点が取り入れられるであろう。近世以降の集団施設教育は，子どもの社会化の一端を担う場所(トポス)だからである。

1899年に制定された「幼稚園保育及設備規程」では，保育時数1日5時間以内（1892年附属幼稚園分室が付設されそこでは毎週33時間以上で市民を対象とした），保母1人の保育する幼児数は40人以内，一園の規模は100人以内とし，特別の事情がある場合は150人を上限としている。また，建物は平

屋造りで保育室，遊戯室，職員室などを備えること，保育室の大きさは幼児4人につき一坪以上，遊園は幼児一人につき一坪以上，設備として恩物，絵画，遊戯道具，楽器，黒板，机，腰掛，時計，寒暖計，暖房器具などを備えることと併せて保育内容が規定されている。和田實も自ら建学した目白幼稚園の設備は「理論ではないが理想と経済との交渉」であるとして，全園児で40人規模として主任保母1名，助手1名で200坪を最少（最低）の標準[16]としている。

　日本の幼稚園設置基準や小学校設置基準，こども園の設備及び運営に関する基準が最低限の施設設備や学級規模を規定する意味もここにある。施設設備が何のためにあるか，国家基準は最低の基準であることの断りを入れて告示された1956年の幼稚園設置基準を受け，1957年に出された『幼稚園のつくり方と設置基準の解説』には，施設設備のもつ思想性が捉えられる。

　まず，幼稚園の備えるべき条件として，

- 必要な人的組織をもつこと
- 必要な物的施設を備えること
- 一定の課程に基づく教育課程をもつこと
- 一定多数の被教育者の組織をもつこと

としている[17]。これらは，当然のことに思われる。地域社会にどれだけの通齢児数がいるかの推測をもとに，あるいは理念実現のために土地の広さと受け入れできる限界を把握することが集団教育の場づくりの始まりだからである。また，幼稚園の庭（運動場）は，「こどもの生活学習経験の場であって，そこであらゆる必要な能力や知識・理解・態度などの基礎的な芽生えや基本的な習慣を身につけていく」[18]という意味をおいて，集団での生活が効果的になされる施設設備を提言しているといえよう。

　③　学級を規定する意味
　年齢ごとの区分による学級が生まれたのは15世紀から16世紀といわれ

る。そして学級にそれぞれの教室が用意されたのはフランスで17世紀，イギリスで19世紀[19]である。日本の学制発布当初は等級制がとられており能力別区分であったが，同学年の学級制へと移行したのは1891年の文部省令（学級編制等ニ関スル規則）からである。"学級と称するは一人の教員が1教室において同時に教授すべき一団の児童"という定義からみると，学級は，学習指導および生活指導の基礎的単位という意味をもつ。柳は，「教授活動に必要な諸要素を徹底的に自然制御したモニトリアル・システムのテクノロジーと，ギャラリー方式による一斉授業のテクノロジーとが合体させられて成立した」[20]もので公教育制度という果実と専門資格をもつ教員を誕生させたとする。しかし，それは学級王国という競争原理を生み，学級秩序維持のために新教育でみたような学習外の行事や娯楽，労作なども生みだし，教師と子どもの負担を増大させていったことも否めない。

　これが大きく変わったのは，第二次世界大戦後の新しい民主国家づくりに燃えていた頃である。『幼稚園のつくり方と設置基準の解説』には，学級について，「幼児一人一人の能力や可能性を最大限に発揮させるとともに，社会的にも望ましい成長発達をさせるような方途として『学級』を考えた」[21]として，一学級40人以下（3歳10〜15人，4歳20〜30人，5歳30〜35人が普通という認識の上で）の根拠が，従来の教師を中心としたまとまりといった便宜的・消極的な意味ではないとしている。学級において，"一定多数グループの被教育者の自治組織"をもち，知的好奇心やモラル，帰属意識，集団のまとまりといった社会化を促進する教育が展開され，子どもの〈自覚，自衛，自省，互助，互楽〉といった自立度の高い相互扶助の育ち合いがなされれば，40人が多すぎることはない。

　つまり，幼児と教員の関係についても従来は個別指導を中心としていたが，新しい教育では個別指導ではなく個人差に応じる教育が重んじられるとする。個人差に応じる個性教育とは，「個別指導のように個々別々に幼児を指導したのではとうていその目標は達せられないのである。なぜかというと，幼児の個性はその社会生活を通してのみ形成されるからである。幼児の社会

的態度や生活習慣は，集団生活の経験のなかから助長されるのであって，幼児を個々別々に指導してしまったのではその効果はまったくあがらなくなってしまう」[22]という考え方から「教育の基礎単位を『学級』とし，学級社会に教師が結びつく」という形をとった旨が述べられている。教育の基礎単位としての学級が学級社会になり，そこに教師が結びつくという，共同体の思想が見られる。

　今日，自明視されて力を失った学級の意味を考えるにあたり，2005年に放送された，鬼教師が児童と徹底的に対峙するドラマ『女王の教室』(第24回向田邦子賞受賞)[23]を取り上げたい。世の大反響を呼び，抗議が殺到し賛否両論に沸いたこの作品は，小学6年生の子どもたちと鬼教師との1年間の戦いを描いている。教師の壁を乗り越える努力をさせない限り，真の人生の壁は乗り越えられないという強いメッセージ性をもつ。

　子どもたちは鬼教師の壁を乗り越えるために，個別に教師と戦っていた段階から学級全員の力を結集して戦う段階に発展する。そこに強い絆で結ばれた学級が生まれ，アイデンティティを形成した子どもが育つという構造である。このドラマには，現代が忘れたもの，民主的な教師が口にしてはいけないものを赤裸々に表に出したプロデューサーの意図が見える。教師が任命する雑用係という奉仕役は，共同学習のメディアである。過酷な教師と学級構成員を結ぶ要となるこの雑用係に，成績不良者や楯突いた者が選ばれるからこそみんなが捨て置けない。学級委員長のなり手がない時代の集団内における一つの社会化への知恵を見ることができる。学級は，こうした指導観をもった教師と，楯突き反乱しても学級を離脱できない子どもとの関係で生活がなされる。

　学級における教師研究は，今日，子どもを一人の人格をもった存在として共に生きる中で相互行為によって生み出された意味を捉える反省的実践家の方向に転換している。かつての教師像がもつ「民主的か専制的か，支配的か統合的か，教師中心か学習者中心か，管理的か参加的か，指示的か非指示的か，といった二分法の対概念」[24]の弊害を克服する視点である。しかしこの

ドラマは，学級集団の方向が情緒的雰囲気，子どもの精神的健康，民主的な関係に偏り過ぎると，逆に集団過程のもつ生産性を見失うことの危険を想起させて，学級集団とは何かの問いを突きつけたといえよう。

前述の解説書（『幼稚園のつくり方と設置基準の解説』）には，その基礎単位としての共同体の規模にするには，学級の教育的意義を基本として，「担任教師の経験の多少，才能，健康状態，年齢，学歴等，また幼児の年齢，教育経験の多少，性格，能力等，および幼稚園の施設，設備等，つまり保育室の広さ，教具の多少等あるいは地域社会の状態，つまり都市，農村，両親等の教育程度，または教育についての関心等」[25]を考慮することが謳われている。これを基に，社会的関係と社会的行為，社会的行為の習慣と慣習，正当なる秩序を学級構成員がつくる過程を埋め込んで，学級が編制されていく。毎年，経営者と教職員が学級編制への合意に腐心するのも，この母体の考え方，つくり方でその年度の教育の質，人間関係が織りなす関係的，文化的な社会化の質が左右されるからである。

④ 学年制の根拠

学級の集合した学年制を基礎とした理由は，「幼児の段階では個人差が甚しく，また同年齢でも教育経験の違いによって差が認められるので，年齢別に示すことは非常に困難であり，煩雑となるおそれがあったから」[26]としている。入退園の時期もばらばら，在籍期間も安定しない当時，月年齢で組む方が効果的な場合があっても月年齢では示せないうえ，同年次の幼児をもって同じ学級に編制する方が「学級の本質」[27]にかなう。それは，中学・高校の選択科目受講と違って，幼稚園は小学校と同様，「共同社会としての学級，つまり相当期間その集団生活を続けるもの」という《生活集団》だからである。

もう一つ，学級，学年という集団の育ち合いによって，子どもの個性化，社会化を考える根底には，教育学のセオリーがある。教育を教授のみと考えるならば，少人数が最適である。しかし，教育を教え・教えられる子どもの相互作用の中で自己教育力，アイデンティティを高めるものと考えればメ

ディアとしての人の多様性がある集団が必要になる。

　今日，共同社会としての学級という認識や，生活の基礎的な集団として学年制という視点から集団の大きさが吟味されることはほとんどなくなり，"教師の管理が及ぶ範囲"として第二次世界大戦前の視点から集団の枠組みを自明視しているところが多い。30～40人という大勢では指導が行き届かないと批判する人々は，学級を教師の掌握範囲，つまり個別指導に対応できる範囲においている。家庭や社会が多様化し，いじめなども解決の道が見えず，一人ひとりへのきめ細かな教育・指導が大切といわれる（2008年教育課程基準）につれ，きめ細かな指導が個別的な対応と理解され，ますます共同社会の意識は弱まっている。それが教育内容のタコツボ化という現象につながっているともいえよう。

　敗戦後に描いた，子ども相互に育ち合うという学級の意味が変わったことは，根本的に近代からの教育学の本質を見失ったのかもしれない。全国的には離島や山間集落を抱えた地域も多い（全国へき地学校総数は，平成26年度1,033校，平成27年度1,008校，文部科学省学校基本調査）。筆者の知るところでは，全校児童10人前後の僻地教育は難しい。子どもの相互作用，集団の組み変えができないことからくる関係の固定化，情報の画一化といった多様性の欠如が，教え・教えられる教育作用の関係の固定化，情報の画一化，価値評価の単純さにつながるからである[28]。そのため縦集団や地域社会との共同で多様性を生み出したり，山漁村留学生・移住者を受け入れたり，自学自動・プロジェクト活動といった学び方を工夫したりしている。それは学級，学年がもつ社会化の意味を子どもの姿に照らして実感するからこその工夫である。

　学級制，学年制も公教育制度の原点にかえると，新たなテーゼも見えてくる。施設の形として規定された就学前教育を振興するために，8年にわたる研究調査の実施と提言を推進した『東京都における幼児の教育の在り方について第1次～第8次報告』[29]がある。1次では，公私立幼稚園と保育所の適正配置，教育年限の3歳以上のすべての子どもの受け入れ推進，自然環境を

豊かにした園地，園舎や施設設備，一学級40人の幼児数の減，教員のキャリア化と仕事量の軽減，研修機会や待遇の改善，教育内容・方法の工夫，保護者の教育費負担の軽減が研究され，2次では遊びが，3次では指導計画と保育内容が，4次では教員の研修体系が，5次では施設設備，教材・教具が，6次では幼稚園・保育所・家庭教育の連携，7次では人的環境のもつ教育機能が，8次では，幼稚園と保育所との関連が報告されている。東京都はこの提言と展望に基づき，幼児教育専門の指導主事を置き，日本の幼児教育の研究的，理論的推進者として就学前教育の質的一体化の視点を牽引した。つまり，集団施設教育における人間の関係は，こうしたすべての条件の相乗効果によって形成されるものであり，生活集団の効果を多方面から捉える提言に学ぶことが教育の私事化に陥らない鍵であろう。

　子どもが学級・学年制度により自己決定権を奪われ形骸化した教育の総体を，ふたたび人間的な環境，集団生活の場にするために施設設備はその装いを変えつつある。たとえば日だまりと木陰，遊びの拠点，テラスやウッドデッキ，アルコープやデン，炊飯・食事の場，水生生物が棲む池や川，起伏ある山や樹木を設備し，学校精神が醸し出される環境をつくる。そこには，地域社会の人々が集い，対話し，多世代の人々が創造する内容の多様性が生まれている。また，学級や学年も実態に合わせ柔軟に編制されるようになってきている。学校の歴史や地域性を勘案し，学校規模とそれに見合った施設設備等の外的条件が子どもの社会化に大きな影響を及ぼすことを，いじめ，不登校，他者との関係の貧困といった子どもの姿に学んだ結果の，子どもの社会化に寄与する環境への再挑戦といえよう。

(2)　作用し合う集団の構成

　学校・園において社会化を促進し，また疎外もする動的な集団は，集団力学に基づいて多様に構成される。構成の主体は教師の側にもあるが子どもたちの側にもあり，その拮抗の中で調和を図っていくことになる。

① フォーマルな集団の構成

　幼稚園やこども園は，基本的には学校教育に準じて集団を構成するので，教育部門は満3歳から就学前までの幼児を対象として学年制を敷いている。同年齢で30人（こども園）から35人（幼稚園）以下を一つの集団としてまとめて，学級という生活の母体をつくる。このフォーマルな集団のメンバーが，学級担任として配属された教師（3，4歳学級は複数担任の場合も多い）と共に最低1年，生活を共にすることで共通の体験をし，生活様式を身につけ，対話して双方の違いの良さに気づいたり拘束される不自由さに向き合ったり，課題解決を共にしたりする術を学ぶ。20人を超えるフォーマルな集団は，子どもたちだけで方向性を見いだすことは難しく，教師が生活の時間と環境を動かす中心となることが多い。この教師と子どもたちの生活が依存欲求を満たしたり自立欲求を刺激したりして，相互に育ち合う関係をつくり出す。野にある集団と異なり，学級に一定数の幼児集団と教師が存在することは，他律から自律に向かう時期に新たな世界を開くうえで必要な条件という位置づけになるが，社会的な共同性が有効に機能しない場合，教師への依存を強め子どもの他律を促進してしまうこともありうる。

　確かに，日本の幼稚園・こども園の一人の教師につき子ども40人（現行35人〈幼保認定こども園の場合,3歳以上20人,4歳以上30人で二人以上の教員〉）以下という基準は，1961年の国際公教育会議が提言した教師一人当たりの標準的人数25人以下に比べると多い。しかし，それによって就園率を上げ，保護者の就園に対する要求に答え，子どもの社会化を促進してきたという側面も否定できない。

　学級規模についての研究や提言は，全国教育研究所連盟（1970），岡山大学（1972），東京都の2次幼調資料（1974）等の先行研究も踏まえ1986年に保育学会の調査研究に基づき出された『よりよい保育の条件』にまとめられており，その後もいくつかの研究調査がなされている。保育の条件として学級・学年規模も大きな要因の一つではあるが，「それらの条件は，一つひとつが独立して存在しているわけではなく，すべての条件が相互に関連しなが

図表 2-2-1　保育者一人の受け持つ望ましい幼児数（人）

	短時間保育児			長時間保育児		
	3〜4歳	4〜5歳	5〜6歳	3〜4歳	4〜5歳	5〜6歳
保育学会会員	12.1	18.5	22.2	8.6	13.4	16.4
保育所職員	12.5	17.8	21.4	10.9	16.1	19.4
幼稚園職員	13.5	23.4	26.6	6.4	11.1	13.3

日本保育学会編『よりよい保育の条件』フレーベル館，1986，p.187

ら"よりよい保育"を成り立たせている」[30]とする。そして，〈学級規模に応じた，子ども観・保育観，幼児理解の深さ，子どもの実態と指導計画，保育方法・保育形態，保育活動・経験の内容，活動空間の問題，園の組織，保育者の資質，地域性，保育制度〉などの総和として生み出される保育の質に触れ，「一つの要因だけを取り上げて，その条件を是正すればよいというやり方では，決して問題の解決にはならない」「基本は，結局"よりよい保育"というものをどう考えるかというところにある」[31]としている。その一要素に学級規模が関係し，地域性や園，学級規模に応じた計画や方法，内容，経験の質などが関連するわけである。

　しかし長年，少なくとも国際公教育会議で提言した人数程度になることを多くの保育関係者が願っていることも事実で，各園の理念に基づき，学級編制や学級人数を案配し，ティーム・ティーチングを取り入れるなどして教育効果を図っている。入園当初で全員が不安定な時期と，ほとんどが生活になじんだ時期，遊びの場面と全体活動の場面では学級人数の感じ方が異なり，また生活の場面といっても，避難時と日常の食事や片付けの場面では一人当たりの責任の感じ方は異なる。さらに，限界集落で若い世代がいない地域や，少子化が著しいといった地域では個性化・社会化のための定数云々の問題より，経営の維持すら困難になっている場合もあり，定数を確保することが経営目的にならざるを得ないこともうなずける。

　多くの人はこれらの調査は，指導する教師の視点から捉えた適正と思う人数に思われるだろうが，前述の学級，学年の考え方が底流にある。つまり，

教師は，全教職員の協力体制のもと，時には幼児を保護し，また指導者，仲間として（保育所保育士はこれに養護，家庭教育の補足が加味）生活を充実させる役割をもつ。幼児集団のもつ教育機能としては

- 一緒に遊びにかかわりをもつ存在
- 遊びを求める過程で障害になる存在
- グループで目的達成に向け協力していく存在

として，一定の文化内容を媒介に主体側面と内容側面が育つ[32]と考えるのである。1980年頃までは，学級・学年に対する考え方は，集団生活の経験を土台にして個性化を促進し，学級の本質を生かすための集団の大きさという認識があっての一学級21人から26人である。もちろん，共に育ち合うという視点から考えると，園環境や生活の時間的条件も深く関係する。園庭に子どもが集い遊ぶ空間が保障されているか，保育室と庭への見通しがいいか，幼児が探索し追求するだけの自然の多様性があるかどうかといった条件と切り離して人数だけを限定できないからである。また，全体活動の占める時間が多ければ遊びの時間が減り，かといって遊びの時間が多くあればつながりが生まれるとは言い切れない，遊びの時間は十分あっても慢性的な環境による生活や活動の惰性に陥っている保育空間もある。人間関係のダイナミックスを捉えるには，環境と集団の組織とその生活経験の総和を忘れないことではなかろうか。

　今日，就学前教育の効果をはかる指標は，家庭の経済力と教育の質との関係に移行していて，（「教育の効果について」2014年12月3日教育再生実行会議，国立教育政策研究所），情報化社会の情報の質が語彙能力や国語や算数などの学力に影響していることをうかがわせる。子どもの生命性の強さや意欲，耐性，対人関係を結ぶ力などははかられていないので，今後の課題といえよう。

　このフォーマルな集団を学年制ではなく，縦年齢で組む場合もある。地方の小規模園で3，4，5歳あわせて25人程度といった場合は，ある程度の集

団の大きさを求めて異年齢が共に生活する集団として編制される。また，多数の幼児がいる場合でも，生活母体を異年齢で組むことで相互扶助の生活を展開したいというねらいで3歳から5歳を混合させて数学級の規模とすることもある。自然に年長者が年少者の世話をしたり年少者が年長者にあこがれを抱いたりして交流が図られるような母体である。異年齢学級をフォーマル集団とした場合は，発達的にも経験的にも近い同年齢で対等に刺激し合う機会が生まれにくいので，特に年長児には同年齢で活動する時間を設けるなどの工夫もなされるが，有効に機能しない場合は，知的好奇心や自己目的への挑戦といった人間関係の対立を解決する経験，個性や創造性を意識する機会は減少する。そこで活動内容によって様々な変化がもたらされるようペア学級を組んで，労作や行事等で異年齢が交流する機会を設けるところもある。

　園の規模，施設設備の状況，地域社会の実態，教師の指導性，園の社会的，文化的歴史等を勘案して，こうした枠組みが子どもの人間関係に作用する質を見極めていくことになる。この母体となるフォーマル集団と自生集団としての遊び集団が異年齢で交流するよう，園庭やロフトなどの共有空間を工夫する配慮もなされている。

② 生活母体・学習集団としての小グループ

　3歳以上児については，学級が集団生活の基礎単位としてあるといっても幼児にとっては規模が大きい。年齢が低ければ低いほど，遊びでも生活でも開放的な小さな集団を構成する方が子どもの居場所はできる。その集団が嫌なら他集団に行く自由度の高い小グループである。3歳未満児を収容する保育所・こども園等では，20人の1歳児あるいは2歳児を一つの生活空間においても，幼児6人に二人の保育士（最低基準6人に一人の保育士とローテーションを組むもう一人）グループを1ユニットとして環境を整えることで，月齢に応じた養育者との愛着・信頼関係がつくりやすく，生活母体に居場所を見いだすことが可能になる。小集団をあえて固定化しなくても，自然に4人から6人程度に群れが分かれることで，出入り自由な小グループとなっていく方法もとられる。

就学前教育では，小集団と大集団で生活する仕組みは年齢問わず，家具調度，遊具などすべてに取り入れられている。生活集団・学習集団である小学校が一人机なのに対して，多くの園が1脚に4人から6人座りなのも，ロッカーが4〜6人1セットなのも，遊びのコーナーが3〜5人前後が入るように設営されるのも，どこでも選べる自由と，選んだ場所や遊具で他児との関係をもつためである。当初は自分で選べない子どももいるが，いつも同じ遊び場や生活の場を選んだり新たな場を選んだりして，そこで偶然の出来事や興味・関心を抱いて関係をもった人と共時的な経験を積み重ねることで他者の名前が特定され，関係が生まれる。

年長児においては小グループ集団を構成して，子どもたちに生活の自治を経験させ，民主的な社会を形成する一員としての資質を形成する方法もとられる。これは教師の介入を減らして理性的な自由への道に，自らを仲間と共に赴かせるための教育方法論の一つであり，フォーマルな集団や，遊びを中心としたインフォーマルな集団だけでは経験できない，任意グループでの生活の自治によって社会の構成員としての自覚と民主主義の資質を形成しようとするものである。生活の自治の初期の段階として手伝いから始まり，仲間同士で昼食の準備，汚れた室内外の掃除，図書室の本の整理，新入・転園児の世話，集会会場の準備などを手伝い，主体的に生活する経験を得る。それを全員で交代する組織的な小グループ活動にするのか，やりたい子どもがやりたいときに進めていくのかは，生活集団の了解による。しかし，子ども役として遇されている者にとっては家庭では経験できない，自由と責任の伴う子ども同士の生活がそこに生まれる。様々な失敗も次への予測につながり，子どもたちはそれが楽しいのである。

さらに年中，年長の小グループの学び合う関係に，プロジェクト活動[33]がある。かつての主題や単元活動は，教師の手の内にテーマも計画も実践もあるという指導性が強く，6月カタツムリ，7月水遊びなどと慢性化したため批判の対象になり衰退した。しかし，課題意識が芽生えた5歳児以降は，仲間と興味あることを探求したいという意志が継続する。主題・単元という

教師の側の名称を改め，プロジェクト活動の本質に戻って子どもたちの探求過程を支えるのである。アゲハ蝶の幼虫を捕まえて毎日ミカンの葉を取り替えさなぎから蝶になるまで関心をもって飼育し，羽化すると空に放つ。それを絵や言葉や絵本作りなどで表現する。あるいは紙に興味をもって牛乳パックや卵パックをちぎって水に浸し紙漉きをし，その紙を使って絵を描いたり手紙を書いたりするといったプロジェクト活動である。プロジェクト活動は，興味を同じにする仲間と目的的なテーマを追求する過程が面白く，それぞれが知っている情報や気づいた情報を持ち寄って交換する。意識的に相手に向けられる社会的行為が，慣習や慣例だけでなく，対話による合意や了解，自己アピールという社会的関係を強化する。

　一方，参加体験型の双方向性グループ学習であるワークショップは，第1章で述べたように敗戦後の東京大学を皮切りに，民主主義の具現化した活動形態として現れ，今日では演劇，ダンス，美術などの芸術分野や町づくりで盛んに行われている。デューイやヴィゴツキーの社会構成主義学習観に基づいたワークショップが「他者理解と合意形成の練習」であるとともに「学びほぐし」として位置づけられている。佐伯は，そこでの新たな出合い，知らなかった者同士としてやったことのないやり方や体の動かし方，頭の使い方をすること[34]に意味をおき，苅宿も身につけてしまった学びの身体技法を解体するところに意味をおく。教育は，一つの学びの型を身につけるとその型内で思考し，判断し，処理する。しかし，ワークショップは，できるか，わかるかの尺度ではなく，見る，まねる，共感することが奨励される。芸術も見るものから参加し感染するものとなってきたように，学びほぐしの一つの方法論でもある。内申書裁判を経験した保坂展人は，町づくりにワークショップをおく。参加し，感じ，解決策を話し合い共感性をもつから町という希望の地図が描ける[35]と考えるのである。こうした学びほぐしが，固定化した関係や固まりきった思考を解体していくからこそ，多様な方法論で関係を結びつけ，解体し，再構成して学びほぐすという，教師の存在根拠があるのである。

学級のリーダーは、集団の結束を強める作用と解体させる作用を案配しながら、さらに遊びの自生集団との調和を図って、活発な相互作用が子どもの社会化に有効に働くようにする役割を担っている。

③ 遊びのインフォーマル集団の発達

園生活で多くの時間を費やす遊び集団は、自然発生的にインフォーマルな自生集団として、子どもたちが自在に欲するままにつくっていく。それは、小学校でのインフォーマル集団とは違う。遊びを中心とする就学前教育は、時には偶然に、時には自らの意志で選んだ他児とつくるインフォーマル集団が生活の大半を占めるからである。大人の介入がもっとも少ない遊びの世界なので、感情が剥き出しになったり力関係が作用したりして、思うようにならないことも多発するが、己を知り、他者を知り、他者と生きる知恵の原点となる経験を得る場として子どもを惹きつける。

入園当初の3歳の一人遊びの時期には、群衆の一人として他の幼児を見たり、誰にも侵害されず一人で遊んだりする。しかし、玩具を取られたり自分のエリアを侵害されたりすると相手を叩いたり噛んだりしてたいへんな修羅場も発生する。特に、兄弟姉妹が少なく喧嘩の経験がない子どもたちは、人生で初めて自分の欲求を阻害する他者と出会う場合もある。インフォーマルといっても背景にはフォーマルな学級集団と、その基礎集団を支える教師がいるので環境調整はなされるが、攻撃や逸脱が著しい場合は集団からの反撃もくらう。

他者への関心が芽生え始める並行遊びの時期には、同じ場で同じように動いている他児と必要なときだけかかわる。一人遊び、並行遊びをする際でも、同じ色のクラス帽子を被っている幼児の近くで遊んだり、けんかやいざこざに関心をもったりするのも同じ学級の幼児たちが多い。名札の色、担任の先生の名前、帽子、靴箱などの共通項のある身近にいる他児に関心をもつようになる。相手を名前で呼ぶようになるのも、フォーマル集団で教師から得た名前情報が多い。また、学級がもつ規範や共有した活動経験が、他児とのやりとりを支えている。遊びを並行する場には、幼児が相手の模倣をしながら

自己拡大を図るとともに，同じことをして笑ったり同じような言葉を発したりする共感性が生まれる反面，あえて反応を返さなくても，無視してもいい自由度の高さがある。一人遊びを侵害される軋轢以上に一緒にいることが楽しさをもたらすので，共用の遊具が空いたときに所有したり，順番を待ったりして，いくつかの社会的行為の振る舞いも獲得する。公園などでの一過性の不特定多数の遊びだけでは相手の名前を覚えたり相手の見えない側面に気づいたりすることはない。園における遊びの自生集団の芽生えを支えているのは，フォーマルな集団なのである。しかし，学級全体で集まる機会も名前を聞く機会も，共有する経験もない場合は，公園と同じ状態になり，遊びの時間がどんなに保障されても他児とのつながりは生まれにくいし，たとえ生まれたとしても淡いものになる。

並行遊びから2，3人で遊ぶことが面白くなると，ほぼ同じ固定化した仲間で行動するようになる。この時期が一番，けんかや仲違い，いざこざが多く発生するが，固定化した関係だからこそ自我を剥き出しにすることができる良さもあり，反面，その集団から逃れられないために，泣いたり叩いたりしつつも我慢したり妥協したりする経験も積まれる。やがて，固定化した集団は力関係も固定化して行き詰まりを迎え，排斥や逸脱，逃避などが起きるようになる。関係が密になりすぎた閉塞性と，深く交わったがために相手を知り尽くしたような関係に飽きがきて，自己拡大を図りたい幼児は新しい他者を求めるようになってくるからである。ここでも，学級・学年というフォーマル集団が，新しい仲間を提供する役割を担っているといえよう。

(3) 集団のダイナミックス

集団は，何層にも重なる人の関係が力学的に作用し合って現象を発生させる生き物である。原子や電子が集まれば化学反応が起きるように，あるいは人間の身体も細菌が他者に感染し広がるように，原因がどこにあって何が作用しているかわからないままに，人と人の関係が渦巻く現象が発生してくる。

①グループ・ダイナミックスと凝集性

　吉田道雄は，グループ・ダイナミックスの対象は人間であり，人間は人間の関係を背負って生きている，とする。このグループ・ダイナミックスを把握するのは，集団の抱える課題を取り出し・分析し，具体的な対応策を考え実践してみる，というアクション・リサーチである。そして，このアクション・リサーチを行うために必要なスキルをテクニカル・スキルとヒューマン・スキルとする[36]。

　テクニカル・スキルとは，技術や専門に関する知識／業務遂行能力である。また，ヒューマン・スキルとは，コミュニケーション能力やリーダーシップ，交渉力などの対人関係能力である。ロバート・カッツは，もう一つ，コンセプチュアル・スキルとして「総合的に捉えることの能力」[37]を挙げる。周囲で起こっている事柄や状況を構造的，概念的に捉え問題の本質を見極め，意思決定する人と実行する人の総合力が問題解決を左右する。論理思考力や問題解決力，応用力も，柔軟に変化に対応する力もグループ・ダイナミックスの重要な要素なのである。

　つまり，私たちの日常は，集団規範を守ることを前提につくられており，それに反することは臆病者，離反者としての制裁を浴びる仕組みがある。吉田が挙げた水難事故の事例の"みんなで渡れば怖くない"といった集団状況では，危険だと認識していても集団の圧力を跳ね返すことができなくなる心理が働くことを浮き彫りにする。それでも集中豪雨後の川は危険だと言える勇気には，他者とかかわる技術と専門的な知識，技術，全体俯瞰の能力が必要だということである。グループ・ダイナミックスはこの事例のようにマイナスに働く場合ばかりではない。多くは，集団の志気を高め，目的を一つにし，困難な事態を解決に向ける。私たちは，この集団ならではのダイナミックスの成果に多くの恩恵を得ているのである。

　レヴィンを中心に集団力学の緒論をまとめたメゾンヌーヴは，小集団の凝集性（ある集団の成員を集合的に維持し，解体力に抵抗するという結果になる，力の場の全体性）の内在的要因は，①誘発性や牽引力を集団に与え，共通の

動機づけ・情緒・価値を一体化する社会─感情的秩序の要因と，②集団の欲求を満足させ目標追求を可能にする操作的─機能的秩序の要因がある[38]とする。共通の目標をもち，集団に所属する魅力や他者との親和的関係が魅力的であれば，凝集性は高まる。また個人の欲求が満足されれば凝集性は高まる。さらに，集団内の役割の配分と分節，集団のリーダーシップによっても所属する満足度は異なる。

『女王の教室』はじめ今日，多くの学園ドラマが，かつての『二十四の瞳』のような教師と子どもの愛のドラマ構成ではなく，集団への同調行動と逸脱行動の末に凝集性を高めて問題解決を図る子どもの世界の物語に移行している。宮部みゆきの『ソロモンの偽証』[39]も，対立軸を教師ではなく多声的存在としての子ども自身にも置いて，夏休みの自由研究として学校での模擬裁判という形で大人では解決できない難問に迫る物語となっている。そこには汚染され流されていく己を自知し，それを乗り越えようとする志向性が見える。社会化の過程でいつかは向き合わなければならない自身との対決を支えるものは，集団経験で得た自己信頼と周囲の支えであることを重厚に物語っている。

②集団間の問題解決

同調行動，逸脱行動，凝集性などの集団力学が芽生え始めるのは幼児期である。教師の権威が薄い5歳児学級でボスが誕生し，教師を無視していくドキュメント『子どもはうったえている』[40]は，魅力的な5歳児のボスともう一人のリーダーが拮抗しながら教師の環境の再構築を機会に対人，対ものとの関係を深めていく。教師に養護され支配されているよい子集団には，こうした子ども相互の集団力学は働かないので一見まとまった学級に見えるが，幼児期といえども子どもが欲求を剥き出しにして関係をもつことができる集団では4，5歳児になると力関係が集団を方向づけ，様々な人間ドラマを生み出していく。集団力学では，ある集団に所属する面白さとともにそこから抜けられないジレンマを味わうが，それがしばらく続くと子どもは新たな突破口を求め別の集団や欲求を昇華できる活動を求めていこうとする。ただ，

子どもはテクニカル・スキルもヒューマン・スキルも，ましてコンセプチュアル・スキルもまだ形成途上にあるので，環境の再構築といった教師の間接的な支援や問題に正対する仲間とのテーマがなければ乗り越えることはできないのである。

　こうした閉塞性を解決するのが，興味の合う他児とのプロジェクト活動であったり，教師が全体に投げかけた課題活動であったりする。教師はその閉塞性を打破する方法として集団を活用するのである。4歳，5歳になって自己主張がぶつかり合い当事者では解決できない場合も，学級全体の問題として提案し，対話のテーマとして取り扱うことで，テクニカル・スキル，ヒューマン・スキルが顕在化し，問題解決の根拠，解決のための知識や技術が対話され共有される。直接的な当事者でなくても，フォーマル集団の中では他児を見て自分に置き換え，自覚・自省する機会も多いので，もう一人の自分の振る舞い方も身につける。教師は，遊びの自生集団の状況に応じてフォーマルな集団をさらに小集団にしたり，目的別のプロジェクト活動を導入したり，共通経験を入れたりして環境調整をする。

　このように学級，学年の出入り自由な集団間の関係とフォーマルな集団の関係が，調和を保ちながら社会的行為を方向づけていく。また学級という基礎集団で生活の自治を協働することで，社会的共同性や文化的共同性も生まれる。フォーマルな学級は，社会的行為が及ぼす様々な問題を解決する時間と空間と仲間および知識や技術を提供する緩衝帯となっているといえよう。また，それが学級集団にダイナミックスをもたらす教師の存在意味でもあろう。

　こうした幼児集団で，社会的関係を結ぶ多様なスキルを獲得すると，妥協したり対話したりする技術も，問題解決の自信も生まれてくる。それが相手の気持ちに気づくようになり，また相手の意見も尊重する余裕である。こうして，学級，学年を超えて誰とでも遊びの関係を結べるようになっていく。

③集団の発達過程

　集団の発達過程について，最後の指導書となった1989年の『幼稚園教育

指導書』には，次の5段階が挙げられている[41]。

　ア．一人一人の遊びや教師とのふれあいを通して幼稚園生活に親しみ安定していく時期
　イ．周囲の人や物への興味や関心が広がり，生活の仕方やきまりが分かり自分で遊びを広げていく時期
　ウ．友達とイメージを伝え合い共に生活する楽しさを知っていく時期
　エ．友達関係を深めながら自己の力を十分に発揮して生活に取り組む時期
　オ．友達同士で目的をもって幼稚園生活を展開し深めていく時期

　しかし，すべての学級がこうした集団の発達過程を歩むわけではない。大人に遊んでもらわないと遊べない，フォーマル集団に適応しにくく他学級で過ごす，自分の欲求を伝えられず泣き寝入りする，常に対立的・攻撃的に他者とかかわるといった様々な状態を呈する子どももいて，学級内には様々な問題も発生する。
　筆者は，卒園式の練習に向かうため廊下に並んだ5歳男児が，いつも対立してきた男児と衝突して負けて，「こんな幼稚園あるか，もう，こんな幼稚園はくだらない。こんな馬鹿な幼稚園があるか」と大荒れになった場面に遭遇したことがある。彼の怒りは衝突した男児ではなく園に向けられた。それもあと3日で卒園する園にである。その彼の言葉に対して学級の幼児も教師も関心を向けない。式の練習の説明とそれを聞く方に関心が向けられている。いつもの荒れた状態だということだろう。その慢性化した空気が彼に「こんな馬鹿な幼稚園があるか」という叫びをもたらしたようにも思われた。
　子どもだけでは解決できない局面を迎えたとき，教師はフォーマル集団内の小グループメンバーを変えたり，学級全体の対話のテーマにしたり，学習させたい内容をお話や童話などの置き換えができる物語に代えたり課題を提供したりして，問題を普遍化し，関係を結ぶ層を厚くしていく。この学級集

団と遊びやプロジェクトの自生集団と，学年・園という全体集団との環境調整が子どもの社会化に果たす教師の役割の一つであろう。遊びの自生集団の質的高まりを支えているのもフォーマルな集団のはずである。

　しかし，この学級は，集団の関係を固定化せず逆に自由度は高いが個々のつながりが薄く，学級として子どもたちが主体的に問題解決への過程を積み重ねていない。教師が個別にほめたり諭したりする程度の対応に終わっているので集団が育たない。その場に遭遇してさすがの筆者も絶句した。居合わせた大人としての責任を感じて彼に声をかけた。不満を抱いたままなら式に参加しないという選択肢もある，担任も精一杯に関係調整をやってきたと思う，しかしそれが君にとって満足するものではなかった，そうだとしたら，こんな馬鹿な幼稚園ではなくこんないい幼稚園にしてほしかったということである。さらに後3日でもそれを目指してほしいこと，そして，負けた勝ったという人生に拘泥しないことを期待したい，君は君のままがいいということである。彼は冷静になると一人部屋に残り，画帳を持ってきて絵を描き始めた。そして全員がホールに移動し終わったころ，無言で画帳とパスを片付けて，式の練習に参加していった。

　ややもすると，学級というフォーマル集団のストレスの高さを生み出す原因が，教師の管理の強さや課題の積み残し，指導技術の稚拙さ，夢や希望のなさ，関係の軋轢を回避するだけで積極的な集団のダイナミックスを働かせないことに起因する場合もある。集団の育ち具合，社会化の程度は，子どもと暮らしを共にする教師自らを省察するバロメーターである。つまり，生活や遊び環境をよりよいものにし，教師の構成する文化的情報が子どもにとって魅力あることが必須である。さらに不要な干渉が少なく，子ども相互の対話によって，〈自覚，自省，自衛，互助，互楽〉する生活世界が展開するような集団の力学を活用することである。それこそが教師の役割であることを自覚すれば，集団が育つことで個も育っていくという方向性はどんな集団でもつくり出すことができる。しかし，自然環境が乏しく，遊具や道具も，それを使う身体技術も開発されないほどに大人の規制や干渉が多すぎたり関係

の矛盾が解決されないままにいざこざが多発したりして，生活や遊びの面白さが失われると，集団内の排斥や逸脱，逃避が増すという関係にある。

　学級の閉塞性を打破するために，学級メンバーや担任を組み替える方法や単一の価値に陥らないティーム・ティーチング，学年合同，他学年とのペア学級制といった方法がとられ，集団の質変化を模索する。個々の子どもの違いや教師の価値観，教育観が変わることによって新たな価値を取り込むとともに今までと違った視座から感じ考える集団となってくるからである。学級の親和性が維持されている場合はよいが，閉塞性に覆われた場合，単学級は組変えができない。それだけに日常，子どもたちの見えにくい人間関係を見る目が必要になる。それほどに子どもの文化獲得の場で，子育ての大誤解[42]といわれるほどの親の意識を越えた集団力学が働く。そこで自生集団での集団力学と，生活の自治，セッションやプロジェクト等の小集団での集団力学と，労作や課題に向き合うフォーマル集団での自己発揮，関係のありように注目することである。生活や遊び仲間の必要性，その中での自分の居場所づくりや自己発揮の仕方，葛藤を乗り越え問題解決の経験を蓄えるところに，社会化とともに本当の意味での個性化が生まれるといえよう。

　園という一つの組織体に位置づけられた子どもは，各学年あるいは教育年限に応じて様々な集団の層に所属する。学級というフォーマルな集団の中でも男女別，年齢別，混合，任意，規定のグループがあり，数人から多数の大きさがあり，自然的，偶発的，目的的発生といった発生過程も異なる。それを集団の多層性とするなら，それぞれのグループ内での関係の結び方や活動の展開内容も，興味や関心の方向と課題解決の方向といった経験の差異相がそこに織り込まれる。遊びは特に自然発生的な集団を基礎としているので仲間も内容も展開も，結果生まれる物語も多様であり，社会の縮図がある。その人間関係の層・相に，施設設備・時間や空間的条件を同時に重ねて生活が進行していくので，教師の子どもを捉える視点も継続的・複眼的になることが求められるのである。

(4) 教師集団・保護者集団の共同性

　教師集団や保護者集団が，どのような人間関係をつくっているかも，子どもの人間関係に影響する。

　かつて，農耕社会では，村落の長老や大家族の家長，親族の長が知の在所となって，集落民や拡大家族に自然界を生きる知恵，身体技術，社交術，儀礼の執り行いなどを伝承してきた。

　工業化社会に転じて学校が設立されるようになると，知の在所が学校の教師にあるとされ，外国の文化やリテラシーが教授された。もちろん，社会は世代が層をなして構成されているので，学校で学ぶ読み書き計算と，家庭で学ぶ生きる知恵は並行して子どもたちに作用したので，1950年代半ば頃までは世代層の文化的違いが相乗効果をもたらしていたといえよう。この時代に教師集団に求められる共同性は，新しい知の伝達技術と人間を深く洞察する力であった。しかし，高度経済成長期以降，知の在所が教師集団にあると信じる人々は減少し，情報化が進展するにつれて，知の在所はメディア情報に依存するようになり，教師集団の共同性が解体の方向に進んでいった。それを裏付けたのが同僚性を分断する組織の階層化である。

　多発する問題解決のために，学校のヒエラルキーの上部を重くすればするほど管理が強化され，学び合う教師集団の同僚性・自律性は消えていく。同時に，情報化の進展は保護者集団の質も変えていき，担任や子どもたちを支える社会が淡いものになっていくことも歴史は実験済みである。

　こうした中で，教師集団・保護者集団の共同性をどのようにつくり出すかが見いだせない限り，子どもだけに社会化を促進することは期待できない。教師集団の同僚性について佐藤学は，「学校を学びの共同体へと改革する上で，もっとも肝要でもっとも困難な課題は，教師たちが互いに実践を創造し交流し合い専門家として育ち合う連帯を，学校の内側に形成する課題である」[43]とする。そしてこの課題解決のためには専門家として仕事を創造し高め合う「同僚性」と，教師集団が意思決定の主体となる「自律性」を樹立することだという。これが教師集団にもっとも困難な課題だというのは就学前

教育も同じである。公立園ならまだ義務づけられた研修時間を取ることが可能だが，8割を私学とする幼稚園等では日常の保育と雑務，保護者への対応に追われるだけではなく，正規の教育課程外の預かり保育の時間も延びていて余裕がない。こども園では11時間から13時間という長時間保育等で労働時間の延長どころか休憩も取れないのが現状で，研修が義務づけられていても実現が難しい。そんな中で，同僚性を生み出すための研修の内容・方法と時間をどのように取るか，そしてその効果を何によってはかるかを捉える必要がある。

　佐藤は「これまでは，教師の自律性は教師の市民的自由の原理を基礎として，個人主義的な自律性として主張されてきたと言ってもよいだろう。しかし，学校の教師集団を専門家の共同体へと再構築する改革における教師の自律性は，教師集団が形成し擁護すべき自律性として」「専門家集団としての学校の自律性として再定義される必要がある」[44]とする。そして，それに必要な条件が内側からの校長のリーダーシップと，多様な教育観・教育様式が尊重され交流する共存モデルであり，それを外側から支えるのが保護者や企業や地域の人々，行政等の連帯ネットワークだという。

　教師集団の同僚性・自律性については，日々の仕事の協同・協働を通して，両方を実現していくところに，常に教育の意味が生成される。千葉県船橋市にある健伸幼稚園の学びのネットワークとその実践は，従来の研修スタイルから抜け新たな装いをもって歩み出したばかりだが，学び合う教師集団の同僚性と自律性を目指して，主体的かつ高度な学習がなされている。おそらく，これからの研修のあり方は，日常の保育での〈きょうどう性〉の自覚と，専門的理論を咀嚼し自然および社会文化的な園環境の構成や自分の保育観とつなげ，園の理念とを構造的に編み合わせる思考の面白さと，その具体化に必要な教養の習得と身体スキルの開発にあると思われる。同僚性と自律性は，関係の質，専門性の質，実践の質を吟味し楽しむ人々のネットワークから醸成される。

　一方，保護者集団の共同性は，今日，コミュニティ・スクールをはじめ，

多くが学校の自律性と社会の連帯ネットワークづくりに移行し始めている。1920年にハンブルク教師団の自主管理要求が「生活共同社会学校」設立へと実現を試みた際，教師団と父母協議会は，次のような概略の合意をつくり出している[45]。

- 学校の直接的管理は，教師団と父母協議会によって行われる。
- 教師団の任務は，法の範囲内で教育活動に必要な基準を決め，教師の採用，転任，交替について，父母協議会，関係者の意見聴取後提案できる。
- 父母協議会は，教師団と一体になって子弟の身体的知的道徳的福祉のために活動する。

　この基本的な考えに基づき，上級教育局はこの教師団と父母協議会の意見を尊重すべきという双方の関係が掲げられている。教師団の代表選出，父母代表の選出，任期，父母協議会のメンバー，学校への助言，校長は教師団および父母協議会によって選出されることなども条項として定められ，また200人のメンバーから成り立つ学校評議会の役割（教師部会100人，父母部会100人）や任期，権限が掲げられている。教育局と教師団と父母との活発な意見交換の場の成立は，教師の自律性と実践共同体としての父母やそれを支える教育局との関係結合を生み出すことになる。この構想が日本のコミュニティ・スクールに反映されているのも確かである。

　就学前教育は，昔から保護者との協同・協働がなければ，その歪みは子どもにもたらされる。幼稚園等が設立された当初は，保護者も協同・協働する人たちであったが，やがて，関係のつくり方がハンブルクの生活共同社会学校にみる関係者の対話ではなく「お願いします」という園側から保護者に通達する一方向の関係のつくり方に変わっていく。その関係が長く続いたために，保護者集団も意見を述べる機会も場もなく，苦情として対立する構造をつくってきた。そして，女性就労が広がるにつれ，育児・教育を教師団にお

任せするという依存度の高いものへと変質している。それを改善するために，改めてコミュニティ・スクール構想の波にのって，生活を共にする中で，子ども理解を深め，理念や教育観を共有するための学習が始まっているが，その未来はいまだ混沌としている。しかし，そこに研修のあり方への真剣な挑戦が始まっている一条の光も見られる。

3. 関係を結ぶ必然から生まれる教育内容・教育方法

集団教育の場で主体の志向性に基づいた社会化が促進されるためには，篠原助市がいう共同体験（労作，行事，娯楽等）と，それを主体的に実践する小集団組織が必要である。そして，この共同体験の場・時間・仲間に意味をつくり出す学習媒体がメディアである。この学習媒体と共同体験・対話によって生み出される内容が，教育内容となって人間を陶冶する。集団については前述したので，ここでは学習媒体と教育方法に焦点を絞っている。

(1) 教育学の原理としての教育方法

篠原は，彼の教育学のセオリーで，①興味，②注意と自己活動，③練習と習慣，という意志を立てる3段階を挙げ，これに応じた教育方法の原理があるとする。幼児期から生涯にわたって自らを形成する視点から学として構成した論理だけに人間の生を考えさせられる。その原理は，興味は手段としての興味から目的に対する興味へ移行し，注意は無為注意から優位注意に自然的に従い，〈興味・注意・自己活動〉の循環運動が繰り返しの練習によって磨かれ，道徳の習慣としての「徳」や思考の習慣としての「判断」が形成される。教育における理性的な自由への道のためには，遊戯，娯楽，会合，行事，遠足など共同の体験において共同の意識，よき教養を身につけることが必要だとする。そして，これらの共同体験のために，二つの組織機能をつくり出すこととしている[46]。

〈作業団体の組織〉
　団体の一員として共働し，相互扶助し共同責任の勤勉，忍耐，注意，自制，責任感，全体的意識等の公民としての心術を養成する。
〈自治的な生活の組織〉生徒の発意による自治生活
　自由な道への教育学の方法の原理は，関係の媒介となる，遊戯，娯楽，会合，行事，遠足など共同の体験と，それを実施する作業団体を組織する。

　作業団体は，「飯櫃(めしびつ)を共にするもの」に始まる人間の生きるための共働と相互扶助，共同責任を培う組織として機能する。それは集団生活である以上，家庭・社会であれ学校であれ，就学前教育であれ高等教育であれ同じである。学校教育がこの要素を欠くとすれば，公民としての資質を養成する組織を失うことになる。筆者らの時代は，春は学校林の下枝切りから松毛虫退治に始まり冬は校庭にスケートリンクを作る土手の構築・整備まで，春夏秋冬，作業団体が組織されて全学年で分担作業したものである。家にあれば田畑の農作業から養蚕，森林の整備にと作業があり，相互扶助，共同責任としての勤勉・忍耐・自制・責任感，全体意識などが身体にしみ込んだものである。タゴールが教育活動の中心を家事（住居の整頓，料理，洗濯，修繕，衛生，来客接待，安全，消防など）や手仕事（紐製作，織り，束ね，染め，刺繍，型紙づくり，大工仕事，仕立て，時計や自転車の修理など），自然学習（家禽の世話，園芸，排水，灌漑，薪取り，水運び，木の伐採，茂みの下刈り，害虫駆除など）に置いたのも，ガンディが，それをさらに発展させて，授業内容に生徒と教師の共同行動を原則として製靴や綿織物などの手仕事と自給自足の学校生活を構想したのも，学校が「文字の知識を与えることではなく，道徳の基本を理解し守ることであり，人格の形成こそ教育の基本」[47]としたからである。それこそが英国の植民地から非暴力によって独立を勝ち取る国民の教育だったことからも，道徳の根幹が共同作業に始まることがうかがえる。
　また自治的な生活は，生活による教育が子どもの自治によって営まれ，小

社会を動かしていくことによって大社会とつながる開かれた学校，社会の中の学校としての役割を得ていくためである。フレネが教育における共同作業・手仕事が，決して教師が子どもを拘束するものであってはならないとしたように，労働が目的なのではなく社会的能力を発達させる手段としてあるということである。そこに，子どもたちの自治組織による自治生活が構想される。労働だけでなく，遊びや娯楽，会合，行事，遠足など共同の体験が企画され，作業団体の組織によって実行される自治である。

　民主主義を掲げた日本も，学級内の小さな子どもの自治から全体を動かす児童会，生徒会，学生自治会等の体験をすることを重んじてきた。階段式に積み上げるナショナルカリキュラムを支えているのは，共にする給食や掃除当番，飼育当番，あるいは運動会や遠足，林間・臨海学校といった共同の生活を子どもの自治によって運営し，社会化を図るところにある。国政と同じように，自治的な組織をもった学園の作業団体で民主主義的な共同の力を発揮して学校をよりよいものにすることを学ぶ小さな国家である。日本型教育を海外に輸出する発想も，国の統一カリキュラムだけでなく，道徳心，規律が培われる清掃や行事，部活，防災訓練などを一体としたところにあることからも教育における作業団体の組織の意義が理解されよう。フレネは，生活協同組合としてこの自治組織を構成し，子ども全員の参加で，遊戯，娯楽，会合，行事，遠足など共同の体験を企画，実施している。イニシアチヴとしての清掃や手伝いも，もちろんこれらに入る。

　フレネの生活協同組合が3歳から構成員となっているように，就学前教育も，3歳から5歳へと集団生活の経験が積み重なるにつれ，子どもたちが生活を進めていくことに興味をもつようになる。5歳になると5人前後の小集団で食事の準備や活動の準備，片付け，飼育栽培物の世話，連絡などをやりたがるようになる。自治的生活の組織という小集団の作用による社会化の始まりである。仕事や手伝いを共同する仲間のつながりは，困っていたり反発したりするグループ員の特性を観察し，どうかかわったらいいか模索しながら活動を進める中で育まれる。2年，3年の集団生活の経験が積み重なって

いるので解決の手立てはもっており，自分たちで解決できなければ他グループの知恵を借りたり，教師に意見をもらったりする知恵もある。

こうした学級集団のダイナミックスが，人間の関係を左右する。森楙は，レヴィンは教師の指導性が専制型，自由放任型，民主型かで雰囲気・空気が違うとし，またアンダーソンは指示によって子どもの行動を規制し，叱責・処罰がなされる支配型か，自発性を重んじ自主的・協力的な活動を行う統合的型かの違いを指摘したとする[48]。また田中熊次郎[49]は，学級集団の心理的構造を統一結合型，分断結合型，分断分離，一部集中型，多数分離型に5区分し，成員が相互選択できリーダーも変化する統一結合型，下位集団が結合していてすべての成員が分団に所属しリーダーが各小分団に配分される分断結合型を理想に近い水準だとする。しかし現実は，下位集団が閉鎖的で対立している分断分離型や相互選択が減り孤立児が生まれる一部集中型，連結が悪くばらばらな多数分離型の集団が多いという。

そうはいっても1970年代は，まだ集団力学にそれなりの型が見えた。しかし1990年代になると，集団状況も大きく変わってくる。竹川郁雄は，教室内にいじめを許容する空間があると，いじめに対してヴァルネラビリティ（傷つきやすさから攻撃誘発性の意）になるため，攻撃衝動が発生し，誰でもいじめ・いじめられの対象になる可能性をもつとする。そして，教師の統制の強い学級は制裁型，抑圧解消型といった暴力やストレス発散の転嫁が多く，教師の統制の弱い学級では違いに対する排除型や遊び型（遊びとしてのいじめ）がみられるとして集団状況に潜む力学に作用する教師の存在を捉えている（図表2-2-2）[50]。

幼児の小集団においても，いじめや暴力がないわけではない。相手に関心をもてば，当然，自分中心にかかわるので叩いたり噛んだり蹴ったりといった直接的な行為がなされる。4, 5歳になると弱者や違いをもつ者を仲間はずれにしたり物を隠したりして困らせるとかからかうという小集団での行為がみられるようにもなる[51]。ただ年齢的にこうした現象は，共に暮らす教師に見えやすいので，何らかの手立てが講じられほとんどが解消していく。そ

```
                    先生による統制の強い学級
                    ┌─────────┬─────────┐
                    │  制裁型  │ 抑圧解消型│
攻撃誘発性＞攻撃衝動 ─┼─────────┼─────────┼─ 攻撃誘発性＜攻撃衝動
                    │  排除型  │  遊び型  │
                    └─────────┴─────────┘
                    先生による統制の弱い学級
```

図表 2-2-2　教室内のいじめの４タイプ
竹川郁雄『いじめと不登校の社会学―集団状況と同一化意識』法律文化社，1993，p.15

れだけに教師の責任も大きい。当事者の日常の関係性や自己発揮できるかどうかにもよるが，その解決法には，次のようなものが考えられる。

　①怪我がない限り双方が自己主張して納得をつくり出すまで戦うという自由と責任を経験させる。これが一番，直接的で身体を通して悟る方法であり，戦っても怪我をさせた者が負け，相手が泣いたらお終い，時間が経過し喧嘩の原因もわからなくなったらお終いといった自然的ルールが生まれる。その一方で，軋轢が多発する環境の見直し，つまり生活のリズム，施設設備や自由と責任の体験の見直し，時間・空間にストレスを発生させるような歪みがないかを捉え，ストレスの原因を減らすことも必要になる。私たちが満員電車でストレスを感じたり，混雑する公共機関でいらいらしたりするのに反して森や湖の静寂の中では解放されるのと同様，時間，空間的な環境は人の関係を左右するのである。

　②教師の禁止や怒声で止めさせ，掃除や畑の草取りなどの共同作業，ダンスやゲーム，会食などの共同の娯楽を入れて転換の仕方を経験させる。そして，教育媒体として園芸・飼育・栽培，清掃，生活維持管理の共同，共同作業によって得られた収穫物を食したり調理したりする活動を多くする。子どもに限らず軋轢は，自分の目的や夢がないときにより多く発生するからであり，そうした場合は理屈ではなく身体で

272 第2部 歴史的身体知による人間の関係

　　　感じる経験が関係を修復するからである。
　③教師が両者の欲求を言葉に出させて仲介し，学級内の対話のテーマとして多様な考えが交流する経験をさせる。子どものサークル対話については，イエナ教育だけでなく，和田も教授的方法の中に「問答」と「応答」を挙げている[52]ように，教育媒体を咀嚼する一つの方法論でもある。ある現象や事象が発生した際のテーマが教育媒体であり，それに関する対話の過程が教育内容を生み出すといえよう。
　④紙芝居や童話などの学習媒体を通して，学習の転化を図る経験を増やす。たとえば絵本では，仲間はずれにされた『みにくいあひるのこ』[53]『よだかの星』[54]がいいのか，逆に排斥されても強く生きる『おとうさんのちず』[55]や『エリカ奇跡のいのち』[56]か，親和的な関係に戻りたくなる『かもさんおとおり』[57]『てん』[58]か，自作の教材かといった，学習の転化を促進する学習媒体の提供である。

　しかし，こうした生活の問題発生場面で，教師の状況の読み違いや判断根拠が曖昧だったり贔屓があったりすると，子どもは反発する。また教師の統制が弱かったり魅力がなく憧れの度合いが低かったりすると担任は無視され，ボスが集団を仕切るようになる。集団は生きているのでその力学を読みながら教育媒体を提供し，集団を組織し，対話の中に教育内容をつくり出していく。その仕組みの中に主体となる子どもたちを参画させてこそ，教育方法が生きたものとなるのであって，大人たちが「いじめ防止対策推進法」を制定したからといって，関係の軋轢がなくなるということではない。

（2）教育媒体となるメディア・人・物語
　就学前教育にみる教育内容は，「生活」という生きる営みと密接に関連して生まれてくる。たとえ，義務教育諸学校のように系統的・組織的に教育内容を想定してあっても，日々，発生する現象の中から学習内容とするものに光を当て，実質的・形式的・技能的な価値陶冶を促していくからである。

それはどこに基点を置くかといえば「生きる」営みである。活動について篠原は，〈遊戯，娯楽，会合，行事，遠足など〉共同の体験とそれを実施する作業団体の組織することとしたが，和田は，〈生命の維持に関する活動（衣食住）と生命の使用に関する活動（遊戯，交際，学習，勤労)〉を置き[59]，この生命性と発達の有用性を教育の目的に統一することとした。倉橋も，施設設備と自由を原理に，「生活を，生活で，生活へ」として学習媒体となる施設設備と主題，自由遊びに自己充実を図る玩具，陶冶材料を研究した[60]。

筆者も陶冶財を構成する試論として，生活から立ち上がってくる教師が学習させたい・子どもが学習したい内容の生まれる基底を次のようにまとめている[61]。

①場所（トポス）—自然的場所，存在根拠，身体的な時間空間，象徴的空間，論点，議論を保有する時間空間で，歴史的な価値や文化財，国家社会のありようも含めて学習材料を規定する根拠となる。
②生活—生の尊厳・正義や真実・人生や死の意味，時間空間，流れとリズム，習慣化した行為の表れ，"一と他"の関係性，意識的相互作用，情報伝播など，生活の進行状況を学習材料として自己存在を確立する。

この社会化した〈場所（トポス）〉とそこでの〈生活〉が基底となって，学習媒体が思案される。生命の保全は生きる基本であり，遊びと学習は生命性の発露とともに発達の有用性を自己統一する経験である。それに労作と自治という共同行動を組み入れることで，子どもの社会化が促進されると考えるのである。

○生命の保全—場所（トポス）と身体，身体に関する事象・現象，病気や怪我，衛生や清潔，感染，衣服調整と運動と食事，睡眠・休息，身体発達，自然事象・現象，気象条件，寒暖差による身体の変化，衣食住など
○遊びと学習—場所（トポス）と象徴的遊戯の場，物，言動を創造する素材や場所，練習的遊戯のテーマや道具，遊具，玩具，経験的遊戯の玩具，道具，

文学，音楽，造形，演劇，知的遊具，教具，天体と自然，数学，言葉や音楽，美術などの表現世界，郷土の行事，文化財，国際的出来事など

○労作と自治—場所(トポス)と園芸・飼育・栽培，清掃，生活維持管理の共同，お金の価値や流通過程，交際，制作のテーマや材料とそれに付随する知識や技能獲得のための資料，自治と法律や文化，制度など

　このように，集団生活から生まれる学習媒体，矢野智司がいうところのメディア（自己―媒介者〈技術―身体―道具〉―媒介者〈技術―身体―道具〉―世界)[62]は，まさに関係を紡ぎ出す産物である。幼児が縄跳びをする場合，縄という道具は身体と一体となって一つの動きをつくり出し，それは手と目の供応動作という身体技術によって支えられる。個が物と関係を結ぶということは〈技術―身体―道具〉がその生命に取り込まれるということである。しかし縄跳びは，無から生まれる活動ではない。他児がやっていたという見聞や文化があっての遊びである。それは，媒介者というメディアがあって〈自己―媒介者〈技術―身体―道具〉〉の関係でなされる。学級内で縄跳びが流行るということは，（自己―媒介者〈技術―身体―道具〉―媒介者〈技術―身体―道具〉―世界）が生まれているということであり，自己もメディアであれば，他者もメディアとして共有する世界をつくり出していることになる。

　清掃や畑仕事といった媒体も，箒や鎌などの道具を使う身体と技術が一体となってメディアとなり，〈自己―世界〉をつくり出す。それが相互扶助や共同責任を可能にするのである。対話がメディアかといわれれば，そうなるだろう。言葉は道具であり身体である。話す聞くという関係は（自己〈技術―身体―道具〉―媒介者〈技術―身体―道具〉）間に必然のテーマがあり，見いだす方向性が共有されればそういえる。しかも，それが学級全体に返されるテーマとなれば，（自己―媒介者〈技術―身体―道具〉―媒介者〈技術―身体―道具〉―世界）が生まれ，共有する規範や道徳観が醸成される。

　このように考えたとき，メディアと教育方法と教育内容は，切り離すこと

ができない関係にあり，生きた生活の場では身体を介してこれらが一人ひとりの経験として統一されていく。そこにゲマインシャフト的関係がつくられていくのであって，教育が求める自由への道は自他にとっての自由であり共同責任が伴う自由なのである。フレネが教育共同体として，自分の考えを自由に綴れる自由作文と，学校生活で起きる諸問題を話し合って解決するための生活協同組合，学校の仕事や環境整備など率先して行うイニシアティヴを重視したのも，それらメディアを媒介として感染する関係の中で価値を創造する自由への道としてあるからといえよう。

(3) 生きる技術

　集団生活の中で，自在に関係を織りなし，個性や創造性が発展するはずの場所（トポス）が，なぜ単なる場所になってしまったのだろうか。子ども相互の育ち合う場所（トポス）が，なぜ親や子の世話への依存欲求に応える関係を結ぶ場所になったのであろうか。社会の中にある就学前教育を忘れた，高度経済成長後の関係の変化は簡単には修復されまい。修復というより，再び新しい関係の創造に向かうために何をしたらよいかである。まずは，社会現象の変化に巻き込まれて，生きる本質を見失った就学前教育の足下を見つめ直しておきたい。

　一つは，身体知より言語による外からの作用が勝って，生命性の強い時期の子どもの本性から離れたロゴスの知が就学前教育を席捲したことである。人間関係は身体が悟り身体で反応を返すやりとりの過程で，他者とつながりつくられていくものなのに，幼い頃から言葉によって教えられる時代になっている。それは，子どもたちの純粋経験を奪い，人間の心を知る機会が奪われているということである。

　二つに，あまりにも抽象的な教育課程基準の理解が困難で，子どもの生きる現実から教育が遊離したことである。諸法を全部つき合わせれば高尚な理念を具現化する方向は見えるが，現実の虜になって子どもたちの未来が見えない。課題を解決する思考の実践と，抽象的な言葉で生活・関係を操作する思考が，教師も親も，一人の人間の中でかみ合わないジレンマの中にあると

いうことである。
　三つに、社会化を促す集団機能を生かす術を経験しておらず、個としての人権を大切にされてきた教師が増えていて、親和的な学校精神をつくり出す技術と知識が乏しいため、対立的なぎすぎすした関係が結ばれているということである。そのため孤立化しやすく、親も教師も子どもも高いストレスを抱えている。失敗をさせまいとする親心や教師心も、子どもの側に視点を変えれば、家族としても学童としても信じられていない子ども期という長い時間を生きることにつながっている。トルストイが、無秩序は、大人が過去に教育された秩序に慣れているので恐ろしいと思うだけで、学校の運営は子どもの欲するままに学んだり付き合ったりする自由を与えることとして、天性を尊重し少し辛抱すれば「われわれが考えるよりもはるかに優秀で堅固な秩序が形成される」[63]とするように、子どもの天性に対する尊敬心をもつことである。
　四つに、大人に支配されず集団機能を守り支えるはずの子どもたちが、生きる技術を獲得していないということである。子ども集団が生きる技術を獲得していたら大人に対抗できる。しかし、教師や親も子どもの受苦を避けること、受苦を取り除くことに価値を置いてきたため、大人たち自身も生きる技術を失い、子どもに見せる社会が小さくなっている。それは、子どもが夢を失うということである。
　今日なお、貧困や戦火にあえぐ国の子どもたちは、父権下に暮らすことすら許されず、生きる権利も奪われて、食糧も事欠き野にさらされている。私たちが人間の関係を考えるとき、「今」「この場」の現象だけを視点にすると、大切なこと、本質的なことがみえない。私の幸せだけに拘泥して世界を忘れる。「今」という自己限定は、歴史の中の点のようなものであり、私たちは、明日、自然災害や人災、疫病や戦乱に見舞われて、家族を失い、家を破壊され、食糧も得られないといった関係崩壊の中に放り出されることもありうるという認識が必要であろう。
　イヴァン・イリイチが、冬だというのに暖房もない、間もなく取り壊され

るアパートを借りて2か月余日本に滞在して寄せた「日本のみなさまへ」[64]には，日本は意識の大転換の涯（はて）に立たされている国だと記されている。日本は，最も進んだ産業経済が，歴史的遺産というある幻想に基づいた社会的規律によって可能になっているが，その神話によって社会心理の破綻への道を最も先まで進んでいる国だと警鐘を鳴らす。価値の制度化が，知らず知らずのうちに人間の条件をむしばみ腐らせているというのである。それが，今日の人間関係の破綻を招く元凶であるならば，学校における教師と子どもの関係は，すでに神話の域を超えているのかもしれない。イリイチは次のようにいう。

　　市場に依存する度合いが閾を越えると，現代的な意味での貧困があらわれます。この場合の貧困とは，主観的にいえば産業生産による豊かさにあまりにも依存しすぎることによっていわば手足をもがれた人びとが，豊かであるにもかかわらず，満たされない気持ちを味わうようになるということです。ひとことでいえば，そうした貧困は，そうした貧困に苦しんでいる人びとから，自力で行動し，創造的に生きる自由と力を奪うということです[65]。

学校・教育・経済・医療等，豊かさに依存した人間が関係の貧困に苦しむ。その危険を脱却するためには，イリイチは生活の技術を獲得することだと提言する。つまり，「世話への〔依存欲求〕にわたしは，『生活の技術』すなわち，苦しむ〈耐える〉技術と〈楽しむ技術〉kunst des Leidens und Genießens とを対置します」[66]というように，喜びという横糸は苦しみの縦糸と織りなされて人間関係の内容が身体化されていく。集団教育の場における人間関係は，互いに生きることが可能な環境調整と，そこでの受苦を乗り越える仲間たちの連帯の中にあることであり，これらの歴史的身体が悟る過程を教師と子どもたちが描いていくことだといえよう。

【引用・参考文献】

〈第1部第1章§1〉
（1）田中智志・山名淳『教育人間論のルーマン―人間は「教育」できるのか』勁草書房，2004
（2）田中智志『他者の喪失から感受へ―近代の教育装置を超えて』勁草書房，2002，p.17
（3）西垣通『ネットとリアルのあいだ―生きるための情報学』筑摩書房，2009
（4）日本経済新聞「ネット依存の中高生，国内に51万人　厚労省推計」
　　［online］http://www.nikkei.com/article/DGXNASDG0104I_R00C13A8EA2000/
　　（参照 2013/8/1）
（5）バーバラ・ロゴフ／當眞千賀子訳『文化的営みとしての発達―個人，世代，コミュニティ』新曜社，2006，p.1
（6）C. G. ユング／高橋義孝・江野専次郎訳『ユング著作集2　現代人のたましい』日本教文社，1970
（7）河合隼雄『母性社会日本の病理』中央公論社，1976，p.177
（8）中村雄二郎『西田幾多郎Ⅰ』岩波書店，2001，pp.58-59
（9）なかがわりえこ／おおむらゆりこ絵『ぐりとぐら』福音館書店，1967
（10）中根千枝『タテ社会の人間関係』講談社，1967
（11）NHK「無縁社会プロジェクト」取材班『無縁社会』文藝春秋，2010
（12）総務省「平成22年国勢調査　人口等基本集計結果」p.24
　　［online］http://www.stat.go.jp/data/kokusei/2010/kihon1/pdf/gaiyou1.pdf（参照 2016/7/7）
（13）厚生労働省「厚生統計要覧（平成27年度）」
　　［online］http://www.mhlw.go.jp/toukei/youran/indexyk_1_3.html
　　（参照 2016/7/7）
（14）上掲書（12），p.27
（15）内閣府男女共同参画局「男女共同参画白書平成25年版」
　　［online］http://www.gender.go.jp/about_danjo/whitepaper/h25/zentai/html/zuhyo/zuhyo01-00-20.html（参照 2014/6/7）
（16）上掲書（12）
（17）上掲書（15）
（18）山田昌弘『パラサイト社会のゆくえ』筑摩書房，2004

（19）山田昌弘『少子社会日本―もう一つの格差のゆくえ』岩波書店，2007
（20）厚生労働省「平成27年人口動態統計」
（21）内閣府「平成27年版自殺対策白書」[online] http://www8.cao.go.jp/jisatsutaisaku/whitepaper/w-2015/pdf/honbun/（参照 2016/7/11）
（22）フランス・ドゥ・ヴァール／柴田裕之訳『共感の時代へ―動物行動学が教えてくれること』紀伊國屋書店，2010
（23）上野千鶴子『脱アイデンティティ』勁草書房，2005

〈第1部第1章§2〉
（1）エリク・H・エリクソン／小此木啓吾訳『自我同一性―アイデンティティとライフ・サイクル』誠信書房，1973
（2）同上，p.55
（3）エリク・H・エリクソン／西平直・中島由恵訳『アイデンティティとライフサイクル』誠信書房，2011
（4）ロバート・コールズ／鑪幹八郎訳『エリク・H・エリクソンの研究』ぺりかん社，1980
（5）E・H・エリクソン／仁科弥生訳『幼児期と社会1』みすず書房，1977
（6）E・H・エリクソン／仁科弥生訳『幼児期と社会2』みすず書房，1980
（7）上掲書（1），p.68
（8）バーバラ・ロゴフ／當眞千賀子訳『文化的営みとしての発達―個人，世代，コミュニティ』新曜社，2006，pp.2-4
（9）陳省仁「現代日本の若者の養育性形成と学校教育」『子ども発達臨床研究　創刊号』，2007，pp.19-26
（10）上掲書（1），pp.57-58
（11）ロバート・マックロスキー文・絵／石井桃子訳『サリーのこけももつみ』岩波書店，1976
（12）同上
（13）同上，p.42
（14）同上，p.48
（15）モーリス・センダック作・絵／わきあきこ訳『まどのそとのそのまたむこう』福音館書店，1983
（16）ウィキペディア「モーリス・センダック」
[online] https://ja.wikipedia.org/wiki/ モーリス・センダック（参照 2010/1/26）

(17) 絵本ナビ「まどのそとのそのまたむこう」
[online] http://www.ehonnavi.net/ehon/704（参照 2016/7/12）
(18) モーリス・センダック／じんぐうてるお訳『わたしたちもジャックもガイもみんなホームレス』冨山房，1996

〈第1部第2章§1〉
（1）小西貴士『子どもと森へ出かけてみれば』フレーベル館，2010
（2）福永雪子『泥んこで風とあそび街を歩く』教育資料出版会，2000
（3）斎藤道子・岡本央『里山っ子が行く！木更津社会館保育園の挑戦』農山漁村文化協会，2009
（4）宮里暁美「森の幼稚園—人と出会う中で考えたこと」『幼児の教育』，102（5），2003，pp.9-15
（5）広島大学附属幼稚園『もりからもらったものがたり』広島大学附属幼稚園，2011（未公刊）
（6）森のようちえん全国ネットワーク「森のようちえん全国ネットワーク」
[online] http://morinoyouchien.org/（参照 2011/8/20）
（7）高田憲治「自然と触れ合う環境づくりの実践と課題その1」日本保育学会発表論文集（54），2001，pp.342-343
（8）レイチェル・カーソン／上遠恵子訳『海辺—生命のふるさと』平河出版社，1987，pp.16-17
（9）東京大学農学部大学院農学生命科学研究科水圏生物工学研究室
[online] http://www.suikou.fs.a.u-tokyo.ac.jp/（参照 2016/1/5）
（10）石城謙吉『森林と人間—ある都市近郊林の物語』岩波書店，2008，p.139
（11）養父志乃夫『里地里山文化論—循環型社会の基層と形成』農山漁村文化協会 2009，p.9
（12）同上，p.17
（13）ペーター・ヘフナー／佐藤竺訳『ドイツの自然・森の幼稚園』公人社，2009
（14）同上
（15）東方真理子「森の幼稚園における自然と触れあうことの意味」東京大学新領域創成科学研究科環境学研究系社会文化環境学専攻修士論文，2012，p.9
（16）上掲書（13）
（17）上原巌『事例に学ぶ森林療法のすすめ方』全国林業改良普及協会，2005，pp.21-22

(18) 上掲書（13）
(19) 橋詰良一『家なき幼稚園の主張と實際』日本らいぶらり，1978，p.9
(20) 同上，p.27
(21) 青木久子『教育臨床への挑戦』萌文書林，2007
(22) 浜田久美子『森の力―育む，癒す，地域をつくる』岩波書店，2008
(23) 上掲書（10）
(24) 上掲書（17）
(25) 上掲書（6）
(26) 上掲書（1）
(27) 小西貴士「森のようちえんブログ」
 [online] http//b.ogmorinoyouchienorg/archives/105（参照 2011/3/15）
(28) 「『すくすくの森』と子どもたち（1）～（4）」『保育の実践と研究』15巻 2-4 号，2010-2011
(29) 広島大学附属幼稚園「遊びの充実を支える保育―エピソード記述を通して体験のつながりを探る―」『広島大学附属幼稚園紀要平成 21 年』31 巻，29，pp.97-100，2009，p.46
(30) 広島大学附属幼稚園「森で育つ～森の幼稚園の保育プラン～」『広島大学附属幼稚園紀要』32-36 巻，2010～2014
(31) 中坪史典・久原有貴他「アフォーダンスの視点から探る『森の幼稚園』カリキュラム―素朴な自然環境は保育実践に何をもたらすのか―」『広島大学学部・附属学校共同研究紀要』39，2010，pp.135-140
(32) 中西さやか・中坪史典・境愛一郎「『森の幼稚園カリキュラム』における幼児と自然との相互作用に関する研究―他者とのかかわりにみる幼児の変容プロセス」広島大学大学院教育学研究科紀要 第三部 教育人間科学関連領域（59），2010，pp.167-174
(33) 上掲書（4）
(34) 上掲書（3）
(35) 上掲書（2）
(36) 本田和子『子どもが忌避される時代―なぜ子どもは生まれにくくなったのか』新曜社，2007
(37) レイチェル・カーソン／上遠恵子訳『センス・オブ・ワンダー』新潮社，1996，p.23
(38) 上掲書（22），pp.5-8
(39) 上掲書（1）

（40）石亀泰郎『さあ森のようちえんへ』頭脳集団ぱるす出版，1999
（41）上掲書（27）
（42）上掲書（29），pp.97-99
（43）上掲書（29），p.99
（44）上掲書（29），p.99
（45）ガストン・バシュラール／小浜俊郎・桜木泰行訳『水と夢―物質の想像力についての試論』国文社，1969
（46）ガストン・バシュラール／饗庭孝男訳『大地と休息の夢想』思潮社，1970
（47）ガストン・バシュラール／及川馥訳『大地と意志の夢想』思潮社，1972
（48）C. G. ユング／高橋義孝・江野専次郎訳『ユング著作集2　現代人のたましい』日本教文社，1970
（49）上掲書（5）
（50）岡林道生「『すくすくの森』と子どもたち（4）」『保育の実践と研究』第16巻1号，2011，pp.5-6
（51）上掲書（50），p.5
（52）上掲書（22），pp.4-5
（53）上掲書（7）

〈第1部第2章§2〉
（1）原田信男『食べるって何？―食育の原点』筑摩書房，2008，pp.141-143
（2）同上，pp.143-144
（3）石毛直道『石毛直道 食の文化を語る』ドメス出版，2009，pp.15-16
（4）お茶の水女子大学「文部科学省特別経費　多様な食育の場に対応可能な高度専門家の育成プロジェクト平成22年度活動報告」2011，p.55
[online] http://teapot.lib.ocha.ac.jp/ocha/bitstream/10083/53212/1
（参照 2015/8/25）
（5）足立己幸・NHK「おはよう広場」班『なぜひとりで食べるの―食生活が子どもを変える』日本放送出版協会，1983
（6）室田洋子『家族を育てる食卓　食卓からみえる子どもの心・家族の姿』芽ばえ社，2000
（7）岩村暢子『家族の勝手でしょ！写真274枚で見る食卓の喜劇』新潮社，2010，pp.189-190
（8）今田純雄「フードシステムに取り込まれる食」根ヶ山光一・外山紀子・河原紀子

編『子どもと食:食育を超える』東京大学出版会,2013,p.266
(9) 同上,pp.274-275
(10) 同上,pp.271-272
(11) 同上,pp.276-277
(12) 同上,pp.276-277
(13) 阿部彩『子どもの貧困―日本の不公平を考える』岩波書店,2008,p.70
(14) 外山紀子,野村明洋『食をつなげる,食でつながる 八国山保育園の食』新曜社,2014,p.ⅱ
(15) 川原(中村)紀子「食事場面における1歳児と保育者の相互作用」『京都大学大学院教育学研究科紀要』46,2000,pp.386-398
(16) 金田利子・井坂政子「1歳児の食事における保育者と子どもの関係」金田利子・柴田幸一・諏訪きぬ編『母子関係と集団保育 心理的拠点形成のために』1990,pp.92-107
(17) 上掲書(15),p.398
(18) 友定啓子『幼児の笑いと発達』勁草書房,1993
(19) アイブル=アイベスフェルト/日高敏隆・久保和彦訳『愛と憎しみ』みすず書房,1986
(20) 中川杏子・長塚未来・西山未真・吉田義明「共食の機能と可能性―食育をより有効なものとするための一考察―」『食と緑の科学』第64号,2010,pp.55-65
(21) 外山紀子『発達としての共食』新曜社,2008,pp.87-108
(22) 同上,p.110
(23) 同上,p.127
(24) 多々納道子他「幼稚園における食育の実態と課題」『島根大学教育学部紀要』第46巻,2012,pp.15-27
(25) 上掲書(14),p.41
(26) 友定啓子・山口大学教育学部附属幼稚園『幼稚園で育つ』ミネルヴァ書房,2002
(27) 友定啓子・山口大学教育学部附属幼稚園『保護者サポートシステム もう一つの子育て支援』フレーベル館,2004
(28) 上掲書(24)
(29) 上坂元絵里「園庭の実りとの関わりから見えてきたこと」『お茶の水女子大学附属幼稚園平成20年度研究紀要』2008,pp.72-75
(30) 小林茂樹・倉田新・大木有子・野村明洋『食農保育 たべる たがやす そだてる はぐくむ』農山漁村文化協会,2006

(31) 森千鶴子・西福江・広田敦子『いのちをつくる愛情ごはん』西日本新聞社，2011

〈第1部第2章§3〉
(1) 厚生労働省「グラフでみる世帯の状況　国民生活基礎調査（平成25年）の結果から」2014, p.14
[online] http://www.mhlw.go.jp/toukei/list/dl/20-21-h25.pdf（参照 2016/7/7）
(2) 同上
(3) 本田和子『子どもが忌避される時代』新曜社，2007
(4) 柏木惠子『子どもという価値―少子化時代の女性の心理』中央公論新社，2001
(5) 橘木俊詔『無縁社会の正体』PHP研究所，2011, pp.75-76
(6) 友定啓子・入江礼子・橋爪千恵子・榎田二三子『育児日記からの子ども学』勁草書房，1996
(7) 筒井頼子作／林明子絵『はじめてのおつかい』福音館書店，1976
(8) 筒井頼子作／林明子絵『あさえとちいさいいもうと』福音館書店，1979
(9) 筒井頼子作／林明子絵『いもうとのにゅういん』福音館書店，1987
(10) 筒井頼子作／林明子絵『おいていかないで』福音館書店，1988
(11) リンダ・ブレア／早川麻百合訳『きょうだいの暗号』徳間書店，2011
(12) 瀬田貞二作／林明子絵『きょうはなんのひ？』福音館書店，1979
(13) 津守真・久保いと・本田和子『幼稚園の歴史』恒星社厚生閣，1959
(14) 文部科学省「学制百年史」
[online] http//wwwmextgojp/b_menu/hakusho/html/others/detail/1317591htm#contentsStart（参照 2010/8/20）
(15) 上掲書（13）
(16) 林若子・山本理絵編『異年齢保育の実践と計画』ひとなる書房，2010, p.17
(17) 文部省『幼稚園教育要領解説』フレーベル館，1999, p.157
(18) 上掲書（16），p.17
(19) 厚生労働省『保育所保育指針解説書』フレーベル館，2008
(20) 下田鶴子「我が國幼稚園の歴史」『幼児の教育』29（1），1929, pp.6-14
(21) 宮里六郎「異年齢保育実践の課題と『保育計画』づくり」『季刊保育問題研究』(190)，2001, pp.86-101
(22) 日本保育協会「保育所の保育内容の実態に関する調査研究報告書」
[online] http://www.nippo.or.jp/cyosa/11/11_ta.html（参照 2016/7/21）
(23) 吉田行男「札幌市及び周辺地域における異年齢保育の実態調査報告書2009」

[online] http://blog.canpan.info/hassamuhikari/img/14/jittaityousahoukokusyo.pdf（参照 2016/7/21）
(24) 広瀬由紀・太田俊己「異年齢保育に携わる保育者の意識に関する調査研究―千葉市の保育者を対象にした質問紙調査に基づいて―」『植草学園大学研究紀要』第2巻, 2010, pp.69-76
(25) 全国保育団体連絡会保育研究所『保育白書　2012年版』ちいさいなかま社・ひとなる書房, pp.86-87
(26) 文部科学省『幼稚園における子育て支援活動及び預かり保育の事例集』2009
(27) 上掲書（16）
(28) 細谷俊子・積田洋・青木健三「異年齢保育における保育室の空間構成と室内遊びでの異年齢交流の実態の研究」『日本建築学会計画系論文集』第73巻第634号, 2008, pp.2565-2572
(29) 吉田行男「異年齢保育と子どもの発達―年齢構成条件が異なる保育における相互交渉パターンの比較から」2009
[online] http://blog.canpan.info/hassamuhikari/img/13/youyaku.pdf（参照 2016/7/21）
(30) 上掲書（16），pp.31-36
(31) 上掲書（16），pp.104-105
(32) 西南女学院大学短期大学部附属シオン山幼稚園「子どもの発達と幼稚園教育の課題」『平成23年度福岡県私立幼稚園振興協会夏季教師研修会報告書』（未公刊），2011, p.15
(33) 同上，p.15
(34) 同上，p.15
(35) 上掲書（16），p.32
(36) 上掲書（16），p.164
(37) 青木久子・河邉貴子『遊びのフォークロア』萌文書林, 2015, pp.136-144
(38) 夏堀睦「正統的周辺参加論の視点による異年齢保育の効用」『富士常葉大学研究紀要』第7号, 2007, pp.171-184
(39) 上掲書（16），p.172
(40) 上掲書（32），p.15
(41) 上掲書（21），p.96
(42) 岡本夏木『幼児期―子どもは世界をどうつかむか』岩波書店, 2005, p.17
(43) 渡邉保博「意図的活動重視の保育から"生活の充実感"をめざす保育へ～ある公

立保育園における異年齢保育の展開を手がかりに〜」『保育学研究』第 46 巻 1 号，2008，pp.71-80
(44) 伊藤シヅ子「年間を見通した取り組みと各年齢の姿」林若子・山本理絵編『異年齢保育の実践と計画』ひとなる書房，2010，p.159
(45) 内閣府・文部科学省・厚生労働省『幼保連携型認定こども園の学級の編制，職員，設備及び運営に関する基準』2014

〈第1部第3章§1〉
（1）岡本夏木『幼児期―子どもは世界をどうつかむか』岩波書店，2005
（2）同上，p.25
（3）同上，p.29
（4）同上，pp.21-66
（5）郭穎「子どもの対人葛藤場面における問題解決方略と社会的目標に関する研究の展望」『広島大学大学院教育学研究科紀要』55，2006，pp.331-337
（6）倉橋宏行・金子智栄子・稲垣節子「保育園における乳幼児のトラブルに関する実態調査」『日本保育学会大会研究論文集』50，1997，pp.238-239
（7）金子智栄子「保育園における乳幼児のトラブルに関する実態調査Ⅱ」『日本保育学会大会研究論文集』52，1999，pp.240-241
（8）高木香織「保育所における子どものトラブルの発達的変化―トラブルの内容や解決方法の発達と保育者の働きかけについて―」『教育福祉研究』26 号，2000，pp.33-43
（9）高濱裕子・無藤隆「仲間との関係形成と維持―幼稚園期 3 年間のいざこざの分析―」『日本家政学会誌』50（5），1999，pp.465-474
（10）鈴木智子「幼児のいざこざにおける行動変化の発達に関する研究」『日本保育学会大会研究論文集』54，2001，pp.684-685
（11）友定啓子・入江礼子・白石敏行・小原敏郎「子ども同士のトラブルに保育者はどうかかわっているか―『人間関係』の指導に関する研究」平成 19-20 年度文部科学省科学研究費補助金（基盤研究（C）1953070）報告書
[online]https://kaken.nii.ac.jp/ja/file/KAKENHI-PROJECT-19530702/19530702seika.pdf（参照 2009/5/29）
（12）上記研究によるブックレット『子ども同士のトラブルに保育者はどうかかわっているか―500 枚の保育記録から』2009（未公刊）
（13）上掲書（6）

(14) 上掲書（7）
(15) 上掲書（8）
(16) 朝生あけみ・斉藤こずゑ・荻野美佐子「1・2歳児のいざこざにおける保育者の介入」『日本保育学会六会研究論文集』(42), 1989, pp.274-275
(17) 荻野美佐子・斉藤こずゑ・朝生あけみ「幼児期の仲間同士の相互交渉と社会的能力の発達—3歳児におけるいざこざの発生と解決—」『埼玉大学紀要教育学部教育科学』第35巻, 1986, pp.1-15
(18) 玉井真理子・杉山弘子・本郷一夫「保育所における乳幼児のトラブルについて（9）子ども同士の三者関係について」『日本教育心理学会総会発表論文集』33, 1991, pp.91-92
(19) 玉井真理子・杉山弘子・本郷一夫「保育所における乳幼児のトラブルについて（7）保母の働きかけに対する子どもの拒否・NRの分析」『日本教育心理学会総会発表論文集』33, 1991, pp.87-89
(20) 本郷一夫「子ども間のトラブルに対する保母の働きかけと意図に関する研究—トラブルの内容に基づく保母の対応の違いと個人差を中心に—」『鳴門教育大学研究紀要（教育科学編）』9, 1994, pp.261-274
(21) 上掲書（17）
(22) 田中洋・阿南寿美子・阿部奈々子・糸永珠里・松尾明子「3歳児におけるいざこざの発生と解決過程」『大分大学教育福祉科学部研究紀要』第21巻2, 1999, pp.357-368
(23) 平林秀美「子どものいざこざをめぐって—社会性の発達の視点から—」『東京女子大学紀要論集』53（2）, 2003, pp.89-103
(24) 倉持清美「幼稚園の中のものをめぐる子ども同士のいざこざ—いざこざで使用される方略と子ども同士の関係—」『発達心理学研究』3（1）, 1992, pp.1-8
(25) 上掲書（11）
(26) 高坂聡「幼稚園児のいざこざに関する自然観察的研究—おもちゃを取るための方略の分類—」『発達心理学研究』第7巻, 1996, pp.62-72
(27) 丸山（山本）愛子「対人葛藤場面における幼児の社会的認知と社会的問題解決方略に関する発達的研究」『教育心理学研究』第47巻, 1999, pp.451-461
(28) 丸山（山本）愛子「対人葛藤場面における幼児の社会的認知と社会的問題解決方略—アメリカの観察事例から—」『日本保育学会大会研究論文集』2000, pp.262-263
(29) 丸山（山本）愛子「対人葛藤を引き起こすことの多い幼児と少ない幼児の社会的

認知と社会的問題解決方略」『日本教育心理学会総会発表論文集』(43), 2001, p.223
(30) 越中康治・新見直子・淡野翔太・松田由希子・前田健一「攻撃行動に対する幼児の善悪判断に及ぼす動機と目的の影響」『広島大学大学院教育学研究科紀要』第三部 (56), 2007, pp.319-323
(31) 都築郁子・上田淑子「子ども同士のトラブルに対する3歳児のかかわり方の発達的変化―1年間の保育記録とビデオ記録にもとづく実践的事例研究」『保育学研究』第47巻, 2009, pp.22-30
(32) 利根川彰博「幼稚園4歳児クラスにおける自己調整能力の発達過程―担任としての1年間のエピソード記録からの検討―」『保育学研究』第51巻, 2013, pp.61-72
(33) 東京学芸大学附属幼稚園「人とのかかわりを通して道徳性のめばえを培う―いざこざの場面を通して―」『東京学芸大学附属幼稚園平成10・11年度研究紀要』, 1999 (未公刊)
(34) 杉山弘子・玉井真理子・本郷一夫「保育所における乳幼児のトラブルについて (8) ―トラブルの展開と先行所有のルールの適用―」『日本教育心理学会総会発表論文集』(33), 1991, pp.89-90
(35) 本郷一夫・杉山弘子・玉井真理子「子ども間のトラブルに対する保母の働きかけの効果―保育所における1～2歳児の物をめぐるトラブルについて―」『発達心理学研究』第1巻, 1991, pp.107-115
(36) 本郷一夫・杉山弘子・玉井真理子「保育者から見た子ども同士のトラブルの実態と対応 (4)」『日本教育心理学会総会発表論文集』(35), 1993, p.107
(37) 岩田恵子「幼稚園における仲間づくり―「安心」関係から「信頼」関係を築く道筋の探究―」『保育学研究』第49巻, 2011, pp.157-167
(38) 保坂和貴「幼児の協同遊びにおけるいざこざとルールの展開」『日本教育心理学会総会発表論文集』, 2005, p.21
(39) 保坂和貴「園で幼児はいかに他児間のいざこざに関与していくのか―幼児期の社会化のプロセスの検討―」『日本教育心理学会総会発表論文集』, 2004, p.28
(40) 吉村斉「幼児における相手の意図の理解―対人トラブルの解決方略とその理由づけ―」『高知学園短期大学紀要』28, 1998, pp.53-61
(41) 上掲書 (11)
(42) 上掲書 (26), pp.62-72
(43) 実松瑞栄「先生, 泣かんかったん?」友定啓子・山口大学教育学部附属幼稚園『幼稚園で育つ』ミネルヴァ書房, 2002, p.74

（44）中村万紀子「けんか場面と保育者―三歳児のクラスで―」『幼児の教育』第 92 巻，1993，pp.33-40
（45）津守真『自我のめばえ』岩波書店，1984，pp.116-118
（46）中川香子『かくれんぼう　内なる世界を育てる』人文書院，1993
（47）杉本厚夫『「かくれんぼ」ができない子どもたち』ミネルヴァ書房，2011
（48）上掲書（11）
（49）村松京子「情動知能をはぐくむ」平成 20 年度「全国青少年相談研究集会」特別講演
　　　[online]http://www.niye.go.jp/kikaku_houkoku/upload/project/282/282_3.pdf（参照 2015/8/10）
（50）トマス・ゴードン／近藤千恵訳『親業―新しい親子関係の創造』サイマル出版会，1980，pp.65-66
（51）杉山弘子・玉井真理子・本郷一夫「保育所における乳幼児のトラブルについて（8）―トラブルの展開と先行所有のルールの適用―」『日本教育心理学会総会発表論文集』（33），1991，pp.89-90
（52）上掲書（11）
（53）小原敏郎・友定啓子・入江礼子・白石敏行「子ども同士のトラブルに保育者はどうかかわっているか―保育者の経験年数・トラブルが生じる状況による分析を中心に」『乳幼児教育学研究』第 17 巻，2008，pp.93-103
（54）友定啓子・入江礼子・橋爪千恵子・榎田二三子『育児日記からの子ども学』勁草書房，1996

〈第 1 部第 3 章 § 2 〉
（1）中村雄二郎『臨末の知とは何か』岩波書店，1992，p.70
（2）マイケル・ポラニー／佐藤敬三訳『暗黙知の次元―言語から非言語へ』紀伊國屋書店，1980，p.16
（3）ドナルド・ショーン／佐藤学・秋田喜代美訳『専門家の知恵』ゆみる出版，2001
（4）同上，p.76
（5）同上，p.77
（6）同上，pp.87-92
（7）上掲書（1），p.70
（8）大森洋子「自分を見つける旅のはじまり」友定啓子・山口大学教育学部附属幼稚園編著『幼稚園で育つ』ミネルヴァ書房，2002，p.136

（9）津守眞／入江礼子・友定啓子編『保育の現在』萌文書林，2013
（10）大戸美也子・新澤誠治・日吉佳代子『保育原理―生きる力を育む基礎15のメッセージ』樹村房，1999，p.44
（11）土屋とく「保育の原点を探る倉橋惣三「保育法」講義録（二）」『幼児の教育』88巻2号，1989，pp.13-29
（12）中島寿子・大森洋子「保育行為の判断の根拠についての一考察」『山口大学教育学部附属教育実践総合センター研究紀要』第37号，2014，pp.117-126
（13）上掲書（8）
（14）上掲書（8），pp.135-136

〈第2部第1章§1〉
（1）梅原猛『古事記』学習研究社，2001
（2）増田義郎編『新版世界各国史26 ラテン・アメリカ史Ⅱ』山川出版社，2000
（3）増田義郎・山田睦男編『新版世界各国史25 ラテン・アメリカ史Ⅰ』山川出版社，1999
（4）アリストテレス／山本光雄訳『政治学』岩波書店，1961，p.39
（5）伊藤貞夫『古代ギリシアの歴史』講談社，2004
　　村田奈々子『物語近現代ギリシャの歴史』中央公論新社，2012
（6）プラトン／藤沢令夫訳『国家　上・下』岩波書店，1979
（7）上掲書（4），pp.33-34
（8）上掲書（4），p.35
（9）上掲書（4），p.36
（10）I. モンタネッリ／藤沢道郎訳『ローマの歴史』中央公論新社，1979
（11）雑誌『プレジデント4』プレジデント社，1985，pp.42-152
（12）歴史群像シリーズ50号『戦国合戦大全　上・下』学習研究社，1997
（13）中山智香子『経済戦争の理論―大戦間期ウィーンとゲーム理論』勁草書房，2010
（14）立川昭二『江戸病草紙』筑摩書房，1998，pp.102-104，406-407
（15）沢山美果子『江戸の捨て子たち―その肖像』吉川弘文館，2008
　　太田素子『子宝と子返し―近代農村の家族生活と子育て』藤原書店，2007
（16）丸山侃堂・今村南史／上笙一郎編『日本の子どもの歴史叢書21：丁稚制度の研究』久山社，1998
（17）細井和喜蔵『女工哀史』岩波書店，1982
（18）平田厚『わが国における親権概念の成立と変遷』明治大学法科大学院論集巻4，

         2008, p.88
(19) 同上, p.104
(20) 伊藤貞夫『古代ギリシアの歴史』講談社, 2004, pp.227-234
(21) 上掲書 (4), p.33
(22) ルソー／桑原武夫・前川貞次郎訳『社会契約論』岩波書店, 1954, p.16
(23) 匠雅音『核家族から単家族へ』丸善, 1997, p.43
(24) 梅棹忠夫『回想のモンゴル』中央公論社, 1991,
(25) 石垣恵美子『就学前教育の研究』風間書房, 1988, p.169
(26) 同上, p.173
(27) 落合恵美子『21世紀家族へ』有斐閣, 1994, p.103
(28) G. P. マードック／内藤莞爾監訳『社会構造—核家族の社会人類学』新泉社, 2001, pp.24-33
(29) 上掲書 (23), p.44
(30) 上掲書 (23), p.46
(31) 上掲書 (23), p.47
(32) 上掲書 (23), pp.49-50
(33) 伊田広行『性差別と資本制—シングル単位社会の提唱』啓文社, 1995, p.9
(34) 上掲書 (23), p.227
(35) 上掲書 (23), p.232
(36) 上掲書 (25), pp.93-166
(37) 施利平『戦後日本の親族関係—核家族化と双系化の検証』勁草書房, 2012, p.127
(38) ルース・ベネディクト／長谷川松治訳『菊と刀—日本文化の型』社会思想社, 1967
(39) 中根千枝『タテ社会の人間関係』講談社, 1967
(40) 土居健郎『「甘え」の構造』弘文堂, 1971
(41) 河合隼雄『母性社会日本の病理』中央公論社, 1976
(42) スーザン・フォワード／玉置悟訳『毒になる親—一生苦しむ子供』講談社, 2001
(43) 斉藤学「アダルト・チルドレンと家族—心のなかの子どもを癒す」学陽書房, 1996
(44) 西尾和美『機能不全家族』講談社, 2005
(45) 岡田尊司『愛着障害—子ども時代を引きずる人々』光文社, 2011
(46) 梅棹忠夫『女と文明』中央公論社, 1988, p.94
(47) 同上, p.23

(48) 曲亭馬琴／濱田啓介校訂『南総里見八犬伝1～12』新潮社，2003-2004
　　　徳田武編集・森田誠吾エッセイ『滝沢馬琴』新潮社，1991
(49) 谷川俊太郎作・長新太絵『わたし』福音館書店，1981
(50) 日本史籍協会編『続日本史籍協会叢書：會津藩教育考』東京大学出版会，1978
(51) 松平容頌／中村彰彦訳・解説『現代語新訳日新館童子訓：武士道の教科書』PHP研究所，2006，pp.228-229
(52) 安丸良夫『文明化の経験―近代転換期の日本』岩波書店，2007，p.401
(53) 同上，p.405
(54) 同上，p.408
(55) 有元正雄『真宗の宗教社会史』吉川弘文館，1995，p.161
(56) ニール・ポルトマン／小柴一訳『子どもはもういない』新樹社，2001，p.109
(57) 同上，p.110
(58) 同上，p.132
(59) ジュディス・リッチ・ハリス『子育ての大誤解』早川書房，2000，p.318
(60) 上掲書（56），p.199

〈第2部第1章§2〉
（1）石川松太郎監修『日本教育の源流』第一法規出版，1984
（2）福沢諭吉『学問のすゝめ』岩波書店，1942，p.11
（3）『大御心―明治天皇御製教育勅語謹解』明治神宮社務所，1973，pp.88-89
（4）成田忠久編集『北方教育（復刻版）第1巻～第3巻』宣文堂書店，1970
（5）青木久子・浅井幸子『幼年教育者の問い』萌文書林，2007，pp.58-91
（6）鈴木とく『戦中保育私記』チャイルド本社，1990
（7）文部省『民主主義―文部省著作教科書』径書房，1995，p.17
（8）同上，p.297
（9）同上，p.298
（10）同上，pp.301-302
（11）刈宿俊文・佐伯胖・高木光太郎編『まなびを学ぶ』東京大学出版会，2012，p.247
（12）上掲書（7），p.303
（13）マックス・ヴェーバー／清水幾太郎訳『社会学の根本概念』岩波書店，1972，pp.54-58
（14）斉藤喜博『現代教育101選1授業，22学校づくりの記，27授業入門』国土社，1990

(15) 国分一太郎『国分一太郎文集：6巻生活綴方とともに』新評論，1983
(16) 稲垣忠彦・鈴木そよ子『日本の教師13：学校づくり』ぎょうせい，1994
(17) 小中陽太郎『小説内申書裁判』光文社，1980
(18) 林竹二『教育亡国』筑摩書房，1983, p.50
(19) 同上，p.147
(20) 同上，pp.121-122
(21) 河上亮一『学校崩壊』草思社，1999, p.208
(22) 同上，p.65
(23) 同上，p.210
(24) 石井昌浩『学校が泣いている』産経新聞ニュースサービス，2003, p.194
(25) 新保真紀子『小1プロブレムの予防とスタートカリキュラム』明治図書出版，2010
(26) 新保真紀子『人権教育を生かした学級づくり1：「小1プロブレム」に挑戦する』明治図書出版，2001, pp.32-33
(27) 正木健雄『おかしいぞ子どものからだ』大月書店，1995
(28) 上掲書（25），p.45
(29) ルソー／桑原武夫・前川貞次郎訳『社会契約論』岩波書店，1954, p.96
(30) 同上，p.97
(31) 佐伯胖・藤田英典・佐藤学編『学び合う共同体』東京大学出版会，1996, pp.20-24
(32) 同上，p.24
(33) 同上，pp.25-26
(34) 同上，pp.46-47
(35) 青木久子・磯部裕子『脱学校化社会の教育学』萌文書林，2009, pp.173-206
(36) 匠雅音『核家族から単家族へ』丸善，1997, p.235
(37) 上掲書（29），p.36
(38) レイチェル・カーソン／上遠恵子訳『センス・オブ・ワンダー』新潮社，1996, p.23
(39) 同上，p.54
(40) グレゴリー・ベイトソン／佐藤良明訳『精神と自然』新思索社，2006, p.16
(41) 同上，pp.35-87
(42) 同上，pp.297-308
(43) 上掲書（11），pp.61-63
(44) カント／三井善止訳『人間学・教育学』玉川大学出版部，1986, p.332

(45) L.N. トルストイ／昇曙夢・昇隆一訳『西洋の教育思想 15：国民教育論』玉川大学出版部，1984，p.110
(46) 同上，p.111

〈第 2 部第 2 章 § 1〉
(1) ソポクレス／藤沢令夫訳『オイディプス王』岩波書店，1967，pp.19-20
(2) アリストテレス／山本光雄訳『政治学』岩波書店，1961，p.31
(3) 時田昌瑞『岩波ことわざ辞典』岩波書店，2000，pp.49-50
(4) 大月書店編集部編『猿が人間になるについての労働の役割』大月書店，1965，p.20
(5) 同上，pp.13-18
(6) 磯部裕子監修『食からひろがる保育の世界』ひとなる書房，2007，pp.111-112
(7) 大塚久雄『共同体の基礎理論』岩波書店，1955，p.16
(8) 同上，p.107
(9) ルソー／桑原武夫・前川貞二朗訳『社会契約論』岩波書店，1954，p.29
(10) 同上，p.29
(11) テンニエス／杉之原寿一訳『ゲマインシャフトとゲゼルシャフト上』岩波書店，1957，p.35
(12) 同上，p.89
(13) 同上，p.113
(14) マックス・ヴェーバー／清水幾太郎訳『社会学の根本概念』岩波書店，1972，pp.66-67
(15) 同上，p.67
(16) 同上，p.71
(17) 佐伯胖・藤田英典・佐藤学『学び合う共同体』東京大学出版会，1996，はしがき iii
(18) 同上，pp.103-144
(19) L.N. トルストイ／昇曙夢・昇隆一訳『国民教育論』玉川大学出版部，1984，p.112
(20) 上掲書 (9)，p.22
(21) 上掲書 (14)，pp.42-46
(22) 上掲書 (14)，pp.46-47
(23) 上掲書 (14)，pp.50-61
(24) 上掲書 (9)，p.60
(25) 民秋言編『幼稚園教育要領・保育所保育指針の成立と変遷』萌文書林，2008，p.18

(26) 同上，p.36
(27) 同上，p.36
(28) 同上，p.38
(29) 同上，p.36
(30) 同上，pp.27-29
(31) 同上，p.49
(32) 斉藤勇『自己チュウにはわけがある』文藝春秋，2001
(33) イバン・イリイチ／桜井直文監訳『生きる思想』藤原書店，1991，p.358
(34) 文部省『小学校指導書生活編』教育出版，1989
(35) 安彦忠彦編『小学校新教育課程教科・領域の改訂解説』明治図書出版，2008

〈第2部第2章§2〉
（1） 柳治男『「学級」の歴史学』講談社，2005，p.108
（2） セシル・レディ／財満寿子・三笠乙彦訳，長尾十三二監修『世界新教育運動選書28：指導者を育成する学校』明治図書出版，1989
（3） ヘルマン・リーツ／川瀬邦臣訳，長尾十三二監修『世界新教育運動選書14：田園教育舎の理想：ドイツ国民教育改革の指針』明治図書出版，1985，p.176
（4） G.ヴィネケン　P.ゲヘープ／鈴木聡・W.ウィルヘルム訳，長尾十三二監修『世界新教育運動選書18：青年期の教育』明治図書出版，1986，p.180
（5） 同上，p.210
（6） ケルシェンシュタイナー／高橋勝訳，長尾十三二監修『世界新教育運動選書2：作業学校の理論』明治図書出版，1983
（7） セレスタン・フレネ／宮ケ谷徳三訳，長尾十三二監修『世界新教育運動選書16：仕事の教育』明治図書出版，1986，p.110
（8） 佐伯胖・藤田英典・佐藤学編『学び合う共同体』東京大学出版会，1996，pp.198-218
（9） P.ペーターゼン／三枝孝弘・山崎準二訳，長尾十三二監修『世界新教育運動選書4：学校と授業の変革―小イエナ・プラン―』明治図書出版，1984，p.98
（10） 同上，pp.114-137
（11） 上掲書（1），p.132
（12） 上掲書（8），p.28
（13） 上掲書（8），pp.40-41
（14） 上掲書（8），p.46

(15) 上掲書 (8), pp.46-51
(16) 岡田正章監修『大正・昭和保育文献集第10巻：実験保育学』日本らいぶらり, 1978, pp.189-208
(17) 全国幼稚園施設協議会編『幼稚園のつくり方と設置基準の解説』フレーベル館, 1957
(18) 同上, p.23
(19) 下村哲夫『学年・学級の経営』第一法規出版, 1982
(20) 柳治男『「学級」の歴史学』講談社, 2005, p.90
(21) 上掲書 (17), p.147
(22) 上掲書 (17), p.147
(23) 日本テレビ放送網『女王の教室』, 天海祐希（出演）羽田美智子（出演）遊川和彦（脚本）, 2005
(24) 木原健太郎・新堀通也編『現代教育社会学』明治図書出版, 1976, p.204
(25) 上掲書 (17), p.147
(26) 上掲書 (17), p.148
(27) 上掲書 (17), p.148
(28) 全国へき地教育研究連盟『平成27年度版へき地・複式・小規模学校の実践事例集（第8次長期5か年研究推進計画2年度）「故郷からの風」～へき地・複式・小規模学校からの発信～』, 2015
(29) 幼児教育問題調査委員会編『東京都における幼児の教育の在り方について　第1次報告1973, 第2次報告1974, 第3次報告1975, 第4次報告1976, 第5次報告1977, 第6次報告1978, 第7次報告1979, 第8次報告1980～5次報告』東京都立教育研究所
(30) 日本保育学会編『よりよい保育の条件』フレーベル館, 1986, p.10
(31) 同上, p.25
(32) 幼児教育問題調査委員会編『東京都における幼児の教育の在り方について第7次報告』東京都立教育研究所, 1979
(33) 市村尚久編『経験の意味世界をひらく―教育にとって経験とは何か』東信堂, 2003
　　田中智志・橋本美保『プロジェクト活動―知と生を結ぶ学び』東京大学出版会, 2012
(34) 苅宿俊文・佐伯胖・高木光太郎編『まなびを学ぶ』東京大学出版会, 2012
(35) 保坂展人『88万人のコミュニティデザイン』ほんの木, 2014

(36) 吉田道雄『人間理解のグループ・ダイナミックス』ナカニシヤ出版，2001，pp.20-24
(37) ロバート・L.カッツ『スキル・アプローチによる優秀な管理者への道』ダイヤモンド社，1982，pp.75-89
(38) ジャン・メゾンヌーヴ／島田実・岩脇三良訳『集団力学』白水社，1969，pp.26-33
(39) 宮部みゆき『ソロモンの偽証』新潮社，2012
(40) 岩波映像『子どもはうったえている―幼児と保育者のかかわり―』1983
(41) 文部省編『平成元年版 幼稚園教育指導書』フレーベル館，1989，p.38
(42) ジュディス・リッチ・ハリス／石田理恵訳『子育ての大誤解』早川書房，2000，pp.302-306
(43) 上掲書（8），p.163
(44) 上掲書（8），p.167
(45) 上掲書（9），pp.40-44
(46) 篠原助市『改訂理論的教育学』協同出版，1949，pp.453-456
(47) ケルシェンシュタイナー／高橋勝訳，長尾十三二監修『世界新教育運動選書2：作業学校の理論』明治図書出版，1983，p.21
(48) 上掲書（24），pp.196-211
(49) 田中熊次郎『兒童集団心理学』明治図書出版，1975
稲垣忠彦・鈴木そよ子編『日本の教師13：学校づくり』ぎょうせい，1994
柳治男『〈学級〉の歴史学―自明視された空間を疑う』講談社，2005
(50) 竹川郁雄『いじめと不登校の社会学』法律文化社，1993，p.15
(51) 青木久子・間藤侑・河邉貴子『子ども理解とカウンセリングマインド』萌文書林，2001
(52) 上掲書（16），pp.34-36
(53) ジョナサン・ラングレイ／斉藤洋訳『みにくいあひるのこ』岩崎書店，1996
(54) 宮沢賢治／中村道雄絵『よだかの星』偕成社，1987
(55) ユリ・シュルヴィッツ／さくまゆみこ訳『おとうさんのちず』あすなろ書房，2009
(56) ルース・バンダー・ジー文／ロベルト・インノチェンティ絵／柳田邦男訳『エリカ奇跡のいのち』講談社，2004
(57) ロバート・マックロスキー文絵／渡辺茂男訳『かもさんおとおり』福音館書店，1965

(58) ピーター・レイノルズ／谷川俊太郎訳『てん』あすなろ書房，2004
(59) 上掲書（16），p.22-23
(60) 倉橋惣三『幼稚園真諦』フレーベル館，1976，pp.59-60
(61) 青木久子・磯部裕子『脱学校化社会の教育学』萌文書林，2009，pp.204-206
(62) 矢野智司『幼児理解の現象学』萌文書林，2014，p.49
(63) L.N.トルストイ／昇曙夢・昇隆一訳『国民教育論』玉川大学出版部，1984，p.84
(64) イバン・イリイチ／桜井直文訳『生きる思想』藤原書店，1991，pp.356-358
(65) 同上，p.55
(66) 同上，p.246

【索　引】

〈ア　行〉

愛着形成……………………………… 174
愛着的関係…………………………… 100
アイデンティティ… 9, 10, 11, 12, 77, 78
アイデンティティ形成……………… 199
「愛」という紐帯 …………………… 176

家なき幼稚園………………… 42, 43
イエナプラン………………………… 235
生きる技術…………………………… 276
異年齢集団…………………… 82, 88
異年齢保育… 92, 93, 95, 98, 99, 106
インフォーマル（な）集団…… 254, 256

エコロジー・トートロジー…… 206
エリクソン………………… 19, 20, 24

〈カ　行〉

核家族………………… 169, 170, 177
拡大家族……………… 167, 168, 169
価値・規範…… 131, 132, 133, 141
価値の制度化 ……………………… 231
学級の本質…………………………… 247
感覚や感情…………………… 48, 55
関係が育つ（教育の）仕組み… 224, 231, 234

関係の崩壊と創造………… 158, 162
間主観的な応答…………………… 146
感情の源泉………………………… 49

機能的分化社会…………… 3, 5, 7
基本的信頼………………… 20, 21
基本的不信………………………… 25
教育亡国…………………………… 189
教師集団の同僚性・自律性…… 264, 265
共食……… 62, 63, 74, 75, 81
共生の体験………………… 131, 138
きょうだい関係……… 82, 85, 87
協働………………………… 56, 58
きょうどう性……… 199, 200, 239, 240, 241
共鳴の教育効果…………………… 153

グループ・ダイナミックス…… 258

ゲゼルシャフト…… 217, 218, 219
ゲマインシャフト… 217, 218, 219
言語方略…………………………… 115
原初的体験………………… 37, 59
県民性…………………… 178, 180

行為の中の知……………………… 147
構造と役割………………………… 176
行動方略…………………………… 115
子育ての大誤解…………………… 263

〈サ 行〉

作業団体………………………… 268
里地里山…………………………… 38

自己意識……………………………… 7
自己回復……… 131, 132, 134, 135
自然的家族………………… 167, 177
自然に還る… 200, 201, 202, 203, 204, 208
自治的な生活（の組織）……… 268
しつけ……………………… 109, 110
師弟関係…………………… 184, 185
社会化を促進する外的条件…… 242
社会契約……… 201, 202, 207, 217
社会的関係………………… 221, 222
社会の行為……………………… 222
社会的装置………………… 213, 214
社会文化的な発達観…………… 230
周辺的参加……………………… 120
受容的関係……………………… 102
小1プロブレム…… 192, 193, 194
食育………………… 66, 70, 71
シングル単位社会… 171, 172, 173, 175
信頼………………………………… 23

正統的周辺参加論……………… 103
責任………………… 211, 212, 227
漸成原理………………………… 21
先入見…………………………… 128

〈タ 行〉

対人葛藤…………… 108, 110, 111

立場と役割……………………… 104
単家族……………………… 170, 171

伝授的関係……………………… 101

同年齢集団………………… 82, 91
場所(トポス)………… 200, 223, 243, 273
トラブル……… 111, 114, 125, 130
奴隷の平和………………… 195, 198

〈ナ 行〉

日本的自己………………………… 9

ネトゲ廃人………………………… 5
年齢別保育……………………… 99

〈ハ 行〉

場………………………………… 8, 11
発達課題………………………… 19

平等主義…………………… 196, 197

フードシステム………………… 66
フォーマルな集団… 250, 252, 257, 262
父権（下）………… 163, 164, 165
不信と不安……………………… 31
フレネ……………………… 217, 235

保育要領……… 91, 224, 225, 228
保護者集団の共同性……… 264, 265

〈マ　行〉

マックス・ウェーバー… 188，218，219，221
学びの関係……………………… 187，188
学びほぐし………… 206，210，211

民主主義の根本………………… 186

飯櫃を同じうする………… 167，181
メディア…………… 272，274，275

森の幼稚園……………………… 39
問題解決………………… 132，140
問題所有の原則………………… 141

〈ヤ　行〉

養育…………………… 210，211
養護・養育…………… 212，220
養護的関係……………………… 101
幼稚園教育要領………… 227，229

〈ラ　行〉

レイチェル・カーソン 37，47，203

〈本巻著者〉　　　**友 定 啓 子**（ともさだ　けいこ）

〈執筆分担：第 1 部〉

〈学歴・職歴〉
　お茶の水女子大学大学院家政学研究科児童学専攻修了。山口大学教育学部教授を経て、現在同大学名誉教授。元教育学部附属幼稚園長。

〈専門領域等〉幼児教育学

〈所属学会〉日本保育学会　日本家政学会児童学部会

〈主な著書〉『人間現象としての保育研究 3　保育現象の文化論的展開』（共著，光生館，1977）／『幼児の笑いと発達』（単著，勁草書房，1993，日本保育学会保育学文献賞受賞）／『育児日記からの子ども学』（共著，勁草書房，1996）／『子どもの心を支える―保育力とは何か』（共著，勁草書房，1999）／『保育原理―生きる力を育む基礎 15 のメッセージ』（共著，樹村房，1999）／『幼稚園で育つ―自由保育のおくりもの』（共編著，勁草書房，2002）／『保護者サポートシステム―もう一つの子育て支援』（共編著，フレーベル館，2004）／『事例で学ぶ保育内容〈領域〉表現』（共著，萌文書林，2007）／『保育内容人間関係』（共編著，光生館，2008）

〈本巻著者〉　　　**青 木 久 子**（あおき　ひさこ）

〈執筆分担：第 2 部〉

〈学歴・職歴〉
　青山学院大学大学院修士課程修了。国家公務員から東京都公立幼稚園教諭，東京都教育庁指導部・都立教育研究所指導主事，同統括指導主事，国立音楽大学教授兼同附属幼稚園長等を歴任。現在，青木幼児教育研究所主宰，実践研究・研修支援，執筆等を中心に活動している。

〈専門領域等〉幼児教育学　教育実践研究　発達臨床心理士

〈所属学会〉日本保育学会　日本教育学会　日本発達心理学会　日本臨床発達心理士会

〈主な著書〉『よりよい保育の条件』（共著，フレーベル館，1986）／『生きる力を育てる保育』全 3 巻（共著，世界文化社，1999）／『子ども理解とカウンセリングマインド』（共著，萌文書林，2001）／『子どもに生きる』（単著，萌文書林，2002）／『環境をいかした保育』全 4 巻（編者，チャイルド本社，2006）／『教育臨床への挑戦』（単著，萌文書林，2007）／『幼年教育者の問い』（共著，萌文書林，2007）／『脱学校化社会の教育学』（共著，萌文書林，2009）／『領域研究の現在〈言葉〉』（共著，萌文書林，2013）／『遊びのフォークロア』（共著，萌文書林，2015）

〈シリーズ編者〉 青木久子
青山学院大学大学院修士課程修了
幼稚園教諭より、東京都教育庁指導部 都立教育研究所統括指導主事、国立音楽大学教授 兼 同附属幼稚園長職等を歴任。
現在、青木幼児教育研究所主宰。

磯部裕子
聖心女子大学文学部教育学科卒業
8年間幼稚園教諭職を経、青山学院大学大学院後期博士課程満期退学。
現在、宮城学院女子大学児童教育学科教授。

〈装幀〉レフ・デザイン工房

幼児教育 知の探究 16
領域研究の現在〈人間関係〉

2017年2月13日 初版発行 ©

著　者	友定啓子
	青木久子
発行者	服部直人
発行所	株式会社 萌文書林

検印省略

〒113-0021 東京都文京区本駒込 6-25-6
TEL(03)-3943-0576　FAX(03)-3943-0567
URL:http://www.houbun.com
E-mail:info@houbun.com

落丁・乱丁本はお取替えいたします。

印刷／製本　シナノ印刷（株）

ISBN978-4-89347-116-1　C3037